गोपाल कृष्ण गोखले

कुछ प्रमुख जीवनियाँ

ईश्वरचंद्र विद्यासागर
नेपोलियन बोनापार्ट
अमर क्रांतिवीर चंद्रशेखर आजाद
लाला हरदयाल
समाज सुधारक राजा राममोहन राय
आनंदमूर्ति
बेंजामिन फ्रैंकलिन की आत्मकथा
जगदीशचंद्र बसु
लोकमाता अहिल्याबाई
लोकमान्य बाल गंगाधर तिलक
लियोनार्दो द विंची
शिखर भारतीय महिलाएँ
मैडम भीखाजी कामा
प्रथम अंतरिक्ष यात्री यूरी गागरिन
लियो टॉलस्टॉय
आचार्य विनोबा भावे
स्वामी रामदेव
आर्यभट
अन्ना हजारे
नेल्सन मंडेला
महर्षि अरविंद घोष
कस्तूरबा गांधी
कर्नल जिम कॉर्बेट
मौलाना अबुल कलाम आज़ाद
होमी जहांगीर भाभा
नेताजी सुभाषचंद्र बोस
भगिनी निवेदिता
भारत कोकिला सरोजिनी नायडू
स्टीफन हॉकिंग
गोपाल कृष्ण गोखले
रवींद्रनाथ टैगोर
स्वामी दयानंद सरस्वती
क्रांतिनायक बिपिनचंद्र पाल
निकोलस कॉपरनिकस
बिरसा मुंडा

गोपाल कृष्ण गोखले

ममता कुमारी

प्रभात
पेपरबैक्स
www.prabhatbooks.com

प्रकाशक
प्रभात पेपरबैक्स
4/19 आसफ अली रोड, नई दिल्ली-110002
फोन : 23289555 • 23289666 • 23289777 ❖ फैक्स : 23253233
इ-मेल : prabhatbooks@gmail.com ❖ वेब ठिकाना : www.prabhatbooks.com

संस्करण
2019

मूल्य
एक सौ पचास रुपए

अ.मा.पु.स. 978-93-5048-323-7

मुद्रक
नरुला प्रिंटर्स, दिल्ली

GOPAL KRISHNA GOKHALE
A biography by Mamta Kumari

Published by **PRABHAT PAPERBACKS**
4/19 Asaf Ali Road, New Delhi-10002

ISBN 978-93-5048-323-7

₹ 150.00

स्वतंत्रता आंदोलन के
गुमनाम उन क्रांतिकारियों को,
जिनके कारण हम आजाद भारत
में साँस ले रहे हैं।

लेखकीय

गोपाल कृष्ण गोखले का जन्म 9 मई, 1866 को महाराष्ट्र के कोतलुक नामक स्थान पर एक ब्राह्मण परिवार में हुआ था। 1884 में स्नातक की डिग्री प्राप्त कर गोखले 'दक्कन एजुकेशन सोसाइटी' संस्था के सदस्य बने, जिसकी स्थापना रानाडे ने की थी। गोपाल कृष्ण गोखले महाराष्ट्र के 'सुकरात' कहे जानेवाले महादेव गोविंद रानाडे के शिष्य और महात्मा गांधी के गुरु थे।

गोखले का पहली बार राजनीति में प्रवेश सन् 1888 में इलाहाबाद में हुए कांग्रेस अधिवेशन में हुआ। 1897 में दक्षिण शिक्षा समिति के सदस्य के रूप में गोखले और वाचा को इंग्लैंड जाकर 'वेल्ची आयोग' के समक्ष गवाही देने को कहा गया। 1902 में गोखले को इंपीरियल लेजिस्लेटिव काउंसिल का सदस्य चुना गया। उन्होंने नमक कर, अनिवार्य प्राथमिक शिक्षा एवं सरकारी नौकरियों में भारतीयों को अधिक स्थान देने के मुद्दों को काउंसिल में उठाया।

गरम दल ने उनके संयम की बड़ी आलोचना की। प्राय: उन्हें शिथिल उदारवादी व्यक्ति बताया। दूसरी ओर ब्रिटिश सरकार ने उन्हें कई बार उग्र विचारों वाला व्यक्ति तथा छद्म विद्रोही की संज्ञा दी।

गोखले उदारवादी होने के साथ-साथ राष्ट्रवादी भी थे। वे अंग्रेजों के प्रति भक्ति को ही राष्ट्रभक्ति समझते थे। गोखले यह कल्पना नहीं कर सकते थे कि अंग्रेजी साम्राज्य के बाहर भारत कुछ प्रगति कर सकता है। अंग्रेजी साम्राज्य को चुनौती देने के दुष्परिणामों की कल्पना करके ही वे अंग्रेजी साम्राज्य के बड़े समर्थक बन गए थे। हार्डिंग से गोखले ने कहा था—"यदि अंग्रेज भारत छोड़कर चले गए, तब उनके स्वदेश पहुँचने से पूर्व भारतीय नेता उनको लौट आने के लिए

तार द्वारा आमंत्रित करेंगे।'' गरम दल के लोगों ने उन्हें 'दुर्बल हृदय' का उदारवादी एवं छिपा हुआ राजद्रोही कहा। उन्होंने 1905 में बनारस में हुए कांग्रेस के अधिवेशन की अध्यक्षता की तथा उन्होंने 1909 के मिंटो-मार्ले सुधार अधिनियम के निर्माण में सहयोग किया। 1912-25 तक गोखले भारतीय लोक सेवा आयोग के अध्यक्ष रहे। राष्ट्र की सेवा के लिए राष्ट्रीय प्रचारकों को तैयार करने हेतु गोखले ने 12 जून, 1905 को 'भारत सेवक समिति' की स्थापना की। इस संस्था से निकलने वाले महत्त्वपूर्ण समाज-सेवकों में पी. श्रीनिवास शास्त्री, जे.के. देवधर, एन.एम. जोशी, पंडित हृदयनाथ कुंजरु आदि थे। गोखले ने पूना सार्वजनिक सभा की पत्रिका तथा 'सुधारक' का संपादन किया।

गोखले ने स्वदेशी का प्रचार करते हुए भारत में औद्योगिकीकरण का समर्थन किया, किंतु वे बहिष्कार की नीति के विरुद्ध थे। यद्यपि अपने समझौतावादी स्वभाव के वशीभूत 1906 के कलकता कांग्रेस अधिवेशन में उन्होंने बहिष्कार के प्रस्ताव का समर्थन किया। 1915 में गोखले का निधन हो गया।

महात्मा गांधी ने अपने इस राजनीतिक गुरु के बारे में कहा, ''सर फिरोजशाह मुझे हिमालय की तरह दिखाई दिए, जिसे मापा नहीं जा सकता और लोकमान्य तिलक महासागर की तरह, जिसमें कोई आसानी से उतर नहीं सकता। पर गोखले तो गंगा के समान थे, जो सबको अपने पास बुलाती है।'' तिलक ने गोखले को 'भारत का हीरा', 'महाराष्ट्र का लाल' और 'कार्यकर्ताओं का राजा' कहकर उनकी सराहना की।

इस पुस्तक में गोखले के व्यक्तित्व एवं कृतित्व पर प्रकाश डालने का प्रयास किया गया है।

—ममता झा

अनुक्रम

भारत में ब्रिटिश साम्राज्य

भारत में दो सौ वर्ष पुरानी ब्रिटिश व्यापारिक कंपनी थी, जिसका नाम ईस्ट इंडिया कंपनी था। उसने व्यापार करते-करते भारत देश में अपार शक्ति संचय कर ली थी। भारत प्राचीन सभ्यता का देश है, किंतु उसकी राजनीतिक अवस्था शोचनीय थी। उक्त कंपनी के अतिरिक्त ब्रिटिश सरकार भी थी, जो उस कंपनी को अपने अधिकार में रखना चाहती थी, क्योंकि प्रायः उसके एजेंट अपनी सीमाओं का उल्लंघन कर जाते थे और कभी-कभी अनुत्तरदायित्वपूर्ण कार्य भी कर बैठते थे। ब्रिटिश सरकार ने लॉर्ड नॉर्थ के 1773 के विनियामक अधिनियम के द्वारा एवं पिट के 1784 के भारत अधिनियम के द्वारा यह अधिकार प्राप्त कर लिया था कि वह कंपनी के गवर्नर जनरल और मुख्य राजनीतिक अधिकारियों की नियुक्ति स्वयं करे; इस प्रकार वह उक्त कंपनी की राजनीतिक हलचलों पर नियंत्रण कर सके।

भारत में कुछ स्वतंत्र देशी राजा थे, जिनमें से कुछ महत्त्वाकांक्षी, शक्ति-संपन्न और कंपनी के प्रति शत्रुता का भाव रखते थे। इनमें मैसूर का टीपू सुल्तान तथा कुछ मराठे राजा विशेष रूप से उल्लेखनीय हैं। इनके अतिरिक्त भारतीय राजनीतिक मैदान में फ्रेंच लोग भी थे, जो भारत में अपने पाँव जमाना चाहते थे और ब्रिटिश प्रभुत्व को कमजोर कर देना चाहते थे। जिस समय यूरोप में ब्रिटेन और फ्रांस के बीच युद्ध चल रहा था, उस समय फ्रेंच लोगों ने भारत से ब्रिटिश प्रभाव को दूर करने का प्रयत्न किया। फ्रांस और ब्रिटेन दोनों ही देशी राजाओं का सहयोग प्राप्त करके अपना हित साधना चाहते थे तथा जिस सत्ता को दोनों प्रतिस्पर्द्धी यूरोपीय शक्तियाँ हस्तगत करना चाहती थीं और जिस प्रयत्न में ब्रिटेन को सफलता मिली, वह सत्ता अथवा चेष्टा वास्तव में प्रत्यक्ष रूप से भारतीय प्रदेशों पर अधिकार

जमा लेने की नहीं थी, बल्कि वे दोनों ही (ब्रिटेन एवं फ्रांस) देशी राजाओं को अपने-अपने अप्रत्यक्ष प्रभाव में लाना चाहते थे। इसीलिए भारत की स्थिति प्राय: विषम, क्रमहीन और पेचीदा थी। किंतु इस काल में, भारत में ब्रिटिश लोगों का जो प्रभाव बढ़ा, वह इसी अव्यवस्था का परिणाम था। भारत में ब्रिटिश साम्राज्य का उदय न तो साम्राज्य नीति का परिणाम था, न वह ब्रिटिश सरकार द्वारा किसी सुविचारित योजना का फल था। वास्तव में ब्रिटिश सरकार ने कभी भी भारत में साम्राज्य स्थापित करने की आज्ञा नहीं दी थी। उसके एजेंटों ने जो कुछ किया या इस दिशा में जो कुछ हुआ, वह प्राय: ब्रिटिश सरकार की स्वीकृति के बिना, बल्कि ब्रिटिश सरकार की इच्छा के विरुद्ध हुआ। 1784 के भारत अधिनियम में तो एक धारा थी, जिसने भारत में और अधिक प्रदेशों को हस्तगत करने की मनाही कर दी थी, किंतु ब्रिटिश संसद् में बारंबार भारतीय स्थिति के बारे में विरोध प्रदर्शित किया जाता रहा, तब भी प्राय: प्रत्येक गवर्नर यही समझता था कि भारत में ब्रिटिश साम्राज्य को स्थापित करना और उसका अधिकाधिक पोषण करना अतीव आवश्यक है। ब्रिटिश सरकार तो केवल यह चाहती थी कि भारत में जो कुछ ब्रिटिश सरकार का राज्य पहले से ही स्थापित हो चुका है, उसकी सम्यक् व्यवस्था बनी रहे। किंतु जो ब्रिटिश अधिकारीगण भारत में काम कर रहे थे, यह उन्हीं लोगों का काम था कि भारत में ब्रिटिश सत्ता के पैर जमे और ब्रिटेन की स्थिति शक्तिशाली बने। उन अधिकारियों ने बिगड़ी हुई भारतीय परिस्थितियों से लाभ उठाया तथा अपने यूरोपीय शत्रु फ्रांस की महत्त्वाकांक्षी योजनाओं को धूल में मिलाने के उद्देश्य में सफलता प्राप्त की।

वॉरेन हेस्टिंग्ज 1772 से 1785 तक भारत में ईस्ट इंडिया कंपनी के गवर्नर थे। रैम्जेम्योर ने उसे 18वीं शताब्दी का सबसे महान् अंग्रेज कहा है। अमेरिका के स्वातंत्र्य युद्ध के जमाने में भारत के देशी राजा, उनके फ्रांसीसी मित्र, दक्षिण का हैदर अली तथा उत्तर और मध्य भारत के मराठा सरदार सबने मिलकर यह भगीरथ प्रयत्न किया कि भारत से ब्रिटिश सत्ता को उखाड़कर समुद्र में धकेल दिया जाए। किंतु इस विषम परिस्थिति में वॉरेन हेस्टिंग्ज ने ही भारत में ब्रिटिश साम्राज्य की रक्षा की थी। उसने बंगाल में शांति-व्यवस्था कायम की तथा वहाँ की शासन व्यवस्था में आवश्यक सुधार किए। किंतु जब वह लौटकर स्वदेश वापस गया तो इनाम में उस पर मुकदमा चलाया गया।

वॉरेन हेस्टिंग्ज के पश्चात् 1786 से 1792 तक कार्नवालिस गवर्नर रहा। उसको इस उद्देश्य की पूर्ति के लिए भारत भेजा गया था कि भारत में आक्रामक नीति घटती न जाए। किंतु कार्नवालिस को भी मजबूर होकर अपनी पूर्वगामी नीति का ही अनुसरण करना पड़ा। उसने बंगाल के शासन में आवश्यक सुधार करके वॉरेन हेस्टिंग्ज के अधूरे काम को पूरा किया। हेस्टिंग्ज के समान ही उसको भी मैसूर के शक्तिशाली नवाब टीपू सुलतान के साथ युद्ध करना पड़ा, जो पुराने शत्रु हैदर अली का पुत्र था। इस युद्ध में विजय हुई और यह विजय ग्रेट ब्रिटेन की विजय थी।

सन् 1798 से 1804 तक लॉर्ड वेलेजली भारत में गवर्नर रहा। भारत में ब्रिटिश साम्राज्य की वास्तविक स्थापना वेलेजली ने ही की थी। 1798 में जिस समय लॉर्ड वेलेजली ने भारत में अपना पद सँभाला, वह भारत में ब्रिटिश शासन का सबसे नाजुक समय था। उस समय नेपोलियन मिस्र के दरवाजे तक पहुँच चुका था, इस प्रकार वह भारत के निकट आ गया था। उसी समय फ्रांसीसियों ने भारतीय देशी राजाओं से साँठ-गाँठ कर ली, अतः उस समय ब्रिटिश हितों को भारी खतरा उत्पन्न हो गया था, किंतु वेलेजली ने टीपू सुलतान को हटा दिया और बाद में उसने अपने छोटे भाई ड्यूक ऑफ वेलिंगटन की सहायता से मराठों की शक्ति को भी तोड़ दिया। उसने दक्षिणी और उत्तर-पूर्वी भारत में ब्रिटिश अधिकार बढ़ाए तथा ब्रिटिश सरकार के हित में कई नए प्रदेश जीते। उसी ने अंतिम रूप से फ्रांस की महत्त्वाकांक्षाओं को चूर-चूर कर दिया और भविष्य में कभी भी भारत में फ्रांसीसियों ने सिर नहीं उठाया।

1813 से 1823 तक लॉर्ड हेस्टिंग्ज भारत का गवर्नर रहा। वह अग्रिम नीति में विश्वास करता था और समझता था कि भारत का हित ब्रिटिश आधिपत्य में ही है। उसने मराठा शक्ति को सदैव के लिए समाप्त कर दिया और ब्रिटिश साम्राज्य के पैर भारत भूमि पर जमा दिए। इस प्रकार स्थानीय अव्यवस्था और फ्रांस की इंग्लैंड के प्रति चुनौती तथा देशी भारतीय प्रदेशों की ब्रिटिश सत्ता के प्रति शत्रुता के कारण एक विशाल आंग्ल-भारतीय साम्राज्य की स्थापना हुई। यदि उस चुनौती का सामना नहीं किया जाता तो ब्रिटेन को वह स्थान छोड़कर भागना पड़ता, जो उसने भारत में अपने लिए बना लिया था। इसके अतिरिक्त उसको क्लाइव की सफलताओं से भी वंचित होना पड़ता तथा दो शताब्दियों के धैर्यपूर्ण और कठिन संघर्ष की सफलताओं से वंचित होना पड़ता। उस चुनौती की स्वीकृति का अर्थ था प्रभाव

और साम्राज्य का विस्तार। 1785 में जिस समय वॉरेन हेस्टिंग्ज ने भारत से विदा ली, उस समय ब्रिटिश सरकार में केवल बंगाल का प्रांत था। सरकार नामक समुद्री किनारे का जिला था और मद्रास तथा बंबई की प्रेसिडेंसियाँ थीं। किंतु 1785 के चालीस वर्ष पश्चात् ग्रेट ब्रिटेन के अधिकार में अवध को छोड़कर सारी गंगा घाटी का इलाका था। मध्य भारत में विस्तृत मराठों का भू-भाग था और प्राय: समस्त दक्षिण भारत भी था।

लॉर्ड हेस्टिंग्ज की गर्वोक्ति को यहाँ उद्धृत करना अनुचित न होगा :

''यह मेरी गर्वोक्ति कही जा सकती है, किंतु यह नितांत सत्य है कि हमने करोड़ों भारतीय लोगों को सुख और समृद्धि प्रदान की है। इस थोड़े से समय में भी हजारों ही नहीं, बल्कि लाखों की संख्या में लोग ऐसी कंदराओं और निर्जन स्थानों से निकल आए हैं, जहाँ वे वर्षों से पड़े थे। अब वे निर्भय होकर अपने पुराने त्यागे हुए गाँवों में पहुँचकर अपने खेतों पर काम कर रहे हैं। जिन त्यागी हुई जमीनों पर वर्षों से हल नहीं चला था और जिनको केवल खूनी सैनिक घुड़सवारों के, घोड़ों के खुरों ने रौंदा था, उन्हीं पर आज उनके पुराने मालिक किसान सकुशल हल चला रहे हैं।''

इतने पर भी ईस्ट इंडिया कंपनी के डायरेक्टर शिकायत कर रहे थे कि व्यर्थ ही भारत में ब्रिटिश राज्य का विस्तार किया जा रहा है।

इसी काल में इंग्लैंड ने फ्रांस से और फ्रांस के मित्र राष्ट्रों से फ्रेंच क्रांति के काल में, नेपोलियन के युद्धों के काल में, कई प्रदेश एवं भू-भाग जीते थे—यह ब्रिटिश साम्राज्य का चौथा विकास था। सबसे लाभदायक प्रदेश तो हॉलैंड से छीने गए थे। उसने इंग्लैंड के हित में 'केप ऑफ गुड होप', श्रीलंका और गायना का भू-भाग त्याग दिया। उस समय केप ऑफ गुड होप के अंतरीप का केवल यही महत्त्व समझा जाता था कि वह भारत के मार्ग में एक सामरिक महत्त्व का स्टेशन है, किंतु बाद में वही बहुमूल्य सिद्ध हुआ और उसी के आधार पर दक्षिणी अफ्रीका में ब्रिटिश साम्राज्य की नींव पड़ी। श्रीलंका से ब्रिटेन के भारतीय साम्राज्य की शोभा में वृद्धि हुई और गायना की प्राप्ति से ब्रिटेन को दक्षिणी अमेरिका में भी पैर टिकाने की जगह मिल गई। इंग्लैंड को कुछ अन्य द्वीप भी मिले, जो इधर-उधर बिखरे हुए थे। उनका यह लाभ था कि या तो वे जहाजों के रुकने योग्य बंदरगाहों का काम देते थे या निकटवर्ती किसी बड़े ब्रिटिश अधिराज्य की वृद्धि करते थे। □

भारतीय राष्ट्रीय आंदोलन

भारत का राष्ट्रीय आंदोलन लंबे समय तक चला। इसकी औपचारिक शुरुआत 1885 में कांग्रेस की स्थापना के साथ हुई, जो कुछ उतार-चढ़ावों के साथ 15 अगस्त, 1947 तक अनवरत जारी रहा। भारत के राष्ट्रीय आंदोलन को तीन भागों में बाँटा जा सकता है :

प्रथम चरण (1885-1905 तक)

इस काल में भारतीय राष्ट्रीय कांग्रेस की स्थापना हुई, पर लक्ष्य अस्पष्ट था। उस समय इस आंदोलन का प्रतिनिधित्व अल्प शिक्षित बुद्धिजीवी व मध्यमवर्गीय लोग कर रहे थे। यह वर्ग पश्चिम की उदारवादी एवं अतिवादी विचारधारा से प्रभावित था।

द्वितीय चरण (1903 से 1919 तक)

इस समय तक भारतीय राष्ट्रीय कांग्रेस काफी परिपक्व हो गई थी तथा इसके लक्ष्य एवं उद्देश्य स्पष्ट थे। राष्ट्रीय कांग्रेस के इस मंच से भारतीय जनता ने सामाजिक, आर्थिक, राजनीतिक एवं सांस्कृतिक विकास के लिए प्रयास शुरू किए। इस दौरान कुछ उग्र विचारधारा वाले संगठनों ने ब्रिटिश साम्राज्यवाद को समाप्त करने के लिए पश्चिम के ही क्रांतिकारी ढंग को अपनाया।

तृतीय एवं अंतिम चरण (1919 से 1947 तक)

इस काल में महात्मा गांधी के नेतृत्व में कांग्रेस ने पूर्ण स्वराज्य की प्राप्ति के लिए आंदोलन किया।

भारतीय राष्ट्रवाद के उदय में सहायक तत्त्व

1857 का वर्ष राष्ट्रवाद के उदय का प्रारंभ माना जाता है। इसके उदय के लिए अग्रलिखित कारण जिम्मेदार हैं—

पाश्चात्य शिक्षा एवं संस्कृति ने राष्ट्रवादी भावना जगाने में महत्त्वपूर्ण भूमिका का निर्वाह किया। अंग्रेजों ने भारतीयों को इसलिए शिक्षित नहीं किया था कि उनमें राष्ट्रीयता की भावना जागे। उनका उद्देश्य तो ब्रिटिश प्रशासन एवं व्यावसायिक दफ्तरों के लिए क्लर्क की आवश्यकता की पूर्ति करनी थी, परंतु यह अंग्रेजों का दुर्भाग्य साबित हुआ कि भारतीयों को वर्क, मिल, ग्लैडस्टोन, ब्राइट, मैकाले जैसे प्रमुख विचारकों के विचार को समझने का अवसर मिला। मिल्टन, शैली, बायरन जैसे महान् कवि, जो स्वयं ही ब्रिटेन की बर्बर नीति से जूझ रहे थे, की कविताओं को पढ़ने एवं वाल्टेयर, रूसो, मैजिनी जैसे दार्शनिकों के विचारों को जानने का मौका मिला। इस तरह पाश्चात्य शिक्षा के प्रभाव से लोगों में राष्ट्रवादी भावनाएँ पनपीं। 1833 में अंग्रेजी को शिक्षा का माध्यम बनाया गया। पश्चिम के देशों के साथ संबंध, पाश्चात्य साहित्य, विज्ञान, इतिहास एवं दर्शन के अध्ययन से भारतीयों को भारत में प्रचलित कुप्रथाओं के बारे में जानकारी हुई, साथ ही उनमें राष्ट्रवाद की भावना जागी।

समाचार-पत्रों एवं प्रेस का राष्ट्रवाद के उदय में महत्त्वपूर्ण योगदान रहा। भारत में राजा राममोहन राय ने राष्ट्रीय प्रेस की नींव डाली। उन्होंने 'संवाद कौमुदी' (बँगला) एवं 'मिरात उल अखबार' (फारसी) जैसे पत्रों का संपादन कर भारत में राजनीतिक जागरण की दिशा में प्रथम प्रयास किया। 1859 में राष्ट्रवादी भावना से ओत-प्रोत साप्ताहिक पत्र 'सोमप्रकाश' का संपादन ईश्वरचंद्र विद्यासागर ने किया। इसके अतिरिक्त बंगदूत, अमृत बाजार पत्रिका, केसरी, हिंदू, पायनियर, मराठा, इंडियन मिरर आदि पत्रों ने ब्रिटिश हुकूमत की गलत नीतियों की आलोचना कर भारतीयों में राष्ट्रवाद की भावना को जगाया।

राष्ट्रीय साहित्य भी राष्ट्रवादी भावना की उत्पत्ति के लिए जिम्मेदार है। आधुनिक खड़ी हिंदी के पितामह भारतेंदु हरिश्चंद्र ने 1876 में लिखे अपने नाटक 'भारत दुर्दशा' में अंग्रेजों की भारत के प्रति आक्रामक नीति का उल्लेख किया। इस क्षेत्र में हरिश्चंद्र के अतिरिक्त प्रताप नारायण मिश्र, बालकृष्ण भट्ट, बद्री नारायण चौधरी भी आते हैं, जिनकी रचनाएँ देशप्रेम की भावना से ओत-प्रोत थीं। अन्य

भाषाओं, जैसे उर्दू साहित्य में मोहम्मद हुसैन, अल्ताफ हुसैन की रचनाएँ, बँगला में बंकिम चंद्र चटर्जी, मराठी में चिपलूणकर, गुजराती में नर्मदा, तमिल में सुब्रह्मण्यम भारती आदि की रचनाओं में देशप्रेम की भावना मिलती है।

राष्ट्रवाद को जगाने में आर्थिक शोषण का भी महत्त्वपूर्ण योगदान रहा। दादाभाई नौरोजी ने 'धन निष्कासन' के सिद्धांत को समझाकर अंग्रेजों के शोषण का खाका खींचा। अंग्रेजों की भारत-विरोधी आर्थिक नीति ने भारतीयों के मन में विदेशी राज्य के प्रति नफरत एवं स्वदेशी माल तथा राज्य के प्रति प्रेम को जगाया। भारत के आर्थिक शोषण की पराकाष्ठा हमें लॉर्ड विल्टन के शासनकाल में देखने को मिलती है।

अंग्रेजों के भारत में आने से पहले यहाँ राजनीतिक एकीकरण का अभाव था। मुगल बादशाह औरंगजेब के शासनकाल के बाद भारतीय सीमा छिन्न-भिन्न हो गई थी। अंग्रेजी साम्राज्य की स्थापना से भारत में राजनीतिक एकीकरण हुआ।

तीव्र परिवहन तथा संचार साधनों में रेल, डाक, तार आदि के विकास ने भी भारत में राष्ट्रवाद को मजबूत किया। रेलवे ने इसमें मुख्य भूमिका का निर्वाह किया। एडीसन ऑरनाल्ड ने लिखा है—''रेलवे भारत के लिए वह कार्य कर देगी, जो बड़े-बड़े देशों ने पहले कभी नहीं किया, जो अकबर अपनी दयाशीलता व टीपू अपनी उग्रता द्वारा नहीं कर सके, वे भारत को एक राष्ट्र नहीं बना सके।''

बौद्धिक पुनर्जागरण ने राष्ट्रवाद के उदय में एक अहम भूमिका निभाई। राजा राममोहन राय, दयानंद सरस्वती, स्वामी विवेकानंद आदि ने भारतीयों के अंतर्मन को झकझोरा। इस संदर्भ में दयानंद सरस्वती ने कहा, ''स्वदेशी राज्य सर्वोपरि एवं सर्वोत्तम होता है।'' स्वामी रामतीर्थ ने कहा, ''मैं सशरीर भारत हूँ, सारा भारत मेरा शरीर है।''

यूरोपीय विद्वान् सर विलियम जोंस, मोनियर विलियम्ज, मैक्समूलर, रॉथ, सैमसन, मैकडॉनाल्ड आदि ने शोधों के द्वारा भारत की प्राचीन सांस्कृतिक धरोहर से हमारा परिचय कराया और निश्चित रूप से इससे भारतीयों के मन से हीन-भावना गायब हुई। उनमें आत्म-सम्मान एवं आत्मविश्वास जागा, जिससे उनके अंदर देशभक्ति एवं राष्ट्रवाद की भावना प्रोत्साहित हुई।

अंग्रेजों द्वारा भारतीयों के प्रति हर जगह सेना, उद्योग, सरकारी नौकरियों एवं आर्थिक क्षेत्र में अपनाई जानेवाली भेदभावपूर्ण नीति ने भी राष्ट्रवाद को जन्म दिया।

भारतीय राष्ट्रीय कांग्रेस से पूर्व की स्थिति

भारतीय राष्ट्रीय कांग्रेस की स्थापना से पूर्व इस दिशा में किए गए महत्त्वपूर्ण प्रयासों के अंतर्गत 1 मार्च, 1883 को ह्यूम ने कलकत्ता विश्वविद्यालय के स्नातकों के नाम एक पत्र लिखा, जिसमें उन्होंने सबसे मिल-जुलकर स्वाधीनता के लिए प्रयत्न करने की अपील की। इस अपील का शिक्षित भारतीयों पर अच्छा प्रभाव पड़ा। वे एक अखिल भारतीय संगठन की आवश्यकता महसूस करने लगे। इस दिशा में निश्चित रूप से पहला कदम सितंबर 1884 में उठाया गया, जब 'आडयार' (मद्रास) में थियोसॉफिकल सोसाइटी का वार्षिक अधिवेशन हुआ। इस अधिवेशन में ह्यूम सहित दादाभाई नौरोजी, सुरेंद्रनाथ बनर्जी आदि शामिल हुए। इसी के बाद 1884 में 'इंडियन नेशनल यूनियन' नामक देशव्यापी संगठन स्थापित हुआ। इस संगठन की स्थापना का प्रमुख उद्देश्य भारतीय लोगों द्वारा देश की सामाजिक समस्याओं के संबंध में विचार-विमर्श करना था। इसी समय ह्यूम ने तत्कालीन वायसराय लॉर्ड डफरिन से सलाह की और ऐसा माना जाता है कि 'इंडियन नेशनल कांग्रेस' डफरिन के दिमाग की ही उपज थी। डफरिन भी चाहता था कि भारतीय राजनीतिज्ञ वर्ष में एक बार एकत्र हों, जहाँ वे प्रशासन के कार्यों के दोष एवं उनके समाधान के सुझावों के द्वारा सरकार के प्रति अपनी वास्तविक भावना प्रकट करें, ताकि प्रशासन भविष्य में घटनेवाली किसी घटना के प्रति सतर्क रहे। ह्यूम डफरिन की योजना से सहमत हो गए। इस संगठन की स्थापना से पहले ह्यूम इंग्लैंड गए, जहाँ उन्होंने रिपन, डलहौजी, जॉन ब्राइट एवं स्लेग जैसे राजनीतिज्ञों से इस विषय पर व्यापक विचार-विमर्श किया। भारत आने से पहले ह्यूम ने इंग्लैंड में भारतीय समस्याओं के प्रति ब्रिटिश संसद् के सदस्यों में रुचि पैदा करने के उद्देश्य से एक 'भारतीय संसदीय समिति' की स्थापना की। भारत आने पर ह्यूम ने 'इंडियन नेशनल यूनियन' की एक बैठक बंबई में 25 दिसंबर, 1885 में की, जहाँ पर व्यापक विचार-विमर्श के बाद इंडियन नेशनल यूनियन का नाम बदलकर 'इंडियन नेशनल कांग्रेस' या 'भारतीय राष्ट्रीय कांग्रेस' रखा गया। यहीं पर इस संस्था ने जन्म लिया। पहले इसका सम्मेलन पूना में होनेवाला था; परंतु वहाँ हैजा फैल जाने पर स्थान परिवर्तित कर बंबई में सम्मेलन आयोजित किया गया।

भारतीय राष्ट्रीय कांग्रेस के उद्देश्य : देशहित की दिशा में प्रयत्नशील भारतीयों में परस्पर संपर्क एवं मित्रता को प्रोत्साहन देना, देश के अंदर धर्म, वंश

एवं प्रांत संबंधी विवादों को खत्म कर राष्ट्रीय एकता की भावना को प्रोत्साहित करना, शिक्षित वर्ग की पूर्ण सहमति से महत्त्वपूर्ण एवं आवश्यक सामाजिक विषयों पर विचार-विमर्श करना तथा यह निश्चित करना कि आनेवाले वर्षों में भारतीय जनकल्याण के लिए किस दिशा में, किस आधार पर कार्य किया जाए?

प्रस्ताव : सम्मेलन में लाए गए कुल 9 प्रस्तावों के द्वारा संगठन ने अपनी माँगें सरकार के सम्मुख प्रस्तुत कीं। ये प्रस्ताव थे : 1. भारतीय शासन विधान की जाँच के लिए एक 'शपथ कमीशन' को नियुक्त किया जाए। 2. प्रांतीय तथा केंद्रीय व्यवस्थापिका का विस्तार किया जाए। 3. 'परिषद् में मनोनीत सदस्यों के स्थान पर चुने गए प्रतिनिधि सम्मिलित किए जाएँ। 4. इंडियन सिविल सर्विस परीक्षा का आयोजन भारत एवं इंग्लैंड दोनों स्थानों पर किया जाए और इसके साथ ही उसकी अधिकतम सीमा 19 से बढ़ाकर 23 वर्ष की जाए। 5. सैन्य व्यय में कटौती की जाए। 6. इंग्लैंड से आयात किए गए कपड़ों पर पुनः आयात कर लगाया जाए। 7. बर्मा, जिस पर अधिकार कर लेने की आलोचना की गई थी, को अलग किया जाए। 8. समस्त प्रस्तावों को सभी प्रदेशों की राजनीतिक संस्थाओं को भेजा जाए, जिससे वे इनके क्रियान्वयन की माँग कर सकें। 9. कांग्रेस का अगला सम्मेलन कलकत्ता में बुलाया जाए।

भारतीय राष्ट्रीय कांग्रेस की स्थापना पर विभिन्न विद्वानों ने अपना मत प्रकट किया। लाला लाजपतराय ने 'यंग इंडिया' में लिखा कि, "भारतीय राष्ट्रीय कांग्रेस की स्थापना का मुख्य कारण यह था कि इसके संस्थापकों की उत्कंठा ब्रिटिश साम्राज्य को छिन्न-भिन्न होने से बचाने की थी।" ह्यूम के जीवनीकार वेडरबर्न ने लिखा— "भारत में असंतोष की बढ़ती हुई शक्तियों से बचने के लिए एक अभयदीप जैसे की आवश्यकता है और कांग्रेसी आंदोलन से बढ़कर अभयदीप दूसरी कोई चीज नहीं हो सकती।" रजनीपाम दत्त ने अपनी पुस्तक 'इंडिया टुडे' में लिखा— "कांग्रेस की स्थापना ब्रिटिश सरकार की एक पूर्व निश्चित गुप्त योजना के अनुसार की गई।" एनी बेसेंट ने लिखा—"राष्ट्रीय कांग्रेस का जन्म मातृभूमि की रक्षा हेतु 17 प्रमुख भारतीयों तथा ह्यूम के द्वारा हुआ।"

भारतीय राष्ट्रीय कांग्रेस के संस्थापक एलन ऑक्टेवियन ह्यूम स्कॉटलैंड के निवासी थे। इंडियन सिविल सर्विस में ह्यूम ने काफी वर्षों तक कई महत्त्वपूर्ण पदों पर काम किया। वे भारतीय राष्ट्रीय कांग्रेस के महामंत्री पद पर नियुक्त हुए, जिस

पर उन्होंने 1906 तक कार्य किया। उन्हें 'भारतीय राष्ट्रीय कांग्रेस' के पिता के नाम से जाना जाता है। उन्होंने भारतीय राष्ट्रीय कांग्रेस की स्थापना से पूर्व कलकत्ता विश्वविद्यालय के स्नातकों को एक मर्मस्पर्शी पत्र लिखा था, जिसमें उन्होंने कहा था—

''बिखरे हुए व्यक्ति कितने ही बुद्धिमान् तथा अच्छे आशय वाले क्यों न हों, अकेले तो शक्तिहीन ही होते हैं। आवश्यकता है संघ की, संगठन की और कार्यवाही के लिए एक निश्चित एवं स्पष्ट प्रणाली की। आपके कंधों पर रखा हुआ जुआ तब तक विद्यमान रहेगा, जब तक आप इस ध्रुव सत्य को समझकर इसके अनुसार कार्य करने को उद्यत न होंगे कि आत्म-बलिदान और निस्स्वार्थ कर्म ही स्थायी सुख और स्वतंत्रता का अचूक मार्गदर्शक है।'' 1859 में ह्यूम ने 'लोकमित्र' नामक समाचार-पत्र के प्रकाशन में सहयोग किया। 1870 से 1879 तक ह्यूम ने लेफ्टिनेंट गवर्नर के पद को इसलिए अस्वीकार कर दिया, क्योंकि इस पद पर रहकर वे भारतीयों की सच्चे मन से सेवा नहीं कर सकते थे। 1885 के बाद लगभग 22 वर्षों तक उन्होंने कांग्रेस में सक्रिय सदस्य की भूमिका निभाई।

आंदोलन का प्रथम चरण (1885-1905)

1885 में भारतीय कांग्रेस की स्थापना के साथ ही इस पर उदारवादी राष्ट्रीय नेताओं का वर्चस्व स्थापित हो गया। तत्कालीन उदारवादी राष्ट्रीय नेताओं में प्रमुख थे—दादाभाई नौरोजी, महादेव गोविंद रानाडे, फिरोजशाह मेहता, सुरेंद्रनाथ बनर्जी, दीनशा वाचा, व्योमेश चंद्र बनर्जी, गोपाल कृष्ण गोखले, मदनमोहन मालवीय आदि।

कांग्रेस की स्थापना के आरंभिक 20 वर्षों में उसकी नीति अत्यंत ही उदार थी, इसीलिए इस काल को कांग्रेस के इतिहास में उदारवादी राष्ट्रीयता का काल माना जाता है। कांग्रेस के संस्थापक सदस्य भारतीयों के लिए धर्म और जाति के पक्षपात का अभाव, मानव में समानता, कानून के समक्ष समानता, नागरिक स्वतंत्रताओं का प्रसार और प्रतिनिधि संस्थाओं के विकास की कामना करते थे। उदारवादी नेताओं का मानना था कि संवैधानिक तरीके अपनाकर ही हम देश को आजाद करा सकते हैं। इस समय कांग्रेस पर समृद्धिशाली, मध्यमवर्गीय, बुद्धिजीवियों, जिनमें वकील, डॉक्टर, इंजीनियर, पत्रकार एवं साहित्यकार सम्मिलित थे, उनका प्रभाव था। उदारवादी नेताओं को अंग्रेजों की न्यायप्रियता में पूर्ण निष्ठा थी और ये अंग्रेजों

को अपना शत्रु नहीं, बल्कि मित्र मानते थे। ये नेता प्रार्थना-पत्रों, प्रतिवेदनों, स्मरण-पत्रों एवं शिष्ट मंडलों के द्वारा सरकार के सामने अपनी माँगों को रखते थे। इस काल में कांग्रेस ने देश की स्वतंत्रता की माँग नहीं की, बल्कि कुछ रियायतें माँगीं। कांग्रेस की माँगों में—विधान परिषदों का विस्तार, परीक्षा की न्यूनतम आयु में वृद्धि, परीक्षा का भारत और इंग्लैंड में एक साथ आयोजन, अधिक भरती, वायसराय तथा गवर्नर की कार्यकारिणी में भारतीयों के अधिक प्रतिनिधि आदि बातें शामिल थीं। ये माँगें हीन से हीन शब्दों में याचना के रूप में संवैधानिक तरीके से प्रस्तुत की जाती थीं। इनके इसी लचीलेपन एवं संयत व्यवहार के कारण ही उग्रपंथी नेताओं ने इसे 'राजनीतिक भिक्षावृत्ति' की संज्ञा दी थी।

कांग्रेस की लोकप्रियता

कांग्रेस की लोकप्रियता धीरे-धीरे काफी बढ़ गई। पहले इस संस्था का प्रतिनिधित्व बौद्धिक वर्ग के लोग ही करते थे, पर कालांतर में यह संस्था ज़नसाधारण की संस्था बन गई। अपनी लोकप्रियता के कारण ही इस संस्था ने तत्कालीन संस्थाओं में सर्वाधिक बड़ी राजनीतिक संस्था का आकार ग्रहण कर लिया।

कांग्रेस के प्रति सरकार का दृष्टिकोण

आरंभिक वर्षों में कांग्रेस के प्रति सरकार का दृष्टिकोण उदारवादी था, परंतु जैसे-जैसे कांग्रेस की स्थिति मजबूत होने लगी, उसने माँगों को अधिक मजबूती से सरकार के सामने रखना आरंभ कर दिया। जिसका परिणाम यह हुआ कि सरकार कांग्रेस की आलोचना करने लगी। 1887 के पश्चात् तो कांग्रेस के प्रति सरकार का रुख और कठोर हो गया।

लॉर्ड डफरिन, जिसने कांग्रेस की स्थापना में सहयोग दिया था, ने इसकी आलोचना करते हुए कहा, "मुझे उसका भारतीय जनता के प्रतिनिधित्व का दावा बेबुनियाद लगता है। कांग्रेस तो एक ऐसे नगण्य अल्पमत का प्रतिनिधित्व करती है, जिसको एक शानदार और विभिन्न रूपों वाले साम्राज्य के शासन की बागडोर हरगिज नहीं दी जा सकती।" कांग्रेस के बारे में अंग्रेजी पत्र में लिखा गया—"यह तो छिपे वेश में एक ऐसी राजद्रोही संस्था है, जिसे न तो जनता का प्रतिनिधित्व प्राप्त है और न ही इसका कोई मूल्य है।"

ब्रिटिश सरकार ने मुसलमानों को कांग्रेस से अलग करने के लिए उनमें विरोध की भावना को भरना शुरू किया और उसके इन प्रयासों को काफी सफलता तब मिली जब 1888 में सर सैयद अहमद खाँ ने 'एंग्लो मुसलिम डिफेंस एसोसिएशन' की स्थापना की। सर सैयद अहमद खाँ और बनारस के शिवप्रसाद ने सरकार की प्रेरणा से कांग्रेस के प्रतिरोध के लिए 'यूनाइटेड इंडियन पेट्रियाटिक एसोसिएशन' की स्थापना की। 1890 में सरकारी सेवकों को कांग्रेस में सम्मिलित होने की आज्ञा नहीं रही। लॉर्ड कर्जन ने तो यहाँ तक कह दिया कि "कांग्रेस अपने पतन की ओर लड़खड़ाती हुई जा रही है।" कर्जन की महत्त्वाकांक्षाओं में एक यह थी कि वह कांग्रेस की शांतिमय मृत्यु में सहायता कर सके।

धीरे-धीरे सरकार की नीति भारतीयों के प्रति उदार की जगह कठोर होती गई। अब वह 'फूट डालो, राज करो' की नीति का पालन करने लगी। सरकार को कांग्रेस के दमन में इसलिए सफलता नहीं मिली; क्योंकि इस संस्था को विशाल मध्यवर्ग का समर्थन प्राप्त था। डॉ. आर.सी. मजूमदार ने लिखा है—"ब्रिटिश सरकार तथा नौकरशाही के कांग्रेस विरोधी षड्यंत्र अपने उद्देश्य की पूर्ति में इसलिए सफल नहीं हुए, क्योंकि वह यह बात जानने में असमर्थ रहे कि कांग्रेस की शक्ति का मूल आधार यह मध्यवर्ग है, धनी-दानी लोग नहीं।" कर्जन ने कांग्रेस को 'गंदी चीज' और 'देशद्रोही' कहा।

उदारवादियों का इंग्लैंड में प्रचार

ह्यूम, दादाभाई नौरोजी एवं वेडरबर्न आदि नेताओं का मानना था कि भारतीय राष्ट्रीय कांग्रेस का इंग्लैंड से अधिक प्रचार किया जा सकता है। 1887 में नौरोजी ने इंग्लैंड में 'भारतीय सुधार समिति' की स्थापना की। 1888 में नौरोजी ने विलियम डिगवी की अध्यक्षता में 'इंडियन एजेंसी' की स्थापना की। 1889 में कांग्रेस की ब्रिटिश समिति बनी, जिसने 'इंडिया' नाम की एक मासिक पत्रिका का प्रकाशन शुरू किया। इसके माध्यम से इंग्लैंड के नागरिकों को भारत की यथास्थिति से परिचित कराया जाता था। कांग्रेस ने भारतीयों की समस्या के निवारण हेतु समय-समय पर अपने प्रतिनिधिमंडल को इंग्लैंड भेजा। 1890 में कांग्रेस की ओर से इंग्लैंड भेजे गए प्रतिनिधिमंडल में सुरेंद्रनाथ बनर्जी, डब्ल्यू.सी. बनर्जी और ए.ओ. ह्यूम सदस्य थे। 1899 में विपिनचंद्र पाल इंग्लैंड गए। इन समस्त प्रयासों का

प्रतिफल यह रहा कि इंग्लैंड में भारतीय जनमानस की समस्याओं के प्रति सहानुभूति रखनेवाले एक गुट का निर्माण हुआ।

बहुत से आलोचकों ने उदारवादी राष्ट्रीय नेताओं की उपलब्धियों की आलोचना की है। गरम विचारधारावालों ने उदारवादियों की आवेदन-निवेदन की नीति की 'भिक्षा माँगने' की नीति कहकर खिल्ली उड़ाई। इस संबंध में लाला लाजपतराय ने लिखा—"बीस वर्षों तक रियायतों और दु:खों को दूर करने के असफल संघर्ष करने के पश्चात् इन्हें रोटी के बदले पत्थर प्राप्त हुए।" इस बात में संदेह नहीं कि उनकी तात्कालिक उपलब्धियाँ नगण्य थीं और 19वीं सदी के बदलते हुए ब्रिटिश शासन की प्रकृति के कारण उनकी कई राजनीतिक धारणाएँ गलत साबित हुईं, लेकिन जिन परिस्थितियों में उन्होंने यह कठिन कार्य अपने हाथों में लिया और जो कठिनाइयाँ उनके सम्मुख आईं, उनको देखते हुए उनकी उपलब्धियों की उपेक्षा नहीं की जा सकती। ये मध्यवर्ग तथा निम्न मध्यवर्ग में राष्ट्रीय एकता का भाव जाग्रत् करने में सफल रहे। उन्होंने एक सामान्य शत्रु से भारतीयों को परिचित कराया और एक सशक्त आर्थिक समीक्षा प्रस्तुत कर यह सिद्ध कर दिया कि भारत की गरीबी, बेकारी और आर्थिक पिछड़ापन अंग्रेजों के कारण हैं।

यदि हम दादाभाई नौरोजी, फिरोजशाह मेहता, दीनशा वाचा, गोपाल कृष्ण गोखले, सुरेंद्रनाथ बनर्जी जैसे अग्रणी नेताओं के साथ न्याय करें तो यह स्वीकार करना पड़ेगा कि ये लोग समकालीन भारतीय समाज के सबसे अधिक प्रगतिवादी तत्त्व और सच्चे देशभक्त थे। इन लोगों ने 1886 में एक लोक सेवा आयोग नियुक्त करवाया और 1892 में भारतीय परिषदों का अधिनियम पारित करवाया। सरकार ने उनके अनुरोध पर भारतीय व्यय की समीक्षा के लिए एक वेल्पी कमीशन भी नियुक्त किया।

बंगाल विभाजन (1905)

विभाजन के समय बंगाल की कुल जनसंख्या 7 करोड़ 85 लाख थी तथा उस समय बंगाल में आज के बिहार, उड़ीसा एवं बँगलादेश शामिल थे। बंगाल प्रेसीडेंसी उस समय सभी प्रेसीडेंसियों में सबसे बड़ी थी। 1874 में असम बंगाल से अलग हो गया था। एक लेफ्टिनेंट गवर्नर इतने बड़े प्रांत को कुशल प्रशासन दे पाने में असमर्थ था। तत्कालीन गवर्नर जनरल लॉर्ड कर्जन ने प्रशासनिक असुविधा को

बंगाल विभाजन का कारण अवश्य बताया, परंतु वास्तविक कारण प्रशासनिक नहीं, बल्कि राजनीतिक था। बंगाल उस समय भारतीय राष्ट्रीय चेतना का केंद्र-बिंदु था और साथ ही बंगालियों में प्रबल राजनीतिक जागृति थी, जिसे कुचलने के लिए कर्जन ने बंगाल को बाँटना चाहा।

दिसंबर 1903 में बंगाल विभाजन के प्रस्ताव की खबर फैलने पर चारों ओर विरोध स्वरूप अनेक बैठकें हुईं, जिसमें अधिकतर ढाका, मेमन सिंह एवं चटगाँव में हुईं। बंगाल के सुरेंद्रनाथ बनर्जी, कृष्ण कुमार मित्र, पृथ्वीचंद्र राय जैसे नेताओं ने 'बंगाली', 'हितवादी' एवं 'संजीवनी' अखबारों द्वारा विभाजन के प्रस्ताव की आलोचना की। विरोध के बावजूद कर्जन ने 19 जुलाई, 1905 को बंगाल विभाजन के निर्णय की घोषणा की। जिसके परिणामस्वरूप 7 अगस्त, 1905 को कलकत्ता में टाऊन हॉल में स्वदेशी आंदोलन की घोषणा की गई तथा बहिष्कार प्रस्ताव पारित किया गया। 16 अक्तूबर, 1905 को बंगाल विभाजन की घोषणा के साथ ही विभाजन प्रभावी हो गया। विभाजन के बाद बंगाल पूर्वी बंगाल और पश्चिम बंगाल में बँट गया। पूर्वी बंगाल में असम एवं बंगाल (पूर्वी) के कुछ जिले राजशाही, ढाका एवं चटगाँव मिलाए गए। इन प्रांत का मुख्यालय ढाका था। पश्चिम बंगाल में बिहार, उड़ीसा तथा पश्चिम बंगाल शामिल थे।

विभाजन के दिन 16 अक्तूबर, 1905 को पूरे बंगाल में शोक दिवस के रूप में मनाने की घोषणा की गई। भारतीयों पर बंगभंग का समाचार वज्र के समान गिरा था। विभाजन पर गोपाल कृष्ण गोखले ने कहा था—"यह एक निर्मम भूल थी।" बंगाल विभाजन के विरोध के लिए पहली बार एक सभा में 50 से 75 हजार लोग एकत्र हुए। बंगाल विभाजन के विरोध में स्वदेशी एवं बहिष्कार आंदोलन का सूत्रपात किया गया। कांग्रेस के बनारस अधिवेशन में स्वदेशी और बहिष्कार आंदोलन का अनुमोदन किया गया। धीरे-धीरे यह आंदोलन पूरे देश में फैलने लगा। तिलक ने इस आंदोलन का प्रचार बंबई एवं पुणे में, अजीत सिंह एवं लाला लाजपत राय ने पंजाब एवं उत्तर प्रदेश में, सैयद हैदर रजा ने दिल्ली में तथा चिदंबरम पिल्लै ने मद्रास में किया।

1905 में हुए बनारस के कांग्रेस अधिवेशन की अध्यक्षता करते हुए गोपाल कृष्ण गोखले ने भी स्वदेशी एवं बहिष्कार आंदोलन का समर्थन किया। गरम विचारधारा के नेता तिलक, विपिनचंद्र पाल, लाजपत राय एवं अरविंद घोष ने पूरे

देश में इस आंदोलन को फैलाना चाहा। स्वदेशी आंदोलन के समय लोगों का आंदोलन के प्रति समर्थन जुटाने में 'स्वदेशी बांधव समिति' की महत्त्वपूर्ण भूमिका थी। इसकी स्थापना अश्विनी कुमार दत्त ने की थी।

1906 में कलकत्ता में हुए कांग्रेस अधिवेशन की अध्यक्षता करते हुए दादा भाई नौरोजी ने पहली बार स्वराज्य की माँग प्रस्तुत की। यद्यपि 'स्वराज्य मेरा जन्मसिद्ध अधिकार है और मैं इसे लेकर रहूँगा' यह नारा बाल गंगाधर तिलक का है, किंतु कांग्रेस के मंच से स्वराज्य की सर्वप्रथम माँग करने का श्रेय दादा भाई नौरोजी को है। बंग-भंग के बाद राष्ट्रीय आंदोलन में उग्रवादी विचार के नेताओं की पकड़ मजबूत होने लगी और जहाँ उदारवादी नेता हिंसा का विरोध करते, वहीं उग्रपंथी नेता हिंसा के समर्थक थे। कांग्रेस के कलकत्ता अधिवेशन में दोनों के मध्य वैचारिक मतभेद दबा दिया गया। स्वदेशी आंदोलन को चलाने के तरीके को लेकर उग्रवादी और उदारवादी नेताओं के मध्य चल रहे मतभेद के परिणामस्वरूप 1907 के कांग्रेस के सूरत अधिवेशन में उग्रवादी नेताओं ने खुद को कांग्रेस से अलग कर लिया। बहिष्कार एवं स्वदेशी आंदोलन ने विभाजन के विरुद्ध विशाल जनमत इकट्ठा किया, जिसके फलस्वरूप ब्रिटिश सरकार ने विवश होकर 1911 में बंगाल विभाजन को रद्द कर दिया।

आंदोलन का द्वितीय चरण (1905-1919)

आंदोलन के द्वितीय चरण में एक ओर उग्रवादी तो दूसरी ओर क्रांतिकारी आंदोलन चलाए गए। दोनों ही एकमात्र उद्देश्य ब्रिटिश राज्य से मुक्ति एवं पूर्ण स्वराज्य की प्राप्ति के लिए लड़ रहे थे। एक तरफ उग्रवादी विचारधारा के लोग बहिष्कार आंदोलन को आधार बनाकर लड़ रहे थे तो दूसरी ओर क्रांतिकारी विचारधारा के लोग बमों और बंदूकों के उपयोग से स्वतंत्रता प्राप्त करना चाहते थे। जहाँ एक ओर उग्रवादी शांतिपूर्ण सक्रिय राजनीतिक आंदोलनों में विश्वास करते थे, वहीं क्रांतिकारी अंग्रेजों को भारत से भगाने में शक्ति एवं हिंसा के उपयोग में विश्वास करते थे।

उग्रवाद के उदय के कारण

• ब्रिटिश सरकार द्वारा लगातार कांग्रेस की माँगों के प्रति अपनाई जाने

वाली उपेक्षापूर्ण नीति ने कांग्रेस के युवा नेताओं, जैसे बाल गंगाधर तिलक, लाला लाजपत राय एवं विपिनचंद्र पाल को अंदर तक आंदोलित कर दिया। इन युवा नेताओं ने उदारवादी नेताओं की राजनीतिक भिक्षावृत्ति में कोई विश्वास नहीं जताया। इन्होंने सरकार से अपनी माँगें मनवाने के लिए कठोर कदम उठाने की आवश्यकता पर बल दिया।

- हिंदू धर्म के पुनरुत्थान ने भी उग्रवाद के उदय में महत्त्वपूर्ण योगदान दिया। कांग्रेस के उदारवादी नेताओं ने पश्चिमी सभ्यता एवं संस्कृति में अपनी पूर्ण निष्ठा जताई। दूसरी ओर स्वामी विवेकानंद, दयानंद सरस्वती, लाला लाजपत राय, अरविंद घोष एवं विपिनचंद्र पाल जैसे लोग भी थे, जिन्होंने अपनी सभ्यता एवं संस्कृति को पाश्चात्य संस्कृति से श्रेष्ठ प्रमाणित किया। अरविंद घोष ने कहा, "स्वतंत्रता हमारे जीवन का उद्देश्य है और हिंदू धर्म ही हमारे इस उद्देश्य की पूर्ति करेगा। राष्ट्रीयता एक धर्म है और वह ईश्वर की देन है।" एनी बेसेंट ने कहा, "सारी हिंदू प्रणाली पश्चिमी सभ्यता से बढ़कर है।"
- 1876 से 1900 के मध्य भारत लगभग 18 बार अकाल की चपेट में आ चुका था, जिसमें भीषण धन-जन की हानि हुई। 1897-98 में बंबई में प्लेग की बीमारी की चपेट में आकर 1 लाख 73 हजार लोग काल कवलित हो गए। सरकार ने इस दिशा में ऐसा कोई प्रयास नहीं किया, जिससे इस बीमारी को रोका जा सके, बल्कि उलटे प्लेग की जाँच के बहाने भारतीयों के घरों में उनकी बहू-बेटियों के साथ अमानवीय बरताव किया गया। तिलक ने सरकार की इस काली करतूत की अपने पत्र 'केसरी' में कटु आलोचना की, जिसके कारण उन्हें 18 महीने तक जेल में रहना पड़ा। प्लेग के समय की ज्यादतियों से क्षुब्ध होकर पूना के चापेकर बंधुओं ने प्लेग अधिकारी रैंड एवं आमर्स्ट को गोली मार दी। इन घटनाओं ने उग्र राष्ट्रवाद को प्रोत्साहन दिया।
- लॉर्ड बेकन का यह कथन कि 'अधिक दरिद्रता और आर्थिक असंतोष क्रांति को जन्म देता है।' भारत के संदर्भ में अक्षरशः सत्य है, क्योंकि अंग्रेजों की तीव्र आर्थिक शोषण की नीति ने सचमुच भारत में उग्रवाद को जन्म दिया। शिक्षित भारतीयों को रोजगार से दूर रखने की सरकार की नीति ने भी उग्रवाद को बढ़ावा दिया। दादाभाई नौरोजी ने 'ड्रेन थ्योरी' का प्रतिपादन कर अंग्रेजी राज्य की शोषण-नीतियों का अनावरण किया।

• तत्कालीन अंतरराष्ट्रीय घटनाओं का भी उग्रवादी तत्त्वों को बढ़ावा देने में महत्त्वपूर्ण सहयोग रहा है। मिस्र, फारस एवं तुर्की में सफल स्वतंत्रता संग्राम ने भारतीयों को काफी उत्साहित किया। 1896 में अफ्रीका को पिछड़े एवं छोटे राष्ट्र इथोपिया ने इटली को परास्त कर दिया। 1905 में जापान की रूस पर विजय आदि से सचमुच उग्र राष्ट्रवादी तत्त्वों को बढ़ावा मिला। गैरेट का कहना था—''इटली की हार ने 1897 में तिलक के आंदोलन को बड़ा बल प्रदान किया।''

• भारतीय युवा मन पर कर्जन की प्रतिक्रियावादी नीतियों की कड़ी प्रतिक्रिया हुई। कर्जन के 7 वर्ष के शासनकाल को 'शिष्टमंडलों, भूलों तथा आयोगों' का काल कहा जाता है। कर्जन के प्रतिक्रियावादी कार्यों, जैसे कलकत्ता कॉरपोरेशन अधिनियम, विश्वविद्यालय अधिनियम एवं बंगाल विभाजन ने भारत में उग्रवाद को बढ़ाने में महत्त्वपूर्ण कार्य किया।

• भारत में उग्र राष्ट्रवाद के उदय में महत्त्वपूर्ण भूमिका का निर्वाह बाल गंगाधर तिलक, लाला लाजपत राय एवं विपिन चंद्रपाल ने किया। इन नेताओं के योग्य नेतृत्व में ही यह आंदोलन फला-फूला। तिलक मानते थे 'अच्छी विदेशी सरकार की अपेक्षा हीन स्वदेशी सरकार श्रेष्ठ है एवं 'स्वराज्य मेरा जन्मसिद्ध अधिकार है, इसे मैं लेकर रहूँगा।' तिलक ने 'गणपति उत्सव' एवं 'शिवाजी उत्सव' को शुरू करवाकर भारतीयों में राष्ट्रीय चेतना के प्रसार की दिशा में प्रयास किया।

• लाला लाजपत राय ने कहा, ''अंग्रेज भिखारी से अधिक घृणा करते हैं और मैं सोचता हूँ कि भिखारी घृणा के पात्र हैं भी। अत: हमारा कर्तव्य है कि हम यह सिद्ध कर दें कि हम भिखारी नहीं हैं।'' विपिनचंद्र पाल ने बंगाल के युवाओं का नेतृत्व किया। उन्हें बंगाल में 'तिलक का सेनापति' माना जाता था। कुछ अन्य महत्त्वपूर्ण कारण, जैसे उपनिवेशों में भारतीयों के साथ किया जानेवाला दुर्व्यवहार, जातीय कटुता एवं भारतीयों के साथ किया जानेवाला अभद्र व्यवहार भी भारत में उग्र राष्ट्रवाद को प्रोत्साहन देने के लिए उत्तरदायी रहे।

• अपनी माँगों को मनवाने के लिए उदारवादियों की अनुनय-विनय की नीति को अस्वीकार करते हुए इसे उग्रवादियों ने 'राजनीतिक भिक्षावृत्ति की संज्ञा दी। तिलक ने कहा, ''हमारा उद्‍देश्य आत्मनिर्भरता है, भिक्षावृत्ति नहीं।'' विपिन चंद्र पाल ने कहा, ''यदि सरकार मेरे पास आकर कहे कि स्वराज्य ले लो तो मैं

उपहार के लिए धन्यवाद देते हुए कहूँगा कि मैं उस वस्तु को स्वीकार नहीं कर सकता, जिसको प्राप्त करने की सामर्थ्य मुझमें नहीं।'' इन नेताओं ने विदेशी माल का बहिष्कार, स्वदेशी माल को अंगीकार कर राष्ट्रीय शिक्षा तथा सत्याग्रह के महत्त्व पर बल दिया। उदारवादी नेता स्वदेशी तथा बहिष्कार आंदोलन को बंगाल तक ही सीमित रखना चाहते थे और उनका बहिष्कार आंदोलन विदेशी माल के बहिष्कार तक ही सीमित था, किंतु उग्रवादी नेता इन आंदोलनों का प्रसार देश के विस्तृत क्षेत्र में करना चाहते थे। इनके बहिष्कार आंदोलन की तुलना हम गांधी के असहयोग आंदोलन से कर सकते हैं। ये बहिष्कार आंदोलन को असहयोग आंदोलन और शांतिपूर्ण प्रतिरोध तक ले जाना चाहते थे। केवल विदेशी कपड़े का ही बहिष्कार नहीं, अपितु सरकारी स्कूलों, अदालतों, उपाधियों, सरकारी नौकरियों का बहिष्कार इसमें शामिल था।

- लाला लाजपत राय ने बहिष्कार के संदर्भ में कहा, ''हम लोगों ने राजनिवास से मुख मोड़कर निर्धनों की झोंपड़ियों की ओर रुख कर लिया है। यही है बहिष्कार आंदोलन की मनोवृत्ति नीति एवं आत्मिक महत्त्व।'' उग्रवादी नेताओं ने राष्ट्रीय शिक्षा के महत्त्व को स्वीकार करते हुए इसी में भारतीयों के हित के निहित होने की बात कही। विपिनचंद्र पाल ने कहा, ''राष्ट्रीय शिक्षा वह शिक्षा है जो राष्ट्रीय रूपरेखाओं के आधार पर चलाई जाए, जो राष्ट्र के प्रतिनिधियों द्वारा नियंत्रित हो और इस प्रकार नियंत्रित एवं संचालित हो, जिसका उद्देश्य राष्ट्रीय भाग्य की प्राप्ति हो।'' सर गुरुदास बनर्जी ने बंगाल में 'राष्ट्रीय शिक्षा परिषद्' एवं तिलक ने 'दक्षिण शिक्षा समाज' की स्थापना की। तिलक ने सरकार के साथ असहयोग करने की सलाह दी।

क्रांतिकारी एवं उग्रवादी आंदोलन

बम और पिस्तौल की राजनीति में विश्वास करनेवाले क्रांतिकारी विचारधारा के लोग समझौते की राजनीति में कदापि विश्वास नहीं करते थे। उनका उद्देश्य था—'जान दो या जान लो।' बम की राजनीति उनके लिए इसलिए आवश्यक हो गई थी, क्योंकि उन्हें अपनी भावनाएँ व्यक्त करने या आजादी के लिए संघर्ष करने का और कोई रास्ता नजर नहीं आ रहा था। उग्रवादी अधिक शीघ्र परिणाम चाहते थे। वे उदारवादियों की प्रेरणा और उग्रवादियों के धीमे प्रभाव की नीति में विश्वास

नहीं करते थे। मातृभूमि को विदेशी शासन से मुक्त करने के लिए वे हत्या करना, डाका डालना, बैंक, डाकघर अथवा रेलगाड़ियाँ लूटना सभी कुछ वैध समझते थे। क्रांतिकारी विचारधारा के समर्थक सर्वाधिक बंगाल में थे। उन्हें ब्रिटिश हुकूमत के प्रति घृणा थी। वे बोरिया-बिस्तर सहित अंग्रेजों को भारत से भगाना चाहते थे। वारिसान सम्मेलन के बाद 22 अप्रैल, 1906 को अखबार 'युगांतर' ने लिखा—''उपाय तो स्वयं लोगों के पास है। उत्पीड़न के इस अभिशाप को रोकने के लिए भारत में रहनेवाले 30 करोड़ लोगों को अपने 60 करोड़ हाथ उठाने होंगे। बल को बल द्वारा ही रोका जाना चाहिए। इन क्रांतिकारी युवकों ने आयरिश आतंकवादियों एवं रूसी निहलिस्टों के संघर्ष के तरीकों को अपनाकर बदनाम अंग्रेज अधिकारियों को मारने की योजना बनाई। इस समय देश के अनेक भागों, मुख्यत: बंगाल, महाराष्ट्र एवं पंजाब में आतंकवादी कार्यवाहियाँ हुईं।

यदि कहा जाए कि बंगाल क्रांतिकारी आंदोलन का गढ़ था तो अतिशयोक्ति नहीं होगी। बंगाल में क्रांतिकारी विचारधारा को बारींद्र कुमार घोष एवं भूपेंद्र दत्त (विवेकानंद के भाई) ने फैलाया। 1906 में इन दोनों युवकों ने मिलकर 'युगांतर' नामक समाचार-पत्र का प्रकाशन किया। बंगाल में क्रांतिकारी आंदोलन की शुरुआत 'भद्रलोक समाज' ने की। इस समाचार-पत्र ने क्रांति के प्रचार में सर्वाधिक योगदान दिया। पत्र के द्वारा लोगों में राजनीतिक व धार्मिक शिक्षा का प्रचार किया गया। बारींद्र घोष एवं भूपेंद्र दत्त के सहयोग से ही 1907 में मिदनापुर में 'अनुशीलन समिति' का गठन किया गया। जिसका उद्देश्य था—'खून के बदले खून।' अनुशीलन समिति के अलावा बंगाल की सुहृद समिति, स्वदेशी बांधव समिति, प्रति समिति आदि आतंकवादी गतिविधियों का संचालन करती थीं। अनेक क्रांतिकारी समाचार-पत्रों का भी बंगाल से प्रकाशन शुरू हुआ, जिसमें संध्या, वंदेमातरम्, युगांतर आदि प्रमुख हैं। परिमाल में पुलिस द्वारा किए गए लाठी चार्ज पर अपनी प्रतिक्रिया व्यक्त करते हुए युगांतर ने लिखा—''अंग्रेजी सरकार के दमन को रोकने के लिए भारत की 30 करोड़ जनता अपने 60 करोड़ हाथ उठाए। ताकत का मुकाबला ताकत से किया जाए।''

बंगाल के क्रांतिकारियों में हेमचंद्र कानूनगो का नाम विशेष रूप से उल्लेखनीय है, जिन्होंने पेरिस में एक रूसी से सैन्य शिक्षण प्राप्त किया और 1908 में भारत लौटकर कलकत्ता के माणिकतल्ला इलाके में बम बनाने का कारखाना खोला।

23 दिसंबर, 1907 को ढाका के पूर्व जिलाधीश एलेन की पीठ पर गोली मारी गई। प्रफुल्ल चाकी और खुदीराम बोस ने किंग्सफोर्ड को मारने के लिए उस पर बम फेंका, परंतु वह बच गया। पुलिस के घेरे से बचने के लिए चाकी ने स्वयं को गोली मार ली, जबकि खुदीराम बोस पकड़े गए। अंततः बोस को 11 मई, 1908 को फाँसी दे दी गई। इस घटना के बाद पुलिस ने 'माणिकतल्ला' पर छापा मारा और 34 लोगों को गिरफ्तार किया, जिसमें बारींद्र घोष और अरविंद घोष भी थे। इन सब पर अलीपुर षड्यंत्र केस के तहत मुकदमा चलाया गया। बारींद्र घोष को आजीवन कारावास की सजा मिली तथा अरविंद घोष को उचित साक्ष्य के अभाव में छोड़ दिया गया।

बंगाल के एक और क्रांतिकारी जतिन नाथ मुखर्जी थे, जिन्हें बाघा जतिन के नाम से जाना जाता था। वे 9 सितंबर, 1915 को बालासोर में पुलिस द्वारा मुठभेड़ में मारे गए। बंगाल के एक महान् क्रांतिकारी रासबिहारी बोस थे, जिन्होंने कलकत्ता से दिल्ली, राजधानी परिवर्तन के समय लॉर्ड हार्डिंग पर बम फेंके थे। गिरफ्तारी से बचने के लिए रासबिहारी बोस जापान चले गए। अवध बिहारी, अमीरचंद्र, बाल मुकुंद, वसंत कुमार को गिरफ्तार कर इन पर दिल्ली षड्यंत्र के तहत मुकदमा चलाया गया।

बंगाल में बढ़ रही क्रांतिकारियों की गतिविधियों के दमन हेतु सरकार ने 1900 में विस्फोटक पदार्थ अधिनियम तथा 1908 में समाचार-पत्र अधिनियम का सहारा लेकर आतंकवाद को कुचलने का प्रयास किया। सरकार के दमन-चक्र के चलते अरविंद घोष आतंकवादी क्रियाकलापों को छोड़कर संन्यासी हो गए तथा पांडिचेरी में अपना आश्रम स्थापित कर लिया। ब्रह्म बंद्योपाध्याय, जिन्होंने सर्वप्रथम रवींद्रनाथ ठाकुर को 'गुरुदेव' कहकर संबोधित किया था, रामकृष्ण मठ में स्वामीजी बन गए।

पंजाब में 1906 में ही क्रांतिकारी आंदोलन फैल गया। पंजाब सरकार के एक 'उपनिवेशीकरण विधेयक' के कारण किसानों में व्यापक असंतोष व्याप्त था। इसका उद्देश्य चिनाब क्षेत्र में भूमि की चकबंदी को हतोत्साहित करना तथा संपत्ति के विभाजन के अधिकारों में हस्तक्षेप करना था। इसी समय सरकार ने जल-कर में वृद्धि करने का निश्चय किया, जिससे जनता में असंतोष फैल गया। इस तूफान को उठता देख सरकार बेचैन हो गई। उसने रावलपिंडी में आंदोलन को

कुचलने की दृष्टि से सार्वजनिक सभाओं पर रोक लगा दी तथा लाला लाजपत राय व अजीत सिंह को गिरफ्तार कर मांडले जेल भेज दिया गया। 1915 में पंजाब में एक संगठित आंदोलन की रूपरेखा तैयार की गई, जिसमें निश्चय किया गया कि 21 फरवरी, 1915 को संपूर्ण उत्तरी भारत में एक साथ क्रांति का बिगुल बजाया जाए। यह योजना सरकार को पता चल गई। अनेक नेता पकड़े गए तथा उन्हें लाहौर षड्यंत्र के रूप में सजा दी गई। इन नेताओं में पृथ्वी सिंह, परमानंद, करतार सिंह, विनायक सावरकर, जगत सिंह आदि देशभक्त शामिल थे। अमेरिका में गदर पार्टी की स्थापना के बाद पंजाब इस पार्टी की गतिविधियों का प्रमुख केंद्र बन गया था। अजीत सिंह ने लाहौर में 'अंजुमने-मोहिवाने वतन' नामक संस्था की स्थापना की थी तथा 'भारत माता' नाम से अखबार निकाला था।

महाराष्ट्र में क्रांतिकारी आंदोलन को उभारने का श्रेय तिलक के पत्र 'केसरी' को जाता है। तिलक ने 1893 में शिवाजी उत्सव मनाना आरंभ किया। इसका उद्देश्य धार्मिक कम, राजनीतिक अधिक था। महाराष्ट्र में 1893-1897 के बीच प्लेग फैला व अंग्रेज सरकार ने मरहम लगाने के बजाय दमन कार्य तेज कर दिया। अंततः 22 जून, 1897 को प्लेग कमिश्नर आम्र्स्ट की गोली मारकर हत्या कर दी गई। इस संबंध में दामोदर चापेकर को पकड़कर मृत्युदंड दे दिया गया। 1908 में बंबई प्रांत के चार देशी भाषा के समाचार-पत्रों पर सरकार ने कहर ढाया। 24 जून, 1908 को तिलक को फिर गिरफ्तार किया गया और 'केसरी' में प्रकाशित लेखों के आधार पर पहले तो उन पर राजद्रोह का मुकदमा चलाया गया, फिर 6 वर्ष की सजा दे दी गई। बंबई में इसके विरोध में मजदूरों ने जबरदस्त हड़ताल की, जो छह दिनों तक चली। महाराष्ट्र में नासिक भी क्रांतिकारी आंदोलन का गढ़ था। विनायक दामोदर सावरकर ने 1904 में नासिक में 'मित्र मेला' नामक संस्था की स्थापना की, जो कि मैजिनी के तरुण इटली के नमूने पर 'अभिनव भारत' में परिवर्तित हो गई। इस संस्था के मुख्य सदस्य अनंत लक्ष्मण करकरे ने न्यायाधीश जैक्सन की गोली मारकर हत्या कर दी। इस हत्याकांड से जुड़े लोगों पर नासिक षड्यंत्र केस के तहत मुकदमा चलाया गया, जिसमें सावरकर के भाई गणेश को आजीवन कारावास की सजा मिली। महाराष्ट्र से महत्त्वपूर्ण क्रांतिकारी पत्र 'काल' का संपादन किया गया।

विदेशों में क्रांतिकारी आंदोलन

अंग्रेजी शासन के चंगुल से बचने के लिए क्रांतिकारियों ने विदेशों में रहकर भारत की स्वतंत्रता की लड़ाई लड़ी। प्रथम चरण के क्रांतिकारी आंदोलन के समय ही काबुल में राजा महेंद्र प्रताप ने जर्मनी के सहयोग से 1915 में 'अंतरिम भारत सरकार' की स्थापना की। मंत्रिमंडल के अन्य सहयोगी सदस्यों में मौलाना अब्दुल्लाह, मौलाना बशीर, सी.पिल्लै, शमशेर सिंह, डॉ. मथुरा सिंह, खुदाबख्श और मुहम्मद अली प्रमुख थे। इसी दौरान राजा महेंद्र प्रताप अपनी सरकार के समर्थन के लिए लेनिन से मिले थे। फरवरी 1905 में भारत से बाहर लंदन की धरती पर श्यामजी कृष्ण वर्मा ने इंडियन होमरूल सोसाइटी की स्थापना की। इसे 'इंडिया हाउस' की संज्ञा दी जाती है। इस सोसाइटी ने 'इंडियन सोशियोलॉजिस्ट' नामक पत्रिका निकाली। शीघ्र ही इंडिया हाउस लंदन में निवास करनेवाले भारतीयों के लिए आंदोलन का केंद्र बन गया। इस संस्था के अन्य सदस्य थे—हरदयाल, मदनलाल धींगरा, विनायक दामोदर सावरकर आदि। मदनलाल धींगरा ने 1 जुलाई, 1909 को भारत सचिव के राजनीतिक सलाहकार विलियम हट कर्जन बाइली की गोली मारकर हत्या कर दी। धींगरा को गिरफ्तार कर फाँसी दे दी गई। इस हत्याकांड के बाद सावरकर को गिरफ्तार कर नासिक षड्यंत्र केस के अंतर्गत मुकदमा चलाने के लिए भारत भेजा गया। श्यामजी कृष्ण वर्मा की एक अन्य सहयोगी मैडम भीकाजी कामा थीं। वह महाराष्ट्र के पारसी परिवार से संबंधित थीं। उन्होंने 1902 में भारत छोड़ दिया तथा यूरोप के विभिन्न देशों में तथा भारत में अंग्रेजी शासन के विरुद्ध प्रचार किया। उन्होंने 1907 में स्टुटगार्ट (जर्मनी) में अंतरराष्ट्रीय समाजवादी कांग्रेस में भारत की ओर से भाग लिया। यहीं उन्होंने भारत का राष्ट्रीय ध्वज तिरंगा फहराया। मैडम कामा को 'मदर ऑफ इंडियन रेवोल्यूशन' कहा जाता है। 1908 में इंडिया हाउस ने 1857 के विद्रोह की स्वर्ण जयंती मनाने का निश्चय किया। सावरकर ने इस विद्रोह को 'भारतीय स्वतंत्रता संग्राम' की संज्ञा दी।

सन् 1913 में अनेक भारतीय लोगों ने लाला हरदयाल के नेतृत्व में सेनफ्रांसिस्को (अमेरिका) में गदर पार्टी की स्थापना की। इसके अध्यक्ष सोहन सिंह थे। लाला हरदयाल इस पार्टी के प्रचार विभाग के सचिव थे। इस संगठन ने युगांतर प्रेस की स्थापना कर 1 नवंबर, 1913 से 'गदर' नामक साप्ताहिक पत्र निकालना शुरू कर दिया।

प्रथम विश्वयुद्ध में जर्मनी एवं ब्रिटेन के आमने-सामने होने के कारण जर्मनी ने भारतीय क्रांतिकारियों को आर्थिक एवं अस्त्र-शस्त्र का सहयोग देने के लिए एक इंडियन इंडिपेंडेंस कमेटी की स्थापना की।

कांग्रेस का कलकत्ता अधिवेशन (1906) : बल परीक्षण

1906 में कलकत्ता में हुए कांग्रेस के अधिवेशन में नरम एवं गरम दल में काफी मतभेद था। जहाँ गरम दल बालगंगाधर तिलक को कांग्रेस का अध्यक्ष बनाना चाहता था, वहीं दूसरी ओर उदारवादी इसका विरोध कर रहे थे। इस स्थिति में उदारवादियों ने दादाभाई नौरोजी को इंग्लैंड से वापस बुलाकर कांग्रेस के कलकत्ता अधिवेशन का अध्यक्ष बना दिया। दादाभाई के योग्य नेतृत्व ने कांग्रेस में होनेवाली फूट को बचा लिया। मतभेद समाप्त नहीं हुए पर दब अवश्य गए, जिसका परिणाम 1907 में सूरत के कांग्रेस अधिवेशन में नजर आया। गरम दल इस अधिवेशन में चार प्रस्ताव—स्वराज्य की प्राप्ति, राष्ट्रीय शिक्षा को अपनाना, स्वदेशी आंदोलन को प्रोत्साहन एवं विदेशी वस्त्रों के बहिष्कार को पारित करवाने में सफल रहा। दादाभाई नौरोजी ने कलकत्ता के कांग्रेस अधिवेशन में ही सर्वप्रथम 'स्वराज्य' की माँग प्रस्तुत की।

कांग्रेस का सूरत अधिवेशन (1907) : कांग्रेस में फूट

कांग्रेस का सूरत अधिवेशन (1907) ऐतिहासिक दृष्टिकोण से काफी महत्त्वपूर्ण रहा, यह अधिवेशन 26 दिसंबर 1907 को ताप्ती नदी के किनारे हुआ। स्वराज्य-प्राप्ति के लिए आंदोलन एवं अध्यक्ष पद के चुनाव के लिए गरम एवं नरम दल में काफी मतभेद था। उग्रवादियों ने सूरत कांग्रेस का अध्यक्ष पहले तिलक और बाद में लाला लाजपत राय को बनाना चाहा, परंतु उदारवादियों ने डॉ. रासबिहारी घोष को अधिवेशन का अध्यक्ष बनाया। अधिवेशन से पूर्व ही दोनों दलों में भयंकर मारपीट हुई, 'जिसके परिणामस्वरूप कांग्रेस का दो भागों में विभाजन हो गया। एनी बेसेंट ने कहा, "सूरत की घटना कांग्रेस के इतिहास में सबसे दु:खद घटना है।" सूरत विभाजन के बाद गरम दल का नेतृत्व लाला लाजपत राय एवं विपिनचंद्र पाल ने किया। नरम दल के नेता गोपाल कृष्ण गोखले थे। 1916 में कांग्रेस के लखनऊ अधिवेशन में पुन: दोनों दलों का आपस में विलय हो गया।

मुसलिम लीग की स्थापना (1906)

एच.एच. आगा खाँ के नेतृत्व में मुसलमानों का एक प्रतिनिधि दल वायसराय लॉर्ड मिंटो से 1 अक्तूबर, 1906 को शिमला में मिला। अलीगढ़ कॉलेज के प्रिंसिपल अर्थबोल इस प्रतिनिधिमंडल के जनक थे। इस प्रतिनिधिमंडल ने वायसराय से अनुरोध किया कि प्रांतीय, केंद्रीय व स्थानीय निर्वाचन हेतु पृथक् सांप्रदायिक निर्वाचन व्यवस्था मुसलमानों के लिए की जाए। इस शिष्टमंडल को भेजने के पीछे अंग्रेज उच्च अधिकारियों का हाथ था। मिंटो ने इनकी माँगों का पूर्ण समर्थन किया और जिसके फलस्वरूप मुसलिम नेताओं ने ढाका के नवाब सकीमुल्ला के नेतृत्व में 30 दिसंबर, 1906 को ढाका में 'मुसलिम लीग' की स्थापना की। सलीमुल्ला खाँ मुसलिम लीग के संस्थापक अध्यक्ष थे, जबकि प्रथम अधिवेशन की अध्यक्षता मुश्ताक हुसैन ने की। इस संस्था का प्रमुख उद्देश्य था—भारतीय मुसलमानों में ब्रिटिश सरकार के प्रति भक्ति उत्पन्न करना व भारतीय मुसलमानों के राजनीतिक व अन्य अधिकारों की रक्षा करना। मुसलिम लीग ने अपने अमृतसर अधिवेशन में मुसलमानों के लिए पृथक् निर्वाचक मंडल की माँग की, जो 1909 में मार्ले-मिंटो सुधारों के द्वारा प्रदान कर दी गई। लीग ने 1916 के लखनऊ समझौते के आधार पर भारतीय राष्ट्रीय कांग्रेस का समर्थन करने के अतिरिक्त कभी भी भारतीयों के राजनीतिक अधिकारों की माँग नहीं की।

मार्ले-मिंटो सुधार (1909)

जब लॉर्ड मिंटो भारत के गवर्नर बने, उस समय समूचा भारत राजनीतिक अशांति की तरफ धीरे-धीरे बढ़ रहा था। लॉर्ड मिंटो ने इस अशांति के बारे में स्वयं लिखा था—"ऊपर से शांत दिखनेवाली सतह के नीचे भारतीय राजनीतिक अशांति का गुबार छिपा था और उनमें से बहुत कुछ नितांत न्यायोचित था।"

तत्कालीन भारत सचिव मार्ले एवं वायसराय लार्ड मिंटो ने सुधारों का 'भारतीय परिषद् ऐक्ट 1909' पारित किया, जिसे मार्ले-मिंटो सुधार कहा गया। 25 मई, 1909 को विधेयक पारित हुआ तथा 15 नवंबर, 1909 को राजकीय अनुमोदन के बाद लागू हो गया। इस ऐक्ट के अंतर्गत केंद्रीय तथा प्रांतीय विधानमंडलों के आकार एवं उनकी शक्ति में वृद्धि की गई। लेकिन अधिसंख्य प्रतिनिधियों का चुनाव अब भी अप्रत्यक्ष रूप से होना था। गवर्नर जनरल की एक्जिक्यूटिव काउंसिल

में एक भारतीय सदस्य की नियुक्ति का भी प्रावधान था। इस ऐक्ट के अंतर्गत सदस्यों को प्रस्ताव रखने और प्रश्न पूछने का अधिकार भी दिया गया। बजट प्रस्तावों पर मतदान का भी अधिकार था। इन सबके बावजूद काउंसिलों को व्यावहारिक रूप से कोई अधिकार नहीं था। मार्ले-मिंटो सुधारों का मूल उद्‌देश्य राष्ट्रवादी खेमे में फूट डालना और मुसलिम सांप्रदायिकता को उभारकर भारतीय एकता को खंडित करना था। मुसलमानों के लिए पृथक् निर्वाचन क्षेत्र एवं मताधिकार की व्यवस्था की गई। अंग्रेजों की यही नीति कालांतर में भारत के विभाजन का कारण बनी। कांग्रेस ने इन सुधारों का विरोध किया, जबकि कट्‌टरपंथी मुसलमानों ने इसका समर्थन किया। वायसराय मिंटो ने लिखा था—"याद रखना कि पृथक् निर्वाचन क्षेत्र बनाकर हम ऐसा घातक विष बो रहे हैं, जिसकी फसल बहुत कड़वी होगी।"

राजद्रोह सभा अधिनियम (1911)

मार्ले-मिंटो सुधारों पर कड़ी प्रतिक्रिया व्यक्त करते हुए उग्रवादी संगठनों ने अपनी क्रांतिकारी गतिविधियों को काफी तेज कर दिया। जिसके परिणामस्वरूप ब्रिटिश सरकार ने 1911 में 'राजद्रोह सभा अधिनियम' पारित कर उग्रवादी दल के नेता लाला लाजपत राय एवं अजीत सिंह को गिरफ्तार कर आंदोलन को कुचलने का प्रयास किया।

दिल्ली दरबार (1911)

1911 में दिल्ली में एक भव्य दरबार का आयोजन इंग्लैंड के सम्राट् जॉर्ज पंचम एवं महारानी मैरी के स्वागत में किया गया। उस समय भारत के वायसराय लॉर्ड हार्डिंग थे। इस दरबार में बंगाल विभाजन को रद्‌द करने की घोषणा हुई और साथ ही बँगलाभाषी क्षेत्रों को मिलाकर एक अलग प्रांत बनाया गया। उड़ीसा एवं बिहार भी एक नवीन घोषणा के आधार पर राज्य बने। इसी दरबार में भारत की राजधानी को कलकत्ता से दिल्ली स्थानांतरित करने की घोषणा हुई। यद्यपि राजधानी का दिल्ली में विधिवत् स्थानांतरण 1912 में ही संभव हो सका।

कामागातामारू प्रकरण

1914 में घटे कामागातामारू प्रकरण के अंतर्गत कनाडा सरकार ने उन भारतीयों पर कनाडा में घुसने पर प्रतिबंध लगा दिया, जो भारत से सीधे कनाडा में आया हो। उस समय नौ परिवहन इतना विकसित नहीं था कि किसी एक नौका से इतनी दूर की यात्रा बगैर किसी पड़ाव के की जा सके। परंतु 1913 में कनाडा के उच्चतम न्यायालय ने अपने एक निर्णय के अंतर्गत ऐसे 35 भारतीयों को देश में घुसने का अधिकार दे दिया, जो सीधे भारत से नहीं आए थे। इस निर्णय से उत्साहित होकर भारत के गुरदीप सिंह ने 'कामागातामारू' नामक एक जहाज को किराए पर लेकर उस पर 376 यात्रियों को बैठाकर कनाडा के बंदरगाह बैंकूवर की ओर प्रस्थान किया। तट पर पहुँचने के बाद कनाडा की पुलिस ने भारतीयों की घेराबंदी कर उन्हें देश में घुसने से मना कर दिया। हुसैन रहीम, सोहन लाल पाठक एवं बलवंत सिंह ने इन यात्रियों की लड़ाई लड़ने के लिए तटीय समिति बनाई। कनाडा सरकार ने इस जहाज को अपनी सीमा से बाहर कर दिया। जहाज के याकोहोमा पहुँचने से पहले ही प्रथम विश्वयुद्ध प्रारंभ हो गया। भारत की ब्रिटिश सरकार ने जहाज को सीधे कलकत्ता लाने का आदेश दिया। जहाज के कलकत्ता पहुँचने पर यात्रियों एवं पुलिस के मध्य झड़पें हुईं, जिनमें 18 यात्री मारे गए और 202 यात्रियों को जेल में डाल दिया गया।

कांग्रेस का लखनऊ अधिवेशन (1916)

सूरत अधिवेशन (1907) में कांग्रेस में हुआ विभाजन 1916 तक बना रहा। इस बीच जहाँ एक ओर सरकार आतंकवादी कार्यवाहियों को कुचलने में लगी रही, वहीं मार्ले-मिंटो सुधारों से हिंदुओं एवं मुसलमानों के मध्य मतभेद की खाई गहरी हो रही थी। 1915 में उदारवादी नेता गोपाल कृष्ण गोखले एवं फिरोजशाह मेहता की मृत्यु हो गई। गरम दल एवं नरम दल को पुनः कांग्रेस के मंच पर एक साथ लाने का प्रयास बाल गंगाधर तिलक एवं एनी बेसेंट ने किया और इनका प्रयास सफल भी रहा। 1916 के लखनऊ कांग्रेस अधिवेशन की अध्यक्षता अंबिका चरण मजूमदार ने की। बल्कान युद्ध के बाद भारतीय मुसलमान अंग्रेज सरकार से रुष्ट थे। उस समय मौलाना अब्दुल कलाम आजाद, मौलाना मुहम्मद अली, शौकत अली, मुहम्मद अली जिन्ना आदि मुसलिम लीग के महत्त्वपूर्ण नेता थे। लीग ने

लखनऊ अधिवेशन में 'स्वराज्य प्राप्ति' का प्रस्ताव पारित किया। 1916 में लखनऊ कांग्रेस में ही मुसलिम लीग के नेता मुहम्मद अली जिन्ना एवं कांग्रेस के मध्य एक समझौता हुआ, जिसके अंतर्गत कांग्रेस एवं लीग ने मिलकर एक संयुक्त समिति की स्थापना की। समझौते के तहत कांग्रेस ने मुसलिम लीग की सांप्रदायिक प्रतिनिधित्व की माँग को स्वीकार किया। कालांतर में इसका परिणाम भयंकर रहा। इस समझौते को 'लखनऊ पैक्ट' के नाम से भी जाना जाता है। मदनमोहन मालवीय समेत कई वरिष्ठ नेता इस समझौते के बिलकुल खिलाफ थे। उनका आरोप था कि यह समझौता मुसलिम लीग के हितों की ओर झुका हुआ था।

होमरूल लीग आंदोलन

होमरूल आंदोलन, जिसका उद्‌देश्य था ब्रिटिश साम्राज्य के अधीन रहते हुए संवैधानिक तरीके से स्वशासन को प्राप्त किया जाए, इसके प्रमुख नेता थे, बाल गंगाधर तिलक एवं श्रीमती एनी बेसेंट। तिलक ने स्वशासन प्राप्ति हेतु 28 अप्रैल, 1916 को बेलगाँव में 'होमरूल लीग' की स्थापना की। इनके द्वारा स्थापित लीग का प्रभाव कर्नाटक, महाराष्ट्र, मध्य प्रांत तक फैला हुआ था। तिलक ने लीग की छह शाखाएँ बनाई। मध्य महाराष्ट्र, बंबई, कर्नाटक और मध्य प्रांत में एक-एक तथा बरार में दो। छह मराठी और दो अंग्रेजी परचे निकालकर उन्होंने अपने प्रचार कार्य को तेज कर दिया। उन्होंने जनता को होमरूल की आवश्यकता को समझाते हुए कहा, "भारत उस बेटे की तरह है, जो अब जवान हो चुका है। समय का तकाजा है कि पिता या पालक इस बेटे को उसका वाजिब हक दे दे।" तिलक ने क्षेत्रीय भाषा में शिक्षा और भाषाई राज्यों की माँग को स्वराज्य की माँग से जोड़ दिया। तिलक ने मई 1917 में नासिक में लीग की पहली वर्षगाँठ मनाई। भारत आकर एनी बेसेंट ने साप्ताहिक पत्र 'कॉमनवीक' का 2 जनवरी, 1914 से एवं दैनिक पत्र 'न्यू इंडिया' का 14 जुलाई, 1914 से प्रकाशन आरंभ किया। इन पत्रों के द्वारा एनी बेसेंट ने भारतीयों में स्वतंत्रता एवं राजनीतिक भावना को जाग्रत् किया। उन्होंने भारत में आयरलैंड की तरह सितंबर, 1916 में मद्रास में 'होमरूल लीग' की स्थापना की तथा जॉर्ज अरुडेल को लीग का सचिव बनाया। एनी बेसेंट के सहयोगियों में वी.पी. वाडिया तथा सी.पी. रामास्वामी अय्यर शामिल थे। जवाहरलाल नेहरू, वी. चक्रवर्ती, जे. बनर्जी जैसे नेताओं ने भी लीग की सदस्यता

ग्रहण की। गोपाल कृष्ण गोखले द्वारा स्थापित संस्था सर्वेंट ऑफ इंडिया सोसाइटी के सदस्यों को लीग में प्रवेश की अनुमति नहीं थी। तिलक के होमरूल लीग के प्रभाव क्षेत्र से बाहर के सभी हिस्सों में लीग के प्रभाव को फैलाने की जिम्मेदारी एनी बेसेंट पर थी। होमरूल लीग के सर्वाधिक कार्यालय मद्रास में थे।

कालांतर में लीग के बढ़ते प्रभाव से खतरा महसूस कर ब्रिटिश सरकार ने एनी बेसेंट एवं उनके दो सहयोगियों को 1917 में गिरफ्तार कर लिया। इस गिरफ्तारी के विरोध में एस. सुब्रह्मण्यम अय्यर ने अपनी नाइटहुड की उपाधि वापस कर दी। तिलक ने गिरफ्तारी के विरोध में सत्याग्रह करना चाहा, पर इससे पूर्व ही सरकार ने एनी बेसेंट को छोड़ दिया। एनी बेसेंट की लोकप्रियता बहुत बढ़ गई। परिणामस्वरूप, 1917 में कांग्रेस के कलकत्ता अधिवेशन में एनी बेसेंट अध्यक्ष बनीं। कांग्रेस की अध्यक्ष बननेवाली वह प्रथम महिला थीं। अध्यक्ष के रूप में उन्होंने कहा, "भारत अब अनुग्रहों के लिए अपने घुटनों पर नहीं, बल्कि अधिकारों के लिए अपने पैरों पर खड़ा है।" चारों ओर से दबाव महसूस कर भारत सचिव मांटेग्यू ने 20 अगस्त 1917 को ब्रिटिश संसद् में इस आशय का एक प्रस्ताव पारित किया, जिसमें भारत को उत्तरदायी शासन प्रदान करने की बात कही गई थी। परिणामस्वरूप एनी बेसेंट ने 20 अगस्त, 1917 को ही होमरूल लीग को समाप्त करने की घोषणा की।

20 अगस्त, 1917 की घोषणा

ब्रिटिश प्रधानमंत्री लॉयड जॉर्ज ने भारतीय जनता को सांत्वना देने के विचार से एडविन मांटेग्यू को भारत का सचिव नियुक्त किया। मांटेग्यू को भारतीय राष्ट्रीय भावनाओं का समर्थक माना जाता था। ब्रिटिश संसद् में मांटेग्यू ने कहा था—"शिक्षित भारतीयों की माँग निस्संदेह उनका अधिकार है तथा उन्हें उत्तरदायित्व सँभालने और आत्मनिर्णय का अधिकार दिया जाना चाहिए।"

भारत सचिव मांटेग्यू द्वारा 20 अगस्त, 1917 को ब्रिटेन की कॉमंस सभा में एक प्रस्ताव का पाठ किया गया, जिसमें भारत के प्रशासन की हर शाखा में भारतीयों को अधिक प्रतिनिधित्व दिए जाने की बात कही गई थी। इसे मांटेग्यू घोषणा कहा गया। मांटेग्यू घोषणा को उदारवादियों ने भारत के मैग्नाकार्टा की संज्ञा दी। नवंबर 1917 में मांटेग्यू भारत आए और यहाँ उन्होंने तत्कालीन वायसराय लॉर्ड चैम्सफोर्ड से व्यापक विचार-विमर्श के बाद 1919 में मांटेग्यू-चैम्सफोर्ड

रिपोर्ट को जारी किया। मांटेग्यू घोषणा और मांटेग्यू-चैम्सफोर्ड रिपोर्ट के आधार पर निर्मित भारत सरकार अधिनियम 1919 को मांटेग्यू संसद् द्वारा निर्मित सरकार और भारत के जनप्रतिनिधियों के बीच सेतु की संज्ञा दी। 1919 के भारत सरकार अधिनियम के नाम से प्रसिद्ध इस ऐक्ट में द्वैत शासन की व्यवस्था की गई।

लोकमान्य तिलक ने इस ऐक्ट को असंतोषजनक, निराशाजनक और एक बिना सूरज का सवेरा बताया। 1919 में कांग्रेस के अमृतसर अधिवेशन में कांग्रेस ने इन सुधारों को अपर्याप्त और निराशाजनक बताया। 1919 के सुधारों के कारण ही कांग्रेस में दूसरी बार विभाजन हुआ। 1918 में सुरेंद्रनाथ बनर्जी के नेतृत्व में उदारवादी नेताओं ने मांटेग्यू सुधारों का स्वागत किया तथा कांग्रेस से अलग होकर 'अखिल भारतीय उदारवादी संघ' की स्थापना की।

1919 के संवैधानिक सुधार को 1921 में लागू किया गया। इस अधिनियम के अंतर्गत प्रांतीय विषय पहली बार आरक्षित और हस्तांतरित में विभाजित हुए। पहली बार भारतीय विधानमंडल को बजट पास करने संबंधी अधिकार मिला तथा पहली बार लोक सेवा आयोग की स्थापना का प्रावधान किया गया। 1919 के अधिनियम की दस वर्ष बाद समीक्षा के लिए एक वैधानिक आयोग की नियुक्ति का प्रावधान था। बाद में यह आयोग साइमन आयोग के नाम से जाना गया।

रौलट ऐक्ट (1919)

भारत में क्रांतिकारियों के प्रभाव को समाप्त करने के लिए तथा राष्ट्रीय भावना को कुचलने के लिए ब्रिटिश सरकार ने न्यायाधीश सर सिडनी रौलट की अध्यक्षता में एक कमेटी नियुक्त की। कमेटी ने 1918 में अपनी रिपोर्ट प्रस्तुत की। कमेटी द्वारा दिए गए सुझावों के आधार पर केंद्रीय विधानमंडल में फरवरी 1919 में दो विधेयक लाए गए। पारित होने के बाद इन विधेयकों को 'रौलट ऐक्ट' या 'काला कानून' के नाम से जाना गया। भारतीय नेताओं द्वारा कड़ाई से विरोध करने के बाद भी यह विधेयक 8 मार्च, 1919 को लागू कर दिया गया। इस विधेयक में की गई व्यवस्था के अनुसार मजिस्ट्रेटों के पास यह अधिकार था कि वह किसी भी संदेहास्पद स्थिति वाले व्यक्ति को गिरफ्तार करके उस पर मुकदमा चला सकता था। साथ ही उसे अनिश्चित काल तक के लिए जेल में रख सकता था। इस प्रकार अपने इस अधिकार के साथ सरकार किसी भी निर्दोष व्यक्ति को दंडित कर

सकती थी। इस प्रकार कैदी को अदालत में प्रत्यक्ष उपस्थित करने का अर्थात् बंदी प्रत्यक्षीकरण का जो कानून ब्रिटेन में नागरिक स्वतंत्रताओं की बुनियाद था, उसे निलंबित करने का अधिकार सरकार ने रौलट कानून से प्राप्त कर लिया। इस ऐक्ट को 'बिना अपील, बिना वकील तथा बिना दलील' का कानून भी कहा गया। इसे 'काला अधिनियम' एवं 'आतंकवादी अपराध अधिनियम' के नाम से भी जाना जाता है। गांधीजी का अब तक भारतीय राजनीति में प्रवेश हो चुका था। उन्होंने इस ऐक्ट के विरोध में 6 अप्रैल, 1919 को एक देशव्यापी हड़ताल करवाई। दिल्ली में इस आंदोलन की बागडोर स्वामी श्रद्धानंद ने सँभाली। वहाँ भीड़ पर चलाई गई गोली में 5 आंदोलनकारी आहत हुए। लाहौर एवं पंजाब में भी भीड़ पर गोली चलाई गई। स्वामी श्रद्धानंद एवं डॉ. सतपाल के निमंत्रण पर महात्मा गांधी दिल्ली की ओर चले। गांधीजी ने रौलट ऐक्ट की आलोचना करते हुए इसके विरुद्ध सत्याग्रह करने के लिए 'सत्याग्रह सभा' की स्थापना की। इसके अन्य सदस्यों में लाल दास, द्वारका दास, शंकरलाल बैंकर, उमर सोमानी, वी.जी. हर्नीमन आदि शामिल थे। मार्ग में 8 अप्रैल, 1919 को उन्हें 'पलवल' (हरियाणा) में गिरफ्तार कर बंबई भेज दिया गया, जहाँ से वे 13 अप्रैल को अहमदाबाद पहुँचे। तब तक स्थिति काफी सामान्य हो चुकी थी।

जलियाँवाला बाग हत्याकांड (13 अप्रैल, 1919)

गांधीजी तथा कुछ अन्य नेताओं के पंजाब प्रवेश पर प्रतिबंध लगे होने के कारण वहाँ की जनता में बड़ा आक्रोश व्याप्त था। यह आक्रोश उस समय अधिक बढ़ गया, जब पंजाब के दो लोकप्रिय नेता डॉ. सतपाल एवं डॉ. सैफुद्दीन किचलू को अमृतसर के डिप्टी कमिश्नर ने बिना किसी कारण के गिरफ्तार कर लिया। इसके विरोध में जनता ने एक शांतिपूर्ण जुलूस निकाला। पुलिस ने जुलूस को आगे बढ़ने से रोका और रोकने में सफल न होने पर आगे बढ़ रही भीड़ पर गोली चला दी गई, जिसके परिणामस्वरूप दो लोग मारे गए। जुलूस ने उग्र रूप धारण कर लिया। सरकारी इमारतों को आग लगा दी गई और पाँच अंग्रेजों की हत्या कर दी गई। अमृतसर शहर की स्थिति से बौखलाकर सरकार ने 10 अप्रैल, 1919 को शहर का प्रशासन सैन्य अधिकारी ब्रिगेडियर जनरल आर. डायर को सौंप दिया। उसने 12 अप्रैल को कुछ गिरफ्तारियाँ करवाईं। 13 अप्रैल, 1919 को वैशाखी के

दिन शाम को करीब चार बजे अमृतसर के जलियाँवाला बाग में एक सभा का आयोजन हुआ, जिसमें लगभग बीस हजार व्यक्ति शामिल हुए। दूसरी ओर डायर ने उस दिन साढ़े नौ बजे सभा को अवैधानिक घोषित कर दिया। सभा में डॉ. किचलू एवं सतपाल की रिहाई एवं रौलट ऐक्ट के विरोध में भाषणबाजी की जा रही थी। ऐसे में डायर तीन मिनट के अंदर भीड़ को हटाने का आदेश देकर कुछ सैनिकों के साथ बाग के मुख्य दरवाजे पर खड़ा हो गया। लगभग 1650 गोलियाँ 303 नंबर की चलीं, जिसमें लगभग 1000 लोग मारे गए एवं 3000 घायल हुए। वैसे सरकारी रिपोर्ट में बताया गया कि 379 व्यक्ति मारे गए एवं 1200 घायल हुए। उस हत्याकांड में हंसराज नामक एक भारतीय ने डायर को सहयोग दिया था। दीनबंधु एफ. एंड्रूज ने इस हत्याकांड को 'जानबूझकर की गई क्रूर हत्या' कहा। अमृतसर के इस नरसंहार को मांटेग्यू तक ने निवारक हत्या कहकर तीव्र भर्त्सना की। जलियाँवाला बाग हत्याकांड के समय पंजाब का लेफ्टिनेंट गवर्नर माइकल ओ डायर था। उसने डायर की इस कृति के संदर्भ में कहा, "तुम्हारी कार्यवाही ठीक है, गवर्नर इसे स्वीकार करता है।"

इस बर्बर हत्याकांड के बाद 15 अप्रैल को पंजाब गुजराँवाला, कसूर शेखपुरा एवं वजीराबाद में मार्शल लॉ लागू कर दिया गया। जिसमें लगभग 298 व्यक्तियों को गिरफ्तार कर अनेक तरह की सजाएँ दी गईं। गोपाल कृष्ण गोखले ने हत्याकांड के विरोध में वायसराय की कार्यकारिणी परिषद् से इस्तीफा दे दिया। रवींद्रनाथ ठाकुर ने क्षुब्ध होकर अपनी 'सर' की उपाधि वापस कर दी। साथ ही उन्होंने कहा, "समय आ गया है जब सम्मान के तमगे अपमान के बेतुके संदर्भ में हमारे कलंक को सुस्पष्ट कर देते हैं और जहाँ तक मेरा प्रश्न है, मैं सभी विशेष उपाधियों से रहित होकर अपने देशवासियों के साथ खड़ा होना चाहता हूँ।" इस कांड के बारे में गैरेट ने लिखा था—'अमृतसर दुर्घटना भारत-ब्रिटेन संबंधों में युगांतरकारी घटना थी, जैसाकि 1857 का विद्रोह।'

सरकार ने विवशता में जलियाँवाला बाग घटना की जाँच हेतु 1 अक्तूबर, 1919 को लॉर्ड हंटर की अध्यक्षता में एक आयोग की स्थापना की। 8 सदस्यों वाले इस आयोग में पाँच अंग्रेज एवं तीन भारतीय सदस्य थे। भारतीय राष्ट्रीय कांग्रेस ने इस नृशंस घटना की जाँच के लिए मदनमोहन मालवीय के नेतृत्व में एक आयोग गठित किया। हंटर कमेटी ने मार्च 1920 में अपनी रिपोर्ट प्रस्तुत की। इसके

पहले ही सरकार ने दोषी लोगों को बचाने के लिए इंडेम्निटी बिल पास करा लिया था। कमेटी ने संपूर्ण प्रकरण पर लीपापोती करने का प्रयास किया। पंजाब के गवर्नर को निर्दोष घोषित किया गया। समिति ने डायर पर दोषों का हलका बोझ डालते हुए कहा कि डायर ने कर्तव्य-पालन करने के लिए जरूरत से अधिक बल प्रयोग किया, पर जो कुछ किया निष्ठा से किया। तत्कालीन भारत सचिव मांटेग्यू ने कहा, "जनरल डायर ने जैसा उचित समझा उसके अनुसार बिलकुल नेकनीयती से काम किया। अलबत्ता, उससे परिस्थिति को ठीक-ठीक समझने में गलती हो गई।" डायर को उसके अपराध के लिए नौकरी से हटने का दंड दिया गया। ब्रिटेन के अखबारों ने डायर को 'ब्रिटिश साम्राज्य का रक्षक' एवं ब्रिटिश लॉर्ड सभा ने उसे 'ब्रिटिश साम्राज्य का शेर' कहा। सरकार ने उसकी सेवाओं के लिए उसे 'मान की तलवार' की उपाधि प्रदान की। कांग्रेस द्वारा नियुक्त जाँच समिति ने अपनी रिपोर्ट में अधिकारियों के इस बर्बर कृत्य के लिए उन्हें निंदा का पात्र बनाया एवं सरकार से दोषी लोगों के खिलाफ कार्यवाही एवं मृतकों के परिवारों को आर्थिक सहायता देने की माँग की। पर सरकार ने इस ओर कोई ध्यान नहीं दिया। परिणामस्वरूप, गांधीजी ने असहयोग आंदोलन की भूमिका बनाई। जलियाँवाला बाग हत्याकांड के समय ही पंजाब में चमनदीप के नेतृत्व में एक 'डंडा फौज' का गठन हुआ। इसके सदस्य लाठियों और चिड़ियामार बंदूकों से लैस होकर सड़कों पर गश्त लगाते और पोस्टर चिपकाते थे।

आंदोलन का तीसरा चरण (1919-1947)

गांधी युग

गांधीजी भारत के उन चमकते हुए सितारों में से थे, जिन्होंने देश की स्वतंत्रता एवं राष्ट्रीय एकता के लिए अपना जीवन समर्पित कर दिया। इंग्लैंड से बैरिस्टरी की पढ़ाई खत्म करने के बाद गांधीजी भारत आए। यहाँ से 1893 में अफ्रीका गए और वहाँ पर अपने 20 वर्ष के प्रवास के दौरान ब्रिटिश सरकार की रंगभेद नीति के विरुद्ध लड़ाई लड़ते रहे। यहीं पर गांधीजी ने सर्वप्रथम सत्याग्रह आंदोलन चलाया। जनवरी 1915 में वे भारत आए और यहाँ पर उनका संपर्क गोपाल कृष्ण गोखले से हुआ, जिन्हें उन्होंने अपना राजनीतिक गुरु बनाया। गोखले के प्रभाव में आकर ही

गांधी ने भारत की सक्रिय राजनीति से स्वयं को जोड़ा।

गांधीजी के भारतीय राजनीति में प्रवेश के समय ब्रिटिश सरकार प्रथम विश्वयुद्ध में फँसी थी। गांधीजी ने सरकार को पूर्ण सहयोग दिया, क्योंकि वह यह मानकर चल रहे थे कि ब्रिटिश सरकार युद्ध की समाप्ति पर भारतीयों को सहयोग के प्रतिफल के रूप में स्वराज्य दे देगी। गांधीजी ने लोगों को सेना में भरती होने के लिए प्रोत्साहित किया। फलस्वरूप कुछ लोग उन्हें 'भरती करनेवाला सार्जेंट' भी कहने लगे।

1916 में गांधीजी ने अहमदाबाद के पास साबरमती आश्रम की स्थापना की और अप्रैल 1917 में बिहार में स्थित चंपारण जिले में किसानों पर किए जा रहे अत्याचार के खिलाफ आंदोलन चलाया। दक्षिण अफ्रीका में गांधीजी के संघर्ष की कहानी सुनकर चंपारण के अनेक किसानों ने गांधीजी को आमंत्रित किया। यहाँ नील के खेतों में कार्य करनेवाले किसानों पर यूरोपीय निलहे बहुत अत्याचार कर रहे थे। उन्हें जमीन के कम-से-कम 3/2 भाग पर नील की खेती करना तथा निलहों द्वारा तय दामों पर उसे बेचना पड़ता था। इसी तरह की परिस्थितियों से 1859-60 के नील आंदोलन में बंगाल के किसानों ने यूरोपीय बागान मालिकों से मुक्ति पाई थी। गांधीजी 1917 में राजेंद्र प्रसाद, मजहरूल हक, जे.पी. कृपलानी, नरहरि पारिख और महादेव देसाई के साथ चंपारण पहुँचे और किसानों की स्थिति की जाँच करने लगे। विवश होकर सरकार को एक जाँच समिति बनानी पड़ी, जिसके सदस्य स्वयं गांधीजी थे। गांधीजी के प्रयत्नों से किसानों की समस्याओं में कमी आई। 1918 में गांधीजी ने गुजरात के खेड़ा जिले में 'कर नहीं आंदोलन' चलाया। इसी वर्ष गांधीजी ने अहमदाबाद के मजदूरों और मिल मालिकों के विवाद में हस्तक्षेप कर उनकी मजदूरी में 35 फीसदी वृद्धि करवाई। अपनी राजनीति के प्रारंभिक दिनों में गांधीजी ने ब्रिटिश सरकार के संवैधानिक सुधारों की प्रक्रिया की प्रशंसा की, पर 1919 के जलियाँवाला हत्याकांड के बाद गांधीजी का पूरा दृष्टिकोण सरकार के संदर्भ में बदल गया।

□

पृष्ठभूमि

गोपाल कृष्ण गोखले का जन्म भारतीय इतिहास के जिस कालखंड में हुआ था, उसका उनके जीवन पर गहरा प्रभाव पड़ा और उसी के अनुरूप उनके भावी जीवन का निर्माण भी हुआ। उनका जन्म 1857 की क्रांति के नौ वर्ष बाद हुआ। 1857 में पहली बार भारतीयों ने अंग्रेजों के शासन को चुनौती दी थी। संविधान सम्मत ढंग से आंदोलन करते हुए भारत की स्वतंत्रता हासिल करने के उद्देश्य से 1885 में जब भारतीय राष्ट्रीय कांग्रेस का जन्म हुआ, उस समय गोपाल कृष्ण कम उम्र के थे। भारत में महात्मा गांधी ने जब पहली बार अहिंसक आंदोलन का सूत्रपात किया, उससे पाँच साल पहले गोपाल कृष्ण का देहांत हो चुका था। महात्मा गांधी उन्हें अपना 'राजनीतिक गुरु' मानते थे।

वर्ष 1858 में भारत में ईस्ट इंडिया कंपनी का शासन समाप्त हुआ और रानी विक्टोरिया का शासन शुरू हो गया। नई शासन प्रणाली के तहत नई धारणाओं, नए विचारों और राजनीतिक, सामाजिक, आर्थिक एवं शैक्षणिक क्षेत्रों में नए बदलावों की जरूरत थी।

देश में नए विचार उभर रहे थे। देश के बुद्धिजीवियों के लिए यह कालखंड चुनौतियों से भरपूर था। वे महसूस कर रहे थे कि भारत की परंपरा, संस्कृति, इतिहास, समाज व्यवस्था, धर्म, रीति-रिवाज पर खतरा मँडरा रहा था। अंग्रेजी शासन की वजह से लोगों की निर्धनता बढ़ती गई थी और लोगों को गुलामी का दंश झेलने के लिए मजबूर होना पड़ा था। उस समय उनके मन में सवाल था कि किस तरह भारतीयों की खोई हुई मर्यादा दोबारा हासिल की जा सकती है।

अंग्रेज शासकों के पास भारत को गुलाम बनाकर रखने के समर्थन में अपने

तर्क थे। वे बार-बार यही दोहराते थे कि सामाजिक कुरीतियों, जातिभेद, महिलाओं का उत्पीड़न और अन्य बुराइयों के कारण भारतीय पिछड़ेपन के शिकार हैं।

अंग्रेजों की यह दलील आंशिक रूप से ही सही थी। भारत के विचारकों ने स्वतंत्रता के हनन संबंधी अंग्रेजों की दलील को स्वीकार नहीं किया था। विचारकों के नजरिए में व्यापक परिवर्तन हो रहा था। भारतीय राष्ट्रीय कांग्रेस की स्थापना से पहले विचारकों ने सामाजिक संरचना में सुधार की तरफ विशेष ध्यान दिया था। भारतीय राष्ट्रीय कांग्रेस के उदय से पहले बंबई प्रेसीडेंसी एसोसिएशन, कलकत्ता एसोसिएशन, पूना की सार्वजनिक सभा, मद्रास की महाजन सभा जैसी संस्थाएँ राजनीतिक क्षेत्र में कार्य कर रही थीं, मगर उनका अधिक जोर समाज सुधार पर था। उनका मानना था कि समाज सुधार के जरिए ही राजनीतिक मुक्ति का मार्ग प्रशस्त हो सकता है। दूसरी तरफ, एक वर्ग ऐसा भी था, जो सामाजिक परिवर्तन और राजनीति को जुदा-जुदा रखना चाहता था। दोनों तरह की विचारधारा के समर्थकों के बीच तीखा मतभेद नजर आता था।

देश में एक ऐसा महत्त्वपूर्ण तबका भी मौजूद था, जो मानता था कि जनता के नैतिक एवं आध्यात्मिक जीवन में गिरावट आने के कारण ही देश का राजनीतिक दृष्टि से पतन हुआ था। स्वामी विवेकानंद और दूसरी हस्तियों ने हिंदू धर्म के संदेश को व्यापक रूप से प्रचारित किया। देशवासियों के बीच आध्यात्मिकता का प्रचार-प्रसार करने के लिए कई संस्थाएँ कार्य करने लगीं। विदेशों में भी कुछ संस्थाएँ सक्रिय हुईं और विदेश की जनता के मन में भारतीयों की छवि में बदलाव आने लगा। जनता के बीच इस तरह की धारणा बलवती होती गई कि त्याग और संघर्ष के बिना परिस्थिति में परिवर्तन कर पाना संभव नहीं है। स्वतंत्रता हासिल करने के लिए देशप्रेम, आध्यात्मिकता, बलिदान और संघर्ष का मार्ग अपनाना आवश्यक है।

ईस्ट इंडिया कंपनी का जब तक शासन था, तब तक कंपनी भारत के भविष्य के बारे में कुछ भी सोचना जरूरी नहीं समझती थी। जब प्रत्यक्ष ब्रिटिश शासन शुरू हुआ तो देश में कानून का राज कायम होने की उम्मीद बँधी। लोगों को आश्वस्त किया गया कि संविधान-सम्मत ढंग से देश का शासन तंत्र चलाया जाएगा।

इसका अर्थ यह भी था कि अंग्रेजों के शासन के खिलाफ संविधान के दायरे में रहकर ही संघर्ष चलाया जा सकता था। किसी को भी संविधान-सम्मत आंदोलन

और उसकी कामयाबी की सीमाओं को लेकर संदेह नहीं था। उस समय रूस, आयरलैंड, इटली और अन्य देशों में किए गए हिंसक आंदोलन को अपनाने के बारे में नहीं सोचा गया था। उस समय यही माना जा रहा था कि अंग्रेजों के दिए हथियार से ही अंग्रेजों के खिलाफ संघर्ष किया जा सकता है। महात्मा गांधी के आगमन से पहले तक भारतीय नेतागण ब्रिटिश उदारवाद के प्रशंसक थे और संवैधानिक तरीके से आंदोलन करने के विकल्प पर निर्भर करते थे। वैसी स्थिति में यह स्वाभाविक था कि जो कानून के जानकार थे, नेतृत्व की कमान उन्हें ही सौंपी गई थी। मगर आम जनता की प्रतिभागिता के बिना शायद ही किसी आंदोलन को सफलता मिलती है। देश भर में जब विरोध का स्वर तीव्र होता गया तो 1885 में भारतीय राष्ट्रीय कांग्रेस का जन्म हुआ। कांग्रेस की स्थापना से स्पष्ट हो गया कि नेतृत्व अब स्थानीय स्तर पर नहीं रह गया था, बल्कि सच्चे अर्थों में राष्ट्रीय स्तर का हो गया था।

1885 से 1915 तक, लगभग 30 वर्षों तक कांग्रेस और देशवासियों को कई तरह की समस्याओं का सामना करना पड़ा। संवैधानिक तरीके से आंदोलन करने पर भी लक्ष्य दूर ही बना रहा। स्वतंत्रता संग्राम की यात्रा में हताशा और पीड़ा की घड़ियाँ भी आती रहीं।

ब्रिटिश शासक अपने शासन के शिकंजे को कसने के लिए पूरी ताकत का इस्तेमाल कर रहे थे। दूसरी तरफ जागरूक जनता गुलामी की बेड़ियों से मुक्त होने के लिए संघर्ष कर रही थी। फिर ऐसा समय भी आया, जब जनता अपने नेताओं के नरम रवैए से हताश होने लगी और संघर्ष को असरदार बनाने के लिए नए तरीके की खोज करने लगी।

आंदोलन के तरीके को लेकर कांग्रेस के भीतर मतभेद होने लगा। एक गुट संवैधानिक तरीके से प्रतिरोध करना चाहता था, वहीं दूसरा गुट जनमत के दबाव के आधार पर आंदोलन को तीव्र बनाना चाहता था।

कुछ वर्षों तक कांग्रेस एकजुट बनी रही, मगर हालात बदलने और वक्त की माँग को देखते हुए कांग्रेस के स्वर में भी बदलाव आता गया। आखिरकार फूट उभरकर सामने आई और गरमपंथी नेताओं को सरकार ने जेल में बंद कर दिया। परिदृश्य से गरमपंथी गुट को हटा देने से कांग्रेस के साथ-साथ देश में भी एक तरह का शून्य पैदा हो गया। अब कांग्रेस को नरमपंथी नेता नियंत्रित कर रहे थे, मगर

कांग्रेस के भीतर उत्साह और प्रेरणा का अभाव नजर आने लगा था। प्रथम विश्व युद्ध की घोषणा और उसके कुछ महीने बाद तक कांग्रेस दिशाहीन बनी हुई थी। बाद में इस परिस्थिति में बदलाव आया।

ऐसे ही सामाजिक एवं राजनीतिक कालखंड में गोपाल कृष्ण ने काम किया और अपने जीवन की दिशा निर्धारित की। उनके जीवन की शुरुआत शिक्षा के क्षेत्र में हुई और फिर समापन संवैधानिक ढंग से किए जा रहे आंदोलन के दौरान हुआ। उनकें साहस, लगन और उद्देश्य के प्रति निष्ठा को देखते हुए भारतवासियों के हृदय में प्रेरणा का संचार हुआ। गोपाल कृष्ण ने जो पथ चुना, उस पथ पर अविचलित आजीवन कदम बढ़ाते रहे। अपने आदर्शों के प्रति उनके मन में समर्पण और विश्वास का भाव बना रहा।

अपने राजनीतिक जीवन में गोपाल कृष्ण ने कभी भी अपने आदर्शों का दामन नहीं छोड़ा। उनका जीवन समर्पित व्यक्ति का जीवन था। भारत को वे दिल से चाहते थे और उन्होंने स्वीकार भी किया था कि देश की चाहत के चलते ही वे भारत के सच्चे सेवक बन गए थे। असफलताएँ कभी भी उन्हें लक्ष्य से डिगा नहीं सकीं, न ही सफलता की वजह से कभी उनके मन में अहंकार पैदा हुआ। सच्चे कर्मयोगी की तरह जीवन की अंतिम घड़ियों तक वे कार्य करते रहे।

उन्नीसवीं शताब्दी में भारत भले ही दासता की जंजीरों में जकड़ा हुआ था, मगर उसी कालखंड में, देश में कुछ ऐसे महापुरुषों ने जन्म लिया, जिन्होंने इस प्राचीन राष्ट्र के भाग्य को निर्धारित करने में अहम भूमिका निभाई। ऐसे कम देश ही होंगे, जहाँ इतने कम समय में इतने सारे महापुरुषों ने जन्म लिया हो। कला, विज्ञान, इतिहास, शिक्षा, अर्थशास्त्र, उद्योग, राजनीति और धर्म के क्षेत्र में भारत ने विश्व को महान् हस्तियाँ दीं। उन हस्तियों ने इस देश के चमकते भविष्य की ठोस बुनियाद तैयार की।

गोपाल कृष्ण का जन्म ऐसे ही महान् व्यक्तियों के समय में हुआ था, जो भारत की आशाओं और आकांक्षाओं की पूर्ति करने के लिए संघर्ष कर रहे थे। तेजी से बदल रहे भारत के लिए उन्होंने संविधान-सम्मत आंदोलन के जरिए महत्त्वपूर्ण योगदान दिया।

□

उदारवादी राजनीति के नक्षत्र गोपाल कृष्ण गोखले

आधुनिक भारतीय राजनीतिक विचारधारा का विकास भारतीय राष्ट्रीय आंदोलन के विकास के साथ गहराई से जुड़ा रहा है। प्रमुख राजनीतिक व्यक्तित्व के रूप में महात्मा गांधी के आविर्भाव से पहले राष्ट्रीय आंदोलन के दौरान भारतीय राष्ट्रीय कांग्रेस के भीतर दो भिन्न विचारधारा के गुट सक्रिय नजर आए। इन दो विचारधारावाले गुटों को उदारवादी गुट और उग्रवादी गुट के नाम से जाना जाता है। भारतीय राष्ट्रीय आंदोलन के आरंभिक चरण में जस्टिस एम.जी. रानाडे, डी. ई. वाचा, फिरोजशाह मेहता और दादाभाई नौरोजी जैसे उदारवादी चिंतकों का वर्चस्व था, जिन्होंने भारत में उदारवादी राजनीतिक विचारधारा की आधारशिला स्थापित करने में महत्त्वपूर्ण भूमिका निभाई। गोपाल कृष्ण गोखले अपने समय के एक अग्रणी उदारवादी चिंतक थे।

उदारवादी चिंतकों ने जहाँ एक उदार राजनीतिक दृष्टिकोण अपनाने पर जोर दिया, वहीं समाज के सर्वांगीण लेकिन चरणबद्ध विकास की बात कही। ये तिलक, अरविंद घोष, विपिनचंद्र पाल एवं दूसरे उग्रवादी विचार वाले चिंतकों से भिन्न नजरिया रखते हुए भारत में ब्रिटिश शासन को देखते थे। भारत के सामाजिक यथार्थ की पड़ताल करने का उनका अनुमान अलग था। सामाजिक एवं राजनीतिक लक्ष्यों को निर्धारित करने और उन्हें साकार करने हेतु साधन अपनाने के संबंध में भी उनकी राय अलग थी। व्यापक रूप से देखा जाए तो उदारवादी चिंतक भारत में ब्रिटिश शासन की सराहना कर रहे थे और उसका स्वागत कर रहे थे। वे विश्वास रखते थे कि ब्रिटिश शासन के जरिए ही भारतीय समाज में आधुनिकीकरण की प्रक्रिया को

गति मिल सकती है। इसीलिए ये सामाजिक एवं आर्थिक सुधारों पर विशेष रूप से जोर दे रहे थे; क्योंकि वे संजीदगी के साथ महसूस करते थे कि पर्याप्त सामाजिक एवं आर्थिक सुधार किए बिना महज राजनीतिक स्वतंत्रता हासिल कर लेने से कोई फायदा नहीं होगा। एम.जी. रानाडे के बाद गोखले को प्रमुख उदारवादी विचारक माना जाता है। रानाडे ने उदारवादी राजनीतिक सोच के विकास में अहम भूमिका निभाई थी। एम.जी. रानाडे के आदर्श शिष्य और महात्मा गांधी के 'राजनीतिक गुरु' के रूप में गोखले ने रानाडे और गांधी के बीच एक प्रमुख बौद्धिक सेतु मुहैया करवाया।

गोखले की राजनीतिक विचारधारा को समझने के लिए यह जानना जरूरी है कि किस तरह गोखले का राजनीतिक जीवन परवान चढ़ता गया था। यह स्पष्ट है कि उनकी राजनीतिक गतिविधियों के साथ उनकी धारणा और प्रेरणा का गहरा संबंध रहा।

जीवन-कथा

महाराष्ट्र के रत्नगिरि जिले के एक छोटे से गाँव कोटलुक में 9 मई, 1866 को एक मध्यवर्गीय चित्तपावन ब्राह्मण परिवार में गोपाल कृष्ण गोखले का जन्म हुआ। उनके पिता कृष्णराव आरंभ में क्लर्क की नौकरी करते थे। बाद में उनकी पदोन्नति हुई और वे सब-इंस्पेक्टर बन गए। जब गोपाल कृष्ण की उम्र मात्र तेरह साल थी, उसी समय उनके पिता की मृत्यु हो गई। उनके पिता अपने पीछे दो पुत्र और चार पुत्रियों को छोड़ गए थे। गोपाल के बड़े भाई गोविंद ने पिता के निधन के बाद परिवार की जिम्मेदारी सँभाल ली।

गोपाल ने कोल्हापुर के पास कागल में आरंभिक शिक्षा प्राप्त की और 1881 में उन्होंने मैट्रिक की पढ़ाई पूरी की। कोल्हापुर के राजाराम कॉलेज, पुणे के दक्कन कॉलेज और बंबई के एलीफिंस्टन कॉलेज में उन्होंने उच्च शिक्षा प्राप्त की। 1884 में उन्होंने एलीफिंस्टन कॉलेज में स्नातक की पढ़ाई पूरी की। पहले उन्होंने इंजीनियर बनने का फैसला किया था, लेकिन बाद में उन्होंने खुद को शिक्षा के क्षेत्र में समर्पित करने का निश्चय किया।

पुणे में कुछ देशभक्त युवकों ने प्रसिद्ध राष्ट्रवादी नेता विष्णुशास्त्री चिपलूणकर की प्रेरणा से न्यू इंगलिश स्कूल नामक एक माध्यमिक स्कूल की स्थापना की थी। गोपाल कृष्ण ने न्यू इंगलिश स्कूल में एक शिक्षक की नौकरी स्वीकार कर ली।

उनकी लगन एवं निष्ठा से दक्कन एजुकेशन सोसाइटी के संचालक काफी प्रभावित हुए। उन्होंने गोपाल को सोसाइटी का आजीवन सदस्य बना लिया। जल्द ही गोपाल को फर्गुसन कॉलेज का व्याख्याता बना दिया गया। इस कॉलेज का संचालन भी दक्कन एजुकेशन सोसाइटी करती थी। इसके बाद गोपाल ने तकरीबन अठारह वर्षों तक अध्यापन कार्य जारी रखा।

अध्यापन के पेशे में रहते हुए गोपाल कृष्ण का परिचय एम.जी. रानाडे से हुआ और तब से उन्होंने रानाडे के योग्य मार्गदर्शन में सार्वजनिक जीवन की भलाई के लिए अपनी प्रतिभा और क्षमता का उपयोग किया। आम जनता को जागरूक बनाने के लिए एम.जी. रानाडे ने 'सार्वजनिक सभा' नामक एक संस्था बनाई थी। गोपाल कृष्ण को इस संस्था का सचिव बनाया गया। सभा की ओर से एक प्रभावशाली त्रैमासिक पत्रिका प्रकाशित होती थी, जिसका संपादन गोपाल कृष्ण करते थे। महाराष्ट्र में उन्नीसवीं शताब्दी के एक मशहूर समाज-सुधारक गोपाल गणेश अगरकर ने 'सुधारक' नामक पत्रिका का प्रकाशन शुरू किया था, जिसके अंग्रेजी वाले खंड में गोपाल कृष्ण कई वर्षों तक नियमित रूप से लेख लिखते रहे।

1889 में गोपाल कृष्ण पहली बार भारतीय राष्ट्रीय कांग्रेस के अधिवेशन में शामिल हुए और उसके बाद कांग्रेस की सभाओं के वे नियमित वक्ता बन गए।

1896 में जब बाल गंगाधर तिलक एवं उनके सहयोगियों ने 'सार्वजनिक सभा' पर कब्जा कर लिया तब रानाडे और गोपाल तथा अन्य समर्थकों ने सभा से खुद को अलग कर लिया और 'दक्कन सभा' नामक नई संस्था की स्थापना की। गोपाल सभा की गतिविधियों में विशेष दिलचस्पी लेने लगे। सभा की तरफ से गोपाल कृष्ण को वेलबी आयोग के समक्ष साक्ष्य देने के लिए इंग्लैंड भेजा गया। ब्रिटिश सरकार ने ब्रिटिश एवं भारत सरकार के बीच प्रशासनिक रूप से अधिक तर्कसंगत वितरण के बारे में सुझाव देने के लिए वेलबी आयोग का गठन किया था। यह उनकी पहली इंग्लैंड यात्रा थी। उनके श्रेष्ठ प्रदर्शन से उनके प्रति काफी अपेक्षाएँ पैदा हुईं।

1899 में वे बंबई विधान परिषद् में चुने गए। 1902 में वे फर्गुसन कॉलेज से सेवानिवृत्त हो गए और जीवन के आखिरी तेरह वर्षों को उन्होंने पूरी तरह राजनीतिक कार्यों के लिए समर्पित कर दिया। इस अवधि में वे कई बार इंपीरियल लेजिस्लेटिव काउंसिल में चुने गए एवं उनकी पहचान एक अनुभवी नेता के रूप में बन गई। विशेष तौर पर उनके बजट-भाषणों का कोई जवाब नहीं था, जिनमें रचनात्मक विचारों

का समावेश होता था। दूसरी तरफ सरकार की वित्तीय नीतियों की आलोचना करते हुए वे तनिक भी नहीं हिचकते थे।

महात्मा गांधी के अनुरोध पर गोपाल कृष्ण ने दक्षिण अफ्रीका में रहनेवाले भारतीयों की दुर्दशा की ओर ध्यान दिया। 1910 और 1912 में उन्होंने इंपीरियल लेजिस्लेटिव काउंसिल में भारतीय श्रमिकों को राहत प्रदान करने के लिए प्रस्ताव पारित किए। महात्मा गांधी के आमंत्रण पर वे 1912 में दक्षिण अफ्रीका गए और वहाँ बसे हुए भारतीयों की समस्याओं को सुलझाने में महत्त्वपूर्ण भूमिका का निर्वाह किया। 1913 में उन्होंने दक्षिण अफ्रीकी सत्याग्रह आंदोलन की मदद करने के लिए चंदा जुटाया। अत्यधिक व्यस्त दिनचर्या की वजह से फरवरी 1915 में गोपाल कृष्ण का असामयिक निधन हो गया।

वैचारिक प्रभाव

राजनीतिक चिंतन और विचार शून्य में पैदा नहीं होते। वे किसी खास सामाजिक वातावरण में पैदा होते हैं। कोई भी विचारक अपने समय विशेष की पैदाइश होता है। गोपाल कृष्ण गोखले भी कोई अपवाद नहीं थे। उनके चिंतन और विचार पर उनके समय के प्रमुख व्यक्तियों एवं उनके जीवन की घटनाओं का गहरा प्रभाव पड़ा था।

ब्रिटिश शिक्षा प्रणाली के तहत शिक्षा ग्रहण करनेवाले गोपाल कृष्ण ने अपने युग के शिक्षित संभ्रांत व्यक्तियों की तरह जीवन के प्रति आधुनिक व्यापक दृष्टिकोण अपनाया। विद्यार्थी जीवन में उन्होंने बीटेन की पुस्तक 'पब्लिक स्पीकर', बेकन की पुस्तक 'एसेज' और 'द एडवांसमेंट ऑफ लर्निंग' का गहन अध्ययन किया था। फासेट की पुस्तक 'पॉलिटिकल इकोनॉमी' को उन्होंने याद कर लिया था। इसी तरह फ्रेंच क्रांति पर बुर्के की पुस्तक उन्हें मुँहजबानी याद हो गई थी। जॉन स्टुअर्ट मिल के उदारवाद के दर्शन का उनके ऊपर गहरा प्रभाव पड़ा था और वे खास तौर पर मिल के राजनीतिक सिद्धांतों से प्रेरित हुए थे। इतिहास के छात्र के रूप में गोपाल कृष्ण आयरलैंड के होमरूल आंदोलन से काफी प्रभावित हुए। यूरोपीय इतिहास के विविध आयाम, गहराई और लोकतांत्रिक विकास के प्रभाव से उनकी विचारधारा ने आकार ग्रहण किया था और उनका यह विश्वास दृढ़ हो गया था कि पश्चिम से बहुत कुछ सीखा जा सकता है।

भारतीय विचारकों में एम.जी. रानाडे का गोपाल कृष्ण पर सबसे अधिक प्रभाव

पड़ा। गोपाल कृष्ण हमेशा स्वयं को रानाडे का शिष्य होने पर गौरवान्वित महसूस करते थे। गोपाल कृष्ण विशेष रूप से रानाडे के सामाजिक एवं आर्थिक विचारों से प्रभावित थे। तिलक एवं अन्य राष्ट्रवादी नेताओं के त्याग के प्रति गोपाल कृष्ण के मन में गहरी श्रद्धा थी, मगर वे उनकी राष्ट्रवादी विचारधारा की ओर आकर्षित नहीं हो पाए थे। यही वजह था कि वे डी.ई. वाचा और फिरोजशाह मेहता जैसे उदारवादी चिंतकों के करीब पहुँच गए थे, जिन्होंने दल के संगठनात्मक संचालन और तकनीक के मामले में उन्हें गहराई से प्रभावित किया था।

इंग्लैंड के मोरली एवं अन्य समकालीन उदारवादी नेताओं ने भी गोपाल कृष्ण के राजनीतिक जीवन को आकार प्रदान करने में विशेष भूमिका निभाई थी। गोपाल कृष्ण हमेशा ग्लेडस्टोन और मोरली को सम्मान के साथ देखते थे और उन्हें विश्वास था कि इंग्लैंड के उदारवादी नेता भारत में प्रशासन को न्यायपूर्ण बनाने पर जोर देंगे। गोपाल कृष्ण की राजनीतिक विचारधारा उनके समय के उदारवादी दृष्टिकोण का प्रतिनिधित्व करती है और यह उदारवाद ही था, जिसने उनके सामाजिक एवं राजनीतिक विचार को आकार प्रदान किया था।

राजनीतिक विचारधारा

गोपाल कृष्ण गोखले सीधे अर्थों में एक राजनीतिक चिंतक नहीं थे। उन्होंने हॉब्स या लॉक की तरह किसी तरह के राजनीतिक मत का प्रवर्तन नहीं किया था, न ही उन्होंने तिलक की 'गीता रहस्य' या महात्मा गांधी की 'हिंद स्वराज्य' की तरह अपनी राजनीतिक विचारधारा को परिभाषित करने के लिए कोई पुस्तक लिखी थी, जिसके आधार पर उनके राजनीतिक मत की व्याख्या की जा सके। लेकिन उन्होंने विभिन्न अवसरों पर प्रचुर संख्या में लेख लिखे थे, जो उनकी राजनीतिक विचारधारा को प्रतिबिंबित करते हैं। इसी तरह महत्त्वपूर्ण सामाजिक-आर्थिक मुद्दों पर विभिन्न अवसरों पर दिए गए उनके भाषण और अपने समकालीनों को लिखे गए उनके पत्र के जरिए उनके राजनीतिक विचारों को समझा जा सकता है। ऐसे भाषणों और पत्रों के संकलन उपलब्ध हैं, उनके व्यक्तित्व और कृतित्व पर लिखी गई कई पुस्तकें हैं, जिनके जरिए उनके राजनीतिक विचारों से परिचित हुआ जा सकता है।

राज्य, राष्ट्र या संप्रभुता जैसी बुनियादी राजनीतिक धारणा की बजाय गोपाल कृष्ण की राजनीतिक विचारधारा उनके समय के सामाजिक-राजनीतिक मुद्दों के

इर्द-गिर्द अधिक घूमती है, इसीलिए उनके राजनीतिक सिद्धांत को समझने के लिए हमें उनके युग के बुनियादी राजनीतिक मुद्दों और उन मुद्दों के प्रति उनके विचारों की ओर ध्यान देना होगा। चूँकि ऐसे मुद्दों की संख्या काफी अधिक है और ये मुद्दे जटिल भी हो रहे हैं, इसीलिए इन मुद्दों के प्रति गोपाल कृष्ण ने जो विचार व्यक्त किए, उनसे उनकी राजनीतिक विचारधारा की समृद्धि उजागर होती है।

अंग्रेजी शासन के प्रति गोपाल कृष्ण गोखले के विचार

अपने युग के अधिकतर उदारवादी भारतीय चिंतकों की तरह गोपाल कृष्ण ने भारत में अंग्रेजी राज की सराहना करते हुए उसका समर्थन किया था। अंग्रेजी राज की सराहना और भारत में अंग्रेजी राज जारी रखने की उनकी दलील के पीछे वे मुख्य रूप से दो तर्कों का सहारा ले रहे थे। पहला, अन्य दूसरे उदारवादियों की तरह गोपाल कृष्ण मानते थे कि भारत में अंग्रेजी शासन स्थापित होने की वजह से ही भारतीय समाज के आधुनिकीकरण की प्रक्रिया शुरू हो पाई थी। दूसरा, अंग्रेजों ने समानता के सिद्धांत पर आधारित न्याय प्रणाली को लागू किया था और भारत में प्रतिनिधियों द्वारा चुनी सरकार का सिद्धांत, भले ही जिसका आकार सीमित था, लागू करते हुए अभिव्यक्ति और प्रेस की स्वतंत्रता सुनिश्चित की थी। ये सभी बातें भारत के लिए बिलकुल नई थीं। अंग्रेजों ने ही भारत के राजनीतिक एकीकरण की प्रक्रिया शुरू की थी।

गोपाल कृष्ण मानते थे कि भारतीय अंग्रेजों से काफी कुछ सीख सकते हैं और इसीलिए वे कहते थे कि हमें कुछ दिनों तक अंग्रेजी शासन को स्वीकार करना चाहिए तथा उद्योग, वाणिज्य, शिक्षा एवं राजनीति के क्षेत्र में प्रगति करनी चाहिए। गोपाल कृष्ण का मानना था कि अगर भारत में अंग्रेजी शासन और कुछ वर्षों तक जारी रहेगा तो भारत पूरी तरह आधुनिक देश बन जाएगा और वह यूरोप के दूसरे स्वतंत्र देशों के साथ कंधे से कंधा मिलाकर खड़ा हो सकेगा।

गोपाल कृष्ण सोचते थे कि ब्रिटिश शासक अपनी उदारवादी परंपरा का पालन करते हुए अपने आश्वासन पर अमल करेंगे और जैसे ही भारत आत्मनिर्भर होकर सरकार चलाने के योग्य बन जाएगा, ये भारत को स्वतंत्रता प्रदान कर देंगे। थॉमस मुनरो, मैकाले, हेनरी लॉरेंस और स्वयं महारानी विक्टोरिया की घोषणाओं के आधार पर 'इंग्लैंड के आश्वासन' की धारणा मजबूत होती गई थी। हालाँकि वायसराय

रिपन का कार्यकाल 1884 में समाप्त होने से लेकर 1917 की अगस्त घोषणा तक परवर्ती वायसरायों और भारत के सचिवों ने भारत में ब्रिटिश राजनीतिक प्रणाली को लागू करने में किसी तरह की दिलचस्पी नहीं दिखाई, इसके बावजूद गोपाल कृष्ण को विश्वास था कि उनके उदारवाद की दुहाई देकर और भारत की आत्मनिर्भरता का भरोसा दिलाकर अंग्रेजों का दिल जीता जा सकता है। इस तरह अंग्रेज भारत में पश्चिमी राजनीतिक प्रणाली को लागू करने के लिए सहमत हो सकते हैं। ब्रिटिश उदारवाद के प्रति अपनी आस्था के कारण गोपाल कृष्ण भारत में अंग्रेजी राज का समर्थन कर रहे थे।

भारत में अंग्रेजी राज को जारी रखने की बात कहने का अर्थ यह नहीं था कि गोपाल कृष्ण भारत में ब्रिटिश प्रशासन से पूरी तरह संतुष्ट थे। उदाहरण के लिए, वे कर्जन की नीतियों पर आधारित निरंकुश प्रशासन के कटु आलोचक थे। कई अवसरों पर वे यह भी कह चुके थे कि ब्रिटिश राज अधिक है, ब्रिटिश कम हैं, चूँकि वह भारत में इंग्लैंड की राजनीतिक प्रणाली को लागू करने से हिचक रहा था। फिर भी उन्हें विश्वास था कि ब्रिटिश शासन की वजह से भारत की उन्नति संभव होगी।

गोपाल कृष्ण मानते थे कि लोकतांत्रिक राजनीतिक प्रणाली के विकास में भारतीय इतिहास ने कोई विशेष योगदान नहीं दिया। जुलाई 1911 में, लंदन में आयोजित यूनिवर्सल रेसेज कांग्रेस में अपने शोध-पत्र का पाठ करते हुए गोपाल कृष्ण ने कहा, "पश्चिम की तरह भारत में राजनीतिक स्वतंत्रता का राष्ट्रीय विचार विकसित नहीं हो पाया है।" उनका मत था कि देश में सामाजिक एवं राजनीतिक प्रणाली में पश्चिम के तर्ज पर सुधार किया जाना चाहिए। उनके अनुसार यूरोप का इतिहास लोकतांत्रिक विचार के क्रम-विकास का प्रभावशाली चित्र प्रस्तुत करता है, इसीलिए वह हमारे स्वतंत्रता एवं लोकतंत्र के विचार को आकार प्रदान करने में उपयोगी साबित हो सकता है। ब्रिटिश शासकों के साथ संपर्क कायम कर इस उद्देश्य को पूरा किया जा सकता है। इसी वजह से वे भारत में ब्रिटिश शासन का समर्थन कर रहे थे। अपने एक मित्र के नाम लिखे गए पत्र में गोपाल कृष्ण ने मत व्यक्त किया था—"आप सभी इस बात को महसूस कर सकते हैं कि नौकरशाही की चाहे जो भी कमजोरी हो, लेकिन प्रत्येक अंग्रेज अनुशासित नजर आता है, जो देश में व्यवस्था को बहाल रखने के लिए काम करता है और समुचित व्यवस्था बहाल किए बिना हमारी जनता का सच्चा विकास संभव नहीं हो सकता।" इस तरह गोपाल कृष्ण मानते थे कि

ब्रिटिश राज से भारत में सामाजिक व्यवस्था में सुधार आ सकता था, जो प्रगति के लिए आवश्यक था और इस तरह उन्होंने ब्रिटिश राज को बनाए रखने के पक्ष में अपनी राय दी थी।

उदारतावाद

जैसाकि आरंभ में ही उल्लेख किया जा चुका है कि गोपाल कृष्ण उदारवादी विचारक थे। लेकिन उनका उदारतावाद, परंपरागत उदारतावाद से कुछ अलग था। जो अठारहवीं और उन्नीसवीं सदी के यूरोप में प्रचलित था। गोपाल कृष्ण के उदारवाद को समझने के लिए सबसे पहले परंपरागत उदारवाद की विशेषताओं को समझना जरूरी है। विचारधारा के रूप में उदारवाद को व्यक्तिगत स्वतंत्रता के प्रति प्रतिबद्ध विचार के रूप में, सरकार की एक नीति और प्रणाली के रूप में, समाज के एकीकरण के एक सिद्धांत के रूप में एवं व्यक्ति तथा समुदाय के लिए जीने के एक मार्ग के रूप में परिभाषित किया जा सकता है। स्वतंत्रता उदारवाद का केंद्रीय बिंदु है, जो जीवन के किसी भी क्षेत्र में किसी तरह के हस्तक्षेप को स्वीकार नहीं करता। समाज के क्षेत्र में उदारवाद धर्मनिरपेक्षता का समर्थन करता है। यह धार्मिक कट्टरपंथ की जंजीरों से मनुष्य की मुक्ति का समर्थन करता है और बुद्धि की स्वतंत्रता पर विश्वास करता है। अर्थनीति के क्षेत्र में यह मुक्त व्यापार की नीति का समर्थन करता है, जहाँ आंतरिक उत्पादन की आजादी रहे और निर्यात करने की बाहरी आजादी रहे। यह मुक्त प्रतिस्पर्द्धा का समर्थन करता है, जहाँ वस्तुओं के उत्पादन और निर्यात पर किसी तरह का प्रतिबंध न हो। इन कारणों से यह प्राकृतिक संपदाओं के दोहन एवं आर्थिक लाभ का व्यक्तियों के बीच वितरण की नीति में विश्वास करता है। गोपाल कृष्ण चाहते थे कि आर्थिक क्षेत्र में राज्य की दखलंदाजी न हो और औद्योगिक एवं वाणिज्यिक विकास के क्षेत्र में राज्य सकारात्मक भूमिका निभाए।

उदारवादी चिंतक होने के नाते गोपाल कृष्ण व्यक्तिगत स्वतंत्रता का समर्थन करते थे। लेकिन उनका यह भी मानना था कि स्वतंत्रता का अर्थ संयमहीनता नहीं होना चाहिए। इसके विपरीत, उनका मानना था कि व्यक्तिगत स्वतंत्रता की अनुमति वैसी स्थिति में ही दी जानी चाहिए जब व्यक्ति स्व-अनुशासन और जिम्मेदारी के महत्त्व को समझता हो। वे मानते थे कि जब तक नागरिकों को स्वतंत्रता के कुछ अधिकार नहीं दिए जाएँगे, तब तक स्वतंत्रता की भावना को महसूस नहीं किया जा

सकेगा। उनके अनुसार व्यक्तिगत स्वतंत्रता को महसूस करने के लिए अभिव्यक्ति एवं प्रेस की स्वतंत्रता अनिवार्य थी। यही वजह है कि 1904 में उन्होंने आधिकारिक गोपनीयता विधेयक का विरोध करते हुए तर्क दिया था कि यह विधेयक प्रेस को नियंत्रित करने के लिए सरकार को हथियार मुहैया कराने का प्रयास था।

गोपाल कृष्ण ने व्यक्तिगत संपत्ति एवं अनुबंध की स्वतंत्रता के अधिकार का भी समर्थन किया था। भूमि राजस्व संहिता संशोधन विधेयक पर टिप्पणी करते हुए उन्होंने कहा, "सामान्य नागरिक का अपनी संपत्ति पर स्वाभाविक अधिकार होता है। अगर उसके इस अधिकार को छीनने का प्रयास किया जाता है तो वह हाथ पर हाथ धरकर बैठा नहीं रह सकता। अगर उसे उसके अधिकार से वंचित करने का प्रस्ताव लाया जाता है तो यह उसके अधिकार का गंभीर अतिक्रमण समझा जाएगा।" इस तरह गोपाल कृष्ण ने व्यक्तिगत संपत्ति के अधिकार, व्यक्तिगत स्वतंत्रता और अनुबंध की स्वतंत्रता का समर्थन किया, जो उदारवाद के सिद्धांत के लिए अनिवार्य घटक थे।

व्यक्तिगत स्वतंत्रता और अपरिहार्य नागरिक अधिकारों की सुरक्षा के लिए गोपाल कृष्ण ने देश में प्रतिनिधि संस्थाओं की स्थापना करने का सुझाव दिया। उनके अनुसार ब्रिटेन और भारत के बीच रिश्ते सुधारने की पहली अनिवार्य शर्त थी कि ब्रिटेन बेहिचक इस बात की घोषणा करे कि वह भारत में प्रतिनिधि संस्थाओं का विकास करेगा। हालाँकि वे सभी के लिए व्यक्तिगत स्वतंत्रता की बात नहीं कर रहे थे। वे संपत्ति के आधार पर इस तरह की स्वतंत्रता देने के पक्षधर थे। उदाहरण के लिए, ग्राम पंचायत के चुनाव में ऐसे व्यक्ति को ही भाग लेने की अनुमति देने के पक्ष में थे, जो न्यूनतम भूमि राजस्व चुकाता हो।

गोपाल कृष्ण ने विधानमंडल में जन प्रतिनिधियों के अलावा जनहितों के प्रतिनिधित्व की बात भी कही। उनका सुझाव था कि प्रत्येक प्रांत के विधानमंडल में 75 से 100 सदस्यों को शामिल किया जाना चाहिए। बंबई को एक उदाहरण के रूप में पेश करते हुए उन्होंने कराची चेंबर, अहमदाबाद मिल मालिकों एवं दक्कन सरदारों के लिए विशेष प्रतिनिधित्व सुनिश्चित करने का सुझाव भी दिया था। हिंदू और मुसलिम के बीच सांप्रदायिक विभाजन को समझते हुए मुसलमानों के लिए पृथक् प्रतिनिधित्व का सुझाव दिया। इस तरह उदारवादी चिंतक होने के नाते गोपाल कृष्ण ने एक तरफ जहाँ व्यक्तिगत स्वतंत्रता की धारणा का समर्थन किया था, वहीं दूसरी तरफ सीमित

अर्थों में प्रतिनिधि संस्था की स्थापना का भी समर्थन किया था।

राज्य की भूमिका के संबंध में गोपाल कृष्ण का विचार परंपरागत उदारवाद के विचार से भिन्न था। परंपरागत उदारवाद उन्मुक्त राज्य की बात करता है और निगरानी के लिए सिर्फ पुलिस की मौजूदगी को पर्याप्त समझता है। वह मानता है कि कम-से-कम शासन करनेवाला प्रशासन सर्वश्रेष्ठ होता है। लेकिन रामजी रानाडे के कदमों का अनुसरण करते हुए गोपाल कृष्ण ने कहा कि देश के आर्थिक एवं सामाजिक जीवन की उन्नति के लिए राज्य को हस्तक्षेप करना चाहिए। इस संबंध में गोपाल कृष्ण की राय जे.एस. मिल से भिन्न थी। गोपाल कृष्ण चाहते थे कि औद्योगिक विकास एवं कृषि की समृद्धि के लिए सरकार हस्तक्षेप करे। वे चाहते थे कि सरकार केवल वितरण की प्रक्रिया में ही हस्तक्षेप न करे, बल्कि उत्पादन की प्रक्रिया में भी हस्तक्षेप करे। उनका मानना था कि जनता की नैतिक एवं भौतिक प्रगति को गति प्रदान करना सरकार की जवाबदेही होनी चाहिए। सरकार को 'गैर जरूरी बंदिशें' हटा लेनी चाहिए और विकास की प्रक्रिया को तीव्र बनाना चाहिए। राज्य को महज पुलिस की भूमिका नहीं निभानी चाहिए, बल्कि जनकल्याणकारी कार्यों को बढ़ावा देना चाहिए और जब भी आवश्यक हो उसे देश के आर्थिक जीवन में हस्तक्षेप करना चाहिए। निष्कर्ष के तौर पर कहा जा सकता है कि गोपाल कृष्ण का उदारवाद, मिल के उदारवाद से प्रेरित था। इस बात में कोई शक नहीं है, लेकिन यह परंपरागत उदारवाद से भिन्न था।

राजनीतिक लक्ष्य एवं कार्यक्रम

भारत में ब्रिटिश राज्य के प्रति गोपाल कृष्ण का जो दृष्टिकोण था, उसी ने उनके राजनीतिक लक्ष्य एवं कार्यक्रमों को निर्धारित किया। वे मानते थे कि ब्रिटिश शासन के साथ संपर्क रखने से लंबे समय में भारत को फायदा हो सकता है, इसीलिए इस संपर्क को गहरा बनाने के बारे में हमेशा सोचते रहते थे। इस तरह उन्होंने जो राजनीतिक लक्ष्य निर्धारित किया, वह था—भारत के लिए स्व-शासन। कांग्रेस के आरंभिक नेता 'अच्छी सरकार' की धारणा से संतुष्ट थे, जिसका अर्थ था—दक्ष और जागरूक सरकार। लेकिन दादाभाई नौरोजी की तरह गोपाल कृष्ण भी इस नतीजे पर पहुँचे कि आत्मनियंत्रण का अधिकार हासिल किए बगैर अच्छी सरकार का गठन कर पाना संभव नहीं है। हालाँकि वे मानते थे कि कानून-व्यवस्था की स्थिति सुधारकर अंग्रेजों ने देश को अच्छी सरकार मुहैया करवाई थी, लेकिन वे मानते थे

कि सरकार के कार्यों के साथ भारतीयों का जुड़ना जरूरी था और ऐसा तभी संभव हो सकता था, जब अंग्रेज भारत को स्व-शासन का अधिकार दे देते। बनारस कांग्रेस अधिवेशन (1905) के अध्यक्षीय भाषण में गोपाल कृष्ण ने कहा था—"अब कांग्रेस परिवर्तन चाहती है। वह चाहती है कि भारत का शासन भारतीयों के हित में हो। इस लक्ष्य को तभी प्राप्त किया जा सकता है, जब हमारे देश की सरकार में हमारी आवाज के लिए ज्यादा-से-ज्यादा जगह बने।"

इस तरह 'अच्छी सरकार' तक ही सीमित न रहकर गोपाल कृष्ण ने एक कदम आगे बढ़कर भारत के लिए स्व-शासन की माँग की। लेकिन स्व-शासन से उनका तात्पर्य क्या था? उग्रवादी चिंतक अरविंद घोष या विपिनचंद्र पाल स्वशासन के बारे में जैसा सोचते थे, उनकी तुलना में गोपाल कृष्ण की राय अलग थी। स्वशासन का अर्थ उनके लिए भारत की पूर्ण स्वतंत्रता नहीं था। वे ब्रिटिश साम्राज्य के अंतर्गत भारत के लिए स्वशासन चाहते थे। दूसरी तरफ अरविंद घोष जैसे उग्रवादी विचारक ब्रिटिश शासन से भारत को पूरी तरह स्वतंत्र करने के पक्ष में थे। गोपाल कृष्ण ब्रिटिश साम्राज्य से नाता पूरी तरह तोड़ने के पक्ष में नहीं थे। वे तिलक की तरह स्वशासन के लिए 'स्वराज्य' शब्द का प्रयोग नहीं करना चाहते थे। तिलक के लिए स्वराज्य की अवधारणा आवश्यक थी और उसका लक्ष्य पूर्ण स्वतंत्रता हासिल करना था। गोपाल कृष्ण पूर्ण स्वतंत्रता की हिमायत नहीं करते थे। दूसरी तरफ तिलक के अनुसार स्वतंत्रता पर जनता का जन्मसिद्ध अधिकार था, जिसके लिए किसी भी तरह की शर्त जरूरी नहीं थी। गोपाल कृष्ण मानते थे कि प्रतिनिधि संस्थाओं का संचालन करने के लिए लोगों को योग्यता अर्जित करनी पड़ेगी। पूर्व के लोग व्यावहारिक प्रशिक्षण और प्रयोग के जरिए पश्चिम की राजनीतिक संस्थाओं का संचालन का तरीका सीख सकते थे। ब्रिटिश के साथ बेहतर संबंध कायम रखते हुए ही भारतीय 'व्यावहारिक प्रशिक्षण' हासिल कर सकते थे।

'स्वशासन' का लक्ष्य निर्धारित कर गोपाल कृष्ण ने एक राजनीतिक कार्यक्रम तैयार किया और उसे क्रियान्वित करने के लिए जरूरी उपाय भी बताए। उनके राजनीतिक कार्यक्रम में कई तरह के सुधार शामिल थे। इन सुधारों को चार वर्गों में विभाजित किया जा सकता है—

1. ऐसे सुधार, जिनका लक्ष्य था प्रशासन में जनता की अधिक भागीदारी और अधिक नियंत्रण सुनिश्चित करना। इनमें शामिल थे—विधानमंडल में सुधार, भारत

में राज्य की परिषद् और कार्यकारी परिषदों में सचिव के पद पर भारतीयों की नियुक्ति तथा देश की लोक सेवा में धीरे-धीरे यूरोपीय एजेंसी की जगह भारतीय को विकल्प बनाना।

2. ऐसे सुधार, जिनका लक्ष्य था प्रशासन की विधियों को बेहतर बनाना, जैसे कार्यपालिका से न्यायपालिका को अलग करना, पुलिस-तंत्र में सुधार और इसी तरह के अन्य प्रस्ताव।

3. ऐसे सुधार, जिनमें वित्तीय प्रणाली में बदलाव का प्रस्ताव रखा गया था, ताकि करदाताओं पर बोझ को कम किया जा सके और उपलब्ध संसाधनों का अधिक कारगर तरीके से इस्तेमाल किया जा सके। इसके अंतर्गत सैन्य व्ययों में कटौती करने, भूमि आकलन को कारगर बनाने जैसे सुझाव दिए गए थे।

4. ऐसे सुधार, जिनके जरिए आम जनता के हालात को सुधारने के उपाय बताए गए थे। इसके अंतर्गत प्राथमिक शिक्षा का प्रचार-प्रसार, औद्योगिक एवं तकनीकी विकास, स्वच्छता का विकास करने के लिए अनुदान, किसानों को ऋण मुक्त बनाने का प्रयास आदि सुझाव शामिल थे। गोपाल कृष्ण मानते थे कि अगर भारतीय अपनी सामूहिक ऊर्जा का प्रयोग ऐसे प्रस्तावों को लागू करने के लिए करेंगे तो जल्द ही सकारात्मक परिणाम सामने आएँगे। बनारस कांग्रेस अधिवेशन (1905) के अध्यक्षीय भाषण में गोपाल कृष्ण ने उम्मीद जाहिर की कि कांग्रेस आंदोलन शुरू होने के बाद पहली बार इंग्लैंड में जो प्रगतिवादी और उदारवादी दल सत्ता में आ रहा था, उसकी वजह से संकीर्ण और आक्रामक साम्राज्यवाद के विरुद्ध तीव्र जनमत तैयार होनेवाला था। इसी उम्मीद से प्रेरित होकर उन्होंने कांग्रेस के मंच से एक कार्यक्रम को प्रस्तावित किया था।

अपने राजनीतिक लक्ष्य और कार्यक्रम को अमल में लाने के लिए गोपाल कृष्ण ने जो उपाय बताए, वे अनिवार्य रूप से संवैधानिक थे। उनके अनुसार देशवासियों की राजनीतिक आकांक्षाओं की पूर्ति करने के लिए संविधान-सम्मत आंदोलन एक मात्र रास्ता था। संविधान-सम्मत आंदोलन का प्रारंभिक आशय प्रार्थना एवं अरजी थी। लेकिन अंतिम हथियार के रूप में शांत प्रतिरोध के उपाय से उन्होंने इनकार नहीं किया था।

□

आरंभिक जीवन

गोपाल कृष्ण का जन्म पुरानी बंबई प्रेसिडेंसी के रत्नगिरि जिले के कोतलुक गाँव में 9 मई, 1866 को हुआ था। गोखले परिवार उसी जिले के वेलेनेश्वर गाँव से आकर कोतलुक में बसा था। उनके पूर्वज आर्थिक कारणों से पड़ोस के गाँव तमहनमाला में बस गए थे।

गोखले परिवार के पास अच्छी-खासी जमीन थी, जिसकी ठीक से देखभाल की जाती थी। लेकिन रत्नगिरि जिले के खेत उपजाऊ नहीं थे, चूँकि यह पहाड़ी जिला था। हर साल अधिक वर्षा होने पर ज्यादातर पानी समुद्र में चला जाता था और साल भर किसानों को सिंचाई की समस्या का सामना करना पड़ता था। समुद्रतटीय जिला होने के कारण रत्नगिरि प्राकृतिक रूप से मनोरम क्षेत्र था। यहाँ आम, नारियल, काजू और कटहल जैसे फलों का काफी उत्पादन होता था। उस जमाने में आवागमन के साधन नहीं थे।

गोपाल कृष्ण मध्यवर्ग के परिवार में पैदा हुए थे। चित्तपावन ब्राह्मण होने के नाते उनके परिवार का आदर्श था—जो मिला है उसी में संतोष करना चाहिए। चित्तपावन ब्राह्मणों के बारे में माना जाता है कि वे व्यावहारिक, महत्त्वाकांक्षी, उद्यमी और प्रभावशाली व्यक्तित्व के धनी होते हैं। यही कारण है कि संख्या में कम होने के बावजूद विभिन्न क्षेत्रों में इन ब्राह्मण परिवारों में जनमे व्यक्ति अग्रणी भूमिका निभाते रहे हैं। महाराष्ट्र पर सौ वर्ष तक शासन करनेवाला पेशवा परिवार चित्तपावन ब्राह्मण ही था। रत्नगिरि जिले में ऐसे कई जननेता पैदा हुए, जिन्होंने महाराष्ट्र और समूचे भारत में अपनी पहचान बनाई।

कोल्हापुर राज्य की रियासत कागल में गोपाल कृष्ण के पिता कृष्णराव

नौकरी करते थे। पहले वे क्लर्क थे और बाद में सब-इंस्पेक्टर बन गए। उस जमाने में वेतन कम मिलता था। कृष्णराव की पत्नी कोतलुक की थीं और ओक परिवार से संबंधित थीं। इस दंपती की छह संतानें थीं, जिनमें दो पुत्र थे। बड़े बेटे का नाम गोविंद और छोटे का नाम गोपाल था। गोपाल कृष्ण को निस्स्वार्थ भाव से कार्य करने की प्रेरणा अपने परिवार से मिली थी। अपने वंश के इस गुण की उन्होंने रक्षा की और इसी के आधार पर अपने जीवन का मार्ग प्रशस्त किया।

आरंभिक वर्षों में गोपाल कृष्ण के स्कूली जीवन और घर पर हासिल की गई शिक्षा के संबंध में अधिक विवरण उपलब्ध नहीं है। उनकी माता पढ़ी-लिखी नहीं थीं। उस जमाने में निरक्षर होना स्वाभाविक है। इसके बावजूद उनकी माता विदुषी और परंपरागत ज्ञान से समृद्ध थीं। रामायण और महाभारत की कथाएँ उनकी जुबान पर रहती थीं। संतों के भजन गाया करती थीं। सुबह और शाम ईश्वर की भक्ति में डूबे भजन गोपाल कृष्ण के घर में गाए जाते थे। बचपन में ऐसे धार्मिक माहौल का गोपाल कृष्ण पर गहरा प्रभाव पड़ा।

जिस घर में गोपाल कृष्ण का जन्म हुआ, जिस स्कूल में उन्होंने आरंभिक शिक्षा प्राप्त की, जिन शिक्षकों ने उन्हें पढ़ाया, जो छात्र स्कूल में उनके साथ पढ़ते थे—इन सब पहलुओं की विस्तृत जानकारी उपलब्ध नहीं है। उनके जीवनीकारों ने सिर्फ यही उल्लेख किया है कि कागल में उन्होंने आरंभिक शिक्षा प्राप्त की। स्कूली जीवन का एक प्रसंग कई बार उद्धृत जरूर हुआ है। एक दिन शिक्षक ने सभी बच्चों को गणित का एक सवाल हल करने के लिए दिया। सभी बच्चों का जवाब गलत था मगर गोपाल कृष्ण का जवाब सही था। शिक्षक ने गोपाल कृष्ण से कक्षा में खड़ा होने के लिए कहा और उनकी सराहना की। सराहना से खुश होने की जगह गोपाल कृष्ण रोने लगे। जब उनसे रोने का कारण पूछा तो उन्होंने स्वीकार किया कि गणित के सवाल को उन्होंने खुद हल नहीं किया था, बल्कि किसी और ने हल किया था।

1874-75 में गोपाल कृष्ण को अपने बड़े भाई गोविंद के साथ आगे की पढ़ाई करने के लिए कोल्हापुर भेज दिया गया। कोल्हापुर रियासत की राजधानी थी और कागल इसके नजदीक था। उस जमाने में कोल्हापुर जैसे बड़े शहरों में ही अंग्रेजी माध्यम के स्कूल थे।

जब दोनों भाई कोल्हापुर में थे, तभी पिता के देहावसान की खबर आई।

उस समय गोपाल कृष्ण 13 वर्ष के और उनके भाई गोविंद 18 वर्ष के थे। मध्यवर्गीय परिवार में कमाऊ सदस्य की मौत का अर्थ था, दोनों भाइयों की पढ़ाई बंद हो जाना। लेकिन गोपाल कृष्ण के चाचा अंताजी, उनकी माँ और चार बहनों को अपने साथ तुमहनमाला ले गए। अंताजी स्वयं गरीब थे और मुश्किल से अपने परिवार का भरण-पोषण कर पाते थे। कुछ महीने उनके साथ रहने के बाद गोपाल कृष्ण की माता अपनी बेटियों के साथ कागल लौट आईं और संघर्ष करते हुए जीने का फैसला किया। बदले हुए हालात में बड़े भाई गोविंद ने पढ़ाई छोड़कर नौकरी करने का फैसला किया और तय किया गया कि गोपाल कृष्ण कोल्हापुर में अपनी पढ़ाई जारी रखेंगे। परिवार की अच्छी प्रतिष्ठा होने के कारण गोविंद को कागल में 15 रुपए प्रतिमाह तनख्वाह की नौकरी मिल गई। इतनी कम तनख्वाह से गोविंद के लिए परिवार का भरण-पोषण एवं भाई की पढ़ाई का खर्च उठाना कठिन था। गोविंद ने कोल्हापुर में गोपाल कृष्ण के रहने-खाने व पढ़ाई के खर्च के लिए हर महीने 8 रुपए भेजने का निर्णय लिया। इस तरह परिवार को काफी कठिनाइयों के दौर से गुजरना पड़ रहा था। गोपाल कृष्ण अपने बड़े भाई के आत्मत्याग को महसूस कर रहे थे। उनके मन में जीवन का लक्ष्य प्राप्त करने का संकल्प मजबूत हो गया था।

गोपाल कृष्ण प्रति माह 4 रुपए भोजन के लिए खर्च करते थे और बाकी 4 रुपए से फीस, पुस्तकें तथा कपड़ों का इंतजाम कर लेते थे। वे अपने परिवार के अभाव को जानते थे, इसीलिए किसी भी हालत में फिजूलखर्ची से दूर रहते थे।

एक दिन उनके एक सहपाठी ने उनसे नाटक देखने के लिए अपने साथ चलने के लिए कहा। गोपाल कृष्ण जाने के लिए तैयार हो गए और नाटक देखकर वापस आ गए। एक-दो दिन बाद उस सहपाठी ने उनसे नाटक के टिकट के पैसे माँगे। गोपाल कृष्ण अवाक् रह गए। अगर उन्हें पता होता कि नाटक देखने की कीमत चुकानी पड़ेगी तो वे नाटक देखने के लिए हरगिज नहीं जाते। लेकिन स्वाभिमान को बचाना जरूरी था। उन्होंने बिना विरोध जताए सहपाठी को दो आना दे दिए। इस फिजूलखर्ची की भरपाई करने के लिए उन्होंने केरोसिन बचाने का निश्चय किया। वे शाम के वक्त सड़क पर निकलकर स्ट्रीट लाइट की रोशनी में पढ़ाई करने लगे।

15 वर्ष की आयु में गोपाल कृष्ण ने मैट्रिक परीक्षा उत्तीर्ण की। लेकिन इससे

पहले ही उनका विवाह कर दिया गया। उस जमाने में कम उम्र में ही विवाह करने का प्रचलन था।

युवा गोपाल कृष्ण ने पहले ही प्रयास में प्रवेशिका परीक्षा उत्तीर्ण कर ली थी। हालाँकि उन्हें कोई छात्रवृत्ति नहीं मिली थी। न ही उनका नाम सफल छात्रों की सूची में दर्ज था। सबसे अधिक उल्लेखनीय बात यही थी कि कम उम्र में ही उन्होंने परीक्षा उत्तीर्ण कर ली थी। हालाँकि उनके मन में उच्च शिक्षा के लिए आकांक्षा और क्षमता थी; लेकिन वे सोच रहे थे कि अगर उनकी उच्च शिक्षा के लिए उनके परिवार को अभाव का सामना करना पड़ेगा तो यह उचित नहीं होगा। गोपाल कृष्ण ने नौकरी करने की इच्छा जाहिर की, ताकि परिवार की तकलीफों का बोझ हलका किया जा सके। लेकिन गोविंद और उनकी पत्नी ने गोपाल कृष्ण की बात नहीं मानी। गोविंद की पत्नी ने गोपाल कृष्ण की उच्च शिक्षा के लिए अपने सारे जेवर बेचने का प्रस्ताव रखा। यह देश गोविंद और उनकी पत्नी के प्रति आभारी रहेगा, जिन्होंने गोपाल कृष्ण को राष्ट्र की सेवा के योग्य बनाने के लिए आत्मत्याग करते हुए अवसर प्रदान किया। जनवरी 1882 में गोपाल कृष्ण ने कोल्हापुर के राजाराम कॉलेज में दाखिला लिया। वे एक शरमीले छात्र थे। कॉलेज में उनकी गतिविधियों के बारे में अधिक विवरण उपलब्ध नहीं हैं। वे जागरूक छात्र थे, मगर असामान्य मेधावी छात्र नहीं थे।

अपनी अद्‌भुत स्मृतिशक्ति के कारण जल्द ही गोपाल कृष्ण कॉलेज में मशहूर हो गए थे। श्रीनिवास शास्त्री ने एक प्रसंग का उल्लेख किया है—''अकसर वे अपने किसी सहपाठी के हाथ में पाठ्य-पुस्तक थमा देते थे और याद किया पाठ दोहराने लगते थे। शर्त लगी रहती थी कि अगर एक शब्द की भी चूक होगी तो वे प्रत्येक चूक के लिए एक आना देंगे, मगर कोई भी सहपाठी उनकी चूक पकड़ नहीं पाता था।''

उस जमाने के युवा जिस तरह अंग्रेजी भाषा में पारंगत होना चाहते थे, उस तरह अंग्रेजी का ज्ञान हासिल करने की उनकी महत्त्वाकांक्षा नहीं थी, लेकिन वे गहराई के माथ अंग्रेजी का अध्ययन करते थे। अंग्रेजी पाठ को पूरी तरह याद कर लेते थे। बिना कोई चूक किए वे समूचा अध्याय मुँहजबानी सुना सकते थे। उनके कुछ सहपाठी उन्हें तोता कहकर छेड़ते थे, लेकिन वे किसी की परवाह नहीं करते थे।

राजाराम कॉलेज में उन्होंने पहले वर्ष की पढ़ाई 1882 में पूरी की। दूसरे वर्ष का पाठ्यक्रम पूरा करने के लिए उन्हें पूना के कॉलेज में जाना पड़ा। पूना में वे कुछ दिन ही रहे, चूँकि जल्द ही राजाराम कॉलेज ने दूसरे वर्ष के पाठ्यक्रम की पढ़ाई शुरू कर दी। उन्होंने बी.ए. पाठ्यक्रम के पहले वर्ष की पढ़ाई कोल्हापुर में पूरी की और फिर अंतिम परीक्षा देने के लिए बंबई के एलफिंस्टन कॉलेज में गए। गणित उनका वैकल्पिक विषय था। उन्होंने द्वितीय श्रेणी में परीक्षा उत्तीर्ण की। यह सन् 1884 की बात है।

1880 में पूना में विष्णु शास्त्री चिपलूणकर ने न्यू इंगलिश स्कूल की स्थापना की थी। अगले वर्ष चिपलूणकर, तिलक, अगरकर और अन्य युवाओं ने मराठी में 'केसरी' और अंग्रेजी में 'महारत्ता' नामक साप्ताहिक पत्रों का प्रकाशन शुरू किया। 8 जनवरी, 1882 को कोल्हापुर के दीवान बार्वे के खिलाफ कुछ पत्र प्रकाशित हुए। केसरी में भी बार्वे की आलोचना की गई। अंत में पता चला कि दीवान के खिलाफ लिखे गए पत्र फर्जी थे, इसीलिए मानहानि के आरोप में तिलक और अगरकर को चार-चार महीने के कारावास की सजा हुई। जनता की सहानुभूति दोनों संपादकों के साथ थी और उनकी मदद के लिए एक कोष बनाया गया था। विद्यार्थी चंदा जुटाने लगे। न्यू इंगलिश स्कूल और दक्कन कॉलेज के छात्रों ने कोष के लिए 400 रुपए जुटाए। कोल्हापुर का राजाराम कॉलेज भी इस मामले में पीछे नहीं रहना चाहता था। कॉलेज के छात्रों ने कोष में मदद करने के लिए शेक्सपीयर के नाटक 'कॉमेडी ऑफ इटर्स' का मंचन किया। अतिरिक्त गतिविधियों से दूर रहनेवाले गोपाल कृष्ण नाटक में एक भूमिका निभाने के लिए तैयार हो गए। राजनीतिक उद्देश्यों के प्रति हमदर्दी जताते हुए उन्होंने पहली बार किसी सार्वजनिक कार्यक्रम में भागीदारी की थी।

अंतिम वर्ष की परीक्षा की पढ़ाई करने के लिए बंबई जाने पर गोपाल कृष्ण प्रोफेसर हॉथर्नवेट से काफी प्रभावितं हुए, जो गणित के मशहूर शिक्षक और सच्चे मार्गदर्शक थे। अंग्रेजी के प्रोफेसर डॉ. वर्ल्डस पर्थ का भी काफी नाम था। इन दोनों अंग्रेज शिक्षकों का गोपाल कृष्ण पर गहरा प्रभाव पड़ा। दोनों शिक्षक गोपाल कृष्ण की प्रतिभा से प्रभावित हुए बिना नहीं रह सके। गोपाल कृष्ण को मासिक 20 रुपए की छात्रवृत्ति मिलने लगी।

1884 में केवल 18 वर्ष की आयु में गोपाल कृष्ण को बी.ए. की डिग्री मिल

गई थी, जो उन दिनों बहुत बड़ी उपलब्धि समझी जाती थी। अब उनके सामने कई विकल्प थे। क्या उन्हें एम.ए. की पढ़ाई के लिए दाखिला लेना चाहिए? क्या उन्हें सरकारी नौकरी करनी चाहिए? क्या उन्हें कानून की पढ़ाई कर वकील बन जाना चाहिए? उनके कुछ मित्रों ने सुझाव दिया कि उन्हें इंग्लैंड जाकर आई.सी.एस. की प्रतियोगी परीक्षा में शामिल होना चाहिए। मित्रों ने यात्रा व्यय के लिए कर्ज जुटाने का भी आश्वासन दिया, मगर गोपाल कृष्ण को यह विचार पसंद नहीं आया। हो सकता है उन्होंने खुद को इस चुनौती के योग्य नहीं समझा हो या फिर उन्हें वह नौकरी पसंद न हो। उन्होंने इंजीनियरिंग कॉलेज में दाखिला ले लिया। लेकिन कॉलेज में मेधावी सहपाठियों को देखकर उन्हें हिचकिचाहट महसूस होने लगी। उन्होंने कक्षा में जाना बंद कर दिया। सामान्य एम.ए. की डिग्री में उन्हें कोई आकर्षण नजर नहीं आया। उन्होंने वकालत पढ़ने के बारे में सोचा। उस जमाने में वकीलों को सामाजिक प्रतिष्ठा मिलने के साथ-साथ अच्छी कमाई भी होती थी। कानून की पढ़ाई करने पर हाईकोर्ट में न्यायाधीश बनने का विकल्प भी खुला रहता था, जो उस जमाने में भारतीयों के लिए सबसे ऊँचा पद माना जाता था। देश की सेवा करने के लिए गोपाल कृष्ण कानून की पढ़ाई को उचित मान रहे थे।

पूना के दक्कन कॉलेज में गोपाल कृष्ण कानून की पढ़ाई करने लगे, मगर उन्हें आत्मत्याग करनेवाले अपने परिवार की चिंता सता रही थी। परिवार अच्छे दिन लौटने के लिए कब तक इंतजार कर सकता था? उन्हें लगा कि परिवार के दायित्व को निभाने के लिए उपार्जन करना आवश्यक है। इसीलिए उन्होंने पूना के न्यू इंगलिश स्कूल में 35 रुपए मासिक तनख्वाह पर शिक्षक की नौकरी के प्रस्ताव को स्वीकार कर लिया।

□

जीवन-संग्राम की तैयारी

गोपाल कृष्ण के जीवन पर पूना के घटनाक्रम का गहरा प्रभाव पड़ा। जब उन्होंने शिक्षण का पेशा चुनने का फैसला किया था, तब सामाजिक-राजनीतिक घटनाक्रम के परिप्रेक्ष्य में अपनी भूमिका के बारे में उन्होंने विचार नहीं किया था। लेकिन धीरे-धीरे पूना के घटनाक्रम के साथ वे भी जुड़ते चले गए। देश की जरूरत को समझते हुए जिस तरह न्यू इंगलिश स्कूल के उनके सहकर्मी अपने-अपने दायित्व का निर्वाह करना चाहते थे, उसी तरह गोखले ने भी मन-ही-मन राष्ट्र की सेवा का संकल्प ले लिया था।

जिस स्कूल में वे अध्यापन कर रहे थे, वह कोई मामूली स्कूल नहीं था। यह वैसा स्कूल नहीं था, जहाँ केवल सरकारी क्लर्कों का निर्माण किया जाता हो। इसके विपरीत, जो स्कूल के संस्थापक थे, वे चाहते थे कि स्वाभिमानी, ज्ञानी और समर्पित युवाओं का निर्माण किया जाए। एक ऐसी ही शैक्षणिक संस्था में गोपाल कृष्ण 15 वर्षों तक अध्यापन करते रहे।

इस स्कूल के निर्माता विष्णु शास्त्री चिपलूणकर थे। वे पूना के निवासी थे और उन्होंने स्नातक की पढ़ाई की थी। सरकारी शिक्षक के रूप में उनका तबादला पूना से रत्नगिरि किया गया था। उन्हें वेतन के रूप में हर महीने 100 रुपए मिलते थे। उस जमाने में यह अच्छा वेतन माना जाता था। वे 'निबंधमाला' नामक पत्रिका का संपादन करते थे, जिसमें विचारोत्तेजक निबंधों का प्रकाशन किया जाता था। यह पत्रिका शिक्षित वर्ग में लोकप्रिय थी। अपने एक निबंध 'आमच्या देशाची स्थिति' (हमारे देश की स्थिति) में उन्होंने स्पष्ट शब्दों में लिखा था कि देश में नई जान फूँकने के लिए शिक्षा का प्रचार-प्रसार करना आवश्यक था। निबंध के कुछ

हिस्से को आपत्तिजनक मानते हुए सरकार ने उस पर प्रतिबंध लगा दिया था। चिपलूणकर ने नौकरी से त्यागपत्र दे दिया और पूना में स्कूल की स्थापना करने का निश्चय किया। जनवरी 1880 में न्यू इंगलिश स्कूल की स्थापना हुई।

दक्कन कॉलेज में अध्ययन करते हुए तिलक और अगरकर भी इसी तरह की बातें सोच रहे थे। उनका मानना था कि जब भारत के लोगों को आधुनिक विज्ञान, कला एवं विचारधारा की शिक्षा दी जाएगी, तभी भारत स्वतंत्र हो पाएगा। तिलक ने लिखा है—"वे अगरकर के साथ देश की बदहाली के बारे में सोचते हुए इस नतीजे पर पहुँचे थे कि शिक्षा पर ही देश की उन्नति निर्भर करती है। तिलक और अगरकर ने चिपलूणकर के स्कूल में काम करने की इच्छा जाहिर की। कुछ लोगों ने उनका मजाक उड़ाया। लेकिन विद्यार्थी वर्ग में नई चेतना पैदा हो रही थी। चिपलूणकर ने कहा था—"अन्याय के सामने सिर झुकाने की जगह मैं बेड़ियों को हमेशा के लिए तोड़ना पसंद करूँगा।" उनके आह्वान का प्रभाव नई पीढ़ी पर पड़ रहा था। नए-नए छात्र स्कूल में दाखिला लेने के लिए आ रहे थे। लेकिन सरकार स्कूल पर नजर रख रही थी। स्वागत भाषण में चिपलूणकर स्कूल के उद्देश्य की व्याख्या करते समय संयम से काम लेते थे। वे सिर्फ इतना कहते थे कि उनके स्कूल का उद्देश्य समाज के सभी तबके के विद्यार्थियों को शिक्षा उपलब्ध कराना है। चिपलूणकर, तिलक और नामजोशी स्कूल में पढ़ाने लगे। अगरकर शुरू-शुरू में स्कूल में शामिल नहीं हुए, चूँकि वे एम.ए. की पढ़ाई पूरी करना चाहते थे। उन्होंने इसके लिए कुछ समय माँगा।

नए उपक्रम को सफल बनाने के लिए मेहनत और त्याग की आवश्यकता थी। उत्साही युवाओं का वेतन 30 रुपए से लेकर 35 रुपए तक प्रति माह निर्धारित किया गया। उन्होंने तय किया कि अधिक रकम जमा होने पर वे महाराष्ट्र के दूसरे हिस्सों में भी स्कूलों की स्थापना करेंगे, मगर अपने वेतन को नहीं बढ़ाएँगे। इस तरह त्याग के जिस आदर्श की वे बात करते थे, उसी आदर्श पर स्वयं अमल भी करते थे। पूना में सबसे पहले इस तरह का प्रयोग किया जा रहा था। मार्च 1885 में फर्गुसन कॉलेज की स्थापना की गई। उसी साल भारतीय राष्ट्रीय कांग्रेस की स्थापना हुई थी।

गोपाल कृष्ण की नियुक्ति न्यू इंग्लिश स्कूल में सहायक शिक्षक के पद पर 35 रुपए प्रति माह वेतन के आधार पर हुई थी। यह रकम उनके विशाल परिवार

के गुजारे के लिए काफी कम थी। उन्होंने एक शिक्षक मित्र के साथ मिलकर लोक सेवा परीक्षा की तैयारी करनेवाले छात्रों के लिए कोचिंग शुरू कर दी। इस तरह गोपाल कृष्ण अतिरिक्त 35 रुपए प्रति माह का उपार्जन करने लगे। 18 वर्षीय स्नातक शिक्षक कुल 70 या 75 रुपए हर माह कमा रहा था, जो उस जमाने में अच्छी कमाई मानी जाती थी। समय बचाकर वे कानून की कक्षा में भी भाग लेते थे। इस तरह उन्होंने कानून की पहली परीक्षा उत्तीर्ण कर ली। चूँकि पूना में कानून की उच्च शिक्षा का इंतजाम नहीं था, इसलिए सप्ताहांत में वे बंबई जाकर लॉ कॉलेज में पढ़ाई करते थे। उनके भीतर वकील बनने की प्रबल इच्छा थी, लेकिन हालात की वजह से वे कानून की पढ़ाई को जारी नहीं रख सके।

जिस माहौल में गोपाल कृष्ण रह रहे थे, उसका गहरा प्रभाव उनके ऊपर पड़ने लगा था। उनका परिचय तिलक और अगरकर जैसे जोशीले युवाओं से हुआ, जो दिल से अपने देश को चाहते थे। परवर्ती घटनाओं से स्पष्ट होता गया कि गोपाल कृष्ण के व्यक्तित्व पर तिलक की तुलना में अगरकर का प्रभाव ज्यादा पड़ा। तिलक की जगह अगरकर ही थे, जिन्होंने उनसे स्कूल प्रबंधन का आजीवन सदस्य बनने और अपने साथ आने का अनुरोध किया था। शुरू में गोपाल कृष्ण हिचकिचाए थे। ऐसा नहीं था कि उनकी इच्छा नहीं थी। उन्हें चिंता थी कि बड़े भाई को ऐतराज हो सकता था। बड़े भाई ने जब इजाजत दे दी तो 1886 में गोपाल कृष्ण प्रबंधन में शामिल हो गए। इस तरह उनके भविष्य की बुनियाद रखी गई।

1885 में गोपाल कृष्ण ने कोल्हापुर में पहली बार सार्वजनिक भाषण दिया था। उस सभा की अध्यक्षता विलियम ली वार्नर ने की थी। उनके भाषण का विषय था—'ब्रिटिश शासन के तहत भारत।' फर्राटे के साथ अंग्रेजी में भाषण देते हुए गोपाल कृष्ण ने जिस तरह तथ्यों को सामने रखा, उससे श्रोता मंत्रमुग्ध हो उठे थे। वार्नर ने उनके भाषण की भूरि-भूरि प्रशंसा की थी।

शिक्षक के रूप में गोपाल कृष्ण ने कोई असाधारण पहचान नहीं बनाई। वे चौथी और पाँचवीं कक्षा के विद्यार्थियों को अंग्रेजी पढ़ाते थे। यह जरूरी नहीं कि एक सफल विद्वान् व्यक्ति सफल अध्यापक भी हो। लेकिन गोपाल कृष्ण अत्यंत मेहनती और लगनशील व्यक्ति थे। कक्षा के लिए वे काफी तैयारी करते थे। वे पढ़ाते समय पाठ्य-पुस्तकों का सहारा नहीं लेते थे। लेकिन जब वे कविताओं की व्याख्या करते थे तो बच्चे ठीक से समझ नहीं पाते थे। उन्हें लगता था कि उनके

शिक्षक ऐसे कठिन अंग्रेजी शब्दों को पसंद करते हैं, जिन्हें हर कोई समझ नहीं सकता। छात्र अपने पाठ का सरल अर्थ समझना चाहते थे, जबकि गोपाल कृष्ण उन्हें पाठ के मर्म से अच्छी तरह परिचित करवाना चाहते थे।

फर्गुसन कॉलेज में अध्यापन करते समय उन्हें साउथी की रचना 'लाइफ ऑफ नेलसन' पढ़ानी थी। भारतीय छात्रों को यह रचना ठीक से पढ़ाना सहज नहीं था, क्योंकि इसमें समुद्र, जहाज और नौसैनिक के जीवन का वर्णन था। गोपाल कृष्ण बंबई गए और समुद्र तट पर जहाजों में जाकर वहाँ के जीवन को गहराई से देखा, ताकि रचना को ठीक से पढ़ा सकें।

अध्यापन के पेशे में पहले साल ही गोपाल कृष्ण ने अंग्रेजी भाषा पर महारत हासिल करने का निश्चय कर लिया था। धीरे-धीरे श्रेष्ठ साहित्यकारों की रचनाओं को वे मुँहजबानी याद करते गए। उन्होंने मिल्टन की रचना पैराडाइज लॉस्ट, बुरके, लैडस्टोन, जॉन ब्राइट और अन्य ब्रिटिश वक्ताओं तथा सांसदों के भाषणों को रट लिया था। वे किसी एकांत स्थान में बैठकर रटे हुए भाषण को दोहराते थे और ऐसा करते हुए शायद ही उनसे कोई चूक होती थी। इसी तरह अंग्रेजी पत्रों के संपादकीय को भी वे रट लेते थे। फर्गुसन कॉलेज श्रेष्ठ परंपरा विकसित कर रहा था और विभिन्न क्षेत्रों से छात्र पढ़ने के लिए आ रहे थे। कॉलेज में योग्य अध्यापक पढ़ा रहे थे। गोपाल कृष्ण स्वयं को बेहतर अध्यापक बनाना चाहते थे और इसके लिए वे सतत प्रयत्न भी करते थे।

स्वयं को प्रशिक्षित करने की विधि से गोपाल कृष्ण को काफी सहायता मिली। अपने ज्ञान और विश्लेषण की क्षमता को बढ़ाने के लिए उन्होंने साहित्य और उदारतावाद का अध्ययन किया। इस तरह के अध्ययन से उन्हें भावी जीवन में एक जननेता बनने में काफी सहायता मिली।

न्यू इंगलिश स्कूल में गोपाल कृष्ण अंग्रेजी के अलावा जरूरत पड़ने पर गणित तथा अन्य विषय भी पढ़ाया करते थे। 1886-87 में, कक्षा में अंकगणित पढ़ाते समय उन्हें विचार सूझा कि इस विषय पर एक पाठ्य-पुस्तक लिखी जानी चाहिए। उन दिनों और बाद में भी फर्गुसन कॉलेज के अध्यापकों से न्यू इंगलिश स्कूल में भी पढ़ाने के लिए कहा जाता था। गोपाल कृष्ण ने गणित के अनुभवी शिक्षक एन.जे. बापत से विचार-विमर्श किया और दोनों ने मिलकर एक पाठ्य-पुस्तक की रचना की। गणित के प्रोफेसर तिलक को गोपाल कृष्ण ने पाठ्य-

पुस्तक दिखाई। तिलक को पुस्तक पसंद आई और उन्होंने प्रकाशन के लिए प्रकाशक की खोज करने के लिए कहा। छपने से पहले ही इस पुस्तक को न्यू इंगलिश स्कूल के लिए पाठ्य-पुस्तक के रूप में मान्यता दे दी गई। यह पुस्तक उपयोगी और लोकप्रिय साबित हुई, जिसे देश के कई स्कूलों में अपनाया। पुस्तक के कई संस्करण प्रकाशित हुए और इसकी धुआँधार ब्रिकी हुई। गोपाल कृष्ण को प्रतिवर्ष रॉयल्टी के रूप में प्रकाशक 1500 रुपए देने लगा। पहले यह पुस्तक अंग्रेजी में प्रकाशित हुई। बाद में इसका अन्य भाषाओं में अनुवाद किया गया।

धीरे-धीरे गोपाल कृष्ण का जीवन पटरी पर आ गया, मगर स्कूल को चलानेवाली संस्था की स्थिति ठीक नहीं थी। जब से गोपाल कृष्ण ने संस्था की सदस्यता ली थी, तबसे कुछ-न-कुछ समस्याएँ सामने आती रही थीं। महाराष्ट्र के जीवन और परोक्ष रूप से भारत पर प्रभाव डालनेवाली इस आरंभिक संस्था के विरोधी प्रवाह तथा अंतर्प्रवाह को समझने की जरूरत है। स्कूल के संस्थापक विष्णु शास्त्री चिपलूणकर का असामयिक निधन 32 वर्ष की उम्र में 17 मार्च, 1882 को हो गया। जुलाई 1882 में कोल्हापुर के दीवान की मानहानि के आरोप में अगरकर और तिलक को चार महीने के कारावास की सजा हुई। 24 अक्तूबर, 1884 को दक्कन एजुकेशन सोसाइटी का गठन किया गया। 22 जनवरी, 1885 को फर्गुसन कॉलेज का उद्घाटन किया गया। 4 अक्तूबर, 1890 को तिलक ने सोसाइटी की आजीवन सदस्यता से त्यागपत्र दे दिया। दक्कन एजुकेशन सोसाइटी के इतिहास की ये महत्त्वपूर्ण तारीखें हैं। तिलक और गोखले अखिल भारतीय स्तर के नेता बने और दोनों ने इस देश के भाग्य को लिखने में महत्त्वपूर्ण भूमिका निभाई। लेकिन दोनों के बीच वैचारिक मतभेद था, जो शुरू के दौर में ही उनके आपसी संबंधों में प्रतिबिंबित होने लगा था।

छात्र जीवन में और सोसाइटी की स्थापना के बाद तिलक और अगरकर को अभिन्न साथी माना जाता था। दोनों ने राष्ट्र की स्वाधीनता के लिए संघर्ष करने का संकल्प लिया था। अगरकर राजनीतिक परिवर्तन के लिए समाज सुधार पर जोर दे रहे थे। दूसरी ओर समाज सुधार पर विरोध किए बिना तिलक मानते थे कि राजनीतिक स्वतंत्रता हासिल करने के बाद समाज को सुधारना चाहिए। दोनों ने एक अन्य मित्र के साथ मिलकर 'केसरी' और 'महारत्ता' का प्रकाशन शुरू किया। तिलक 'केसरी' निकालते थे और अगरकर 'महारत्ता'। कई बार दोनों पत्रों में

परस्पर विरोधी विचार प्रकाशित होने लगे। दोनों के बीच मतभेद बढ़ता गया।

तिलक और अगरकर त्याग एवं आत्मबलिदान के आदर्शों पर कदम बढ़ा रहे थे। लेकिन आदर्श को लागू करने के तरीके को लेकर दोनों के बीच मतभेद पैदा हो गया। आदर्श और व्यवहार के बीच सटीक संतुलन कायम करना जरूरी था। 1890 में लिखे गए अपने यादगार त्यागपत्र में तिलक ने इस विषय की चर्चा की है। उन्होंने लिखा कि बदलाव के लिए उन्होंने कई बार सुझाव दिए, मगर उन पर गौर नहीं किया गया। उन्होंने वेतन और उपार्जन के बारे में भी सवाल उठाए। क्या सोसाइटी के आजीवन सदस्य को बाहर कमाई करनी चाहिए और इस तरह अपनी ऊर्जा नष्ट करनी चाहिए? इस तरह बाहर कार्य करने से क्या उसका अध्यापन कार्य प्रभावित नहीं होगा। इस तरह के कई सवालों को उन्होंने प्रस्तुत किया।

तिलक का तर्क था कि शिक्षकों के बीच किसी तरह का भेदभाव नहीं होना चाहिए। शिक्षकों को 75 रुपए मासिक वेतन, 400 रुपए वार्षिक भत्ता और 3000 रुपए की जीवन बीमा पॉलिसी देने का प्रावधान था। वही आजीवन सदस्य को जीवनपर्यंत वेतन देने का प्रावधान था। तिलक का मानना था कि सभी शिक्षक एक ही अभियान से जुड़े हैं, इसीलिए उनके बीच किसी तरह का भेदभाव नहीं होना चाहिए।

गलतफहमियों की वजह से गंभीर मतभेद उत्पन्न हुए। अपने त्यागपत्र में तिलक ने लिखा—''इन कठिनाइयों से बचने के लिए जरूरी है कि शिक्षक बाहर कार्य करना बंद कर दें या ऐसा नियम बनाया जाए कि बाहरी उपार्जन सामूहिक कोष में जमा किया जाएगा, जैसा मिशनरी सोसाइटियों में किया जाता है।'' तिलक ने लिखा कि नए सदस्य आजीवन सदस्यता का इस्तेमाल निजी महत्त्वाकांक्षाओं की पूर्ति के लिए कर सकते हैं।

एक और घटना से तिलक के इस्तीफे की पृष्ठभूमि को समझा जा सकता है। जब गोपाल कृष्ण ने सार्वजनिक सभा के सचिव का पद स्वीकार करने का फैसला किया, तब मतभेद की नौबत आ गई। 25 जुलाई, 1890 को तिलक ने दक्कन एजुकेशन सोसाइटी के सचिव को पत्र लिखकर बैठक बुलाने का प्रस्ताव रखा। पत्र में उन्होंने लिखा—''मैं जानता हूँ कि श्री गोखले को बाहरी कार्य कर उपार्जन करने की छूट मिली हुई है, मगर मेरा मानना है कि कभी-कभार बाहरी कार्य करने और स्थायी रूप से कार्य करने के बीच विभाजन रेखा होनी चाहिए।

ऐसा करना हमारे घोषित उद्देश्यों के विपरीत है, जिन उद्देश्यों को लेकर हम लोग एकजुट हुए हैं।''

बैठक बुलाई गई, जिसमें तिलक ने सार्वजनिक सभा के सचिव का पद स्वीकार करने के गोपाल कृष्ण के निर्णय के विरोध में प्रस्ताव रखा। पाँच सदस्यों ने तिलक के प्रस्ताव के समर्थन में और चार सदस्यों ने विरोध में मतदान किया। अगरकर और गोपाल कृष्ण अल्पमत में थे। उसी बैठक में प्रस्ताव को 4 के मुकाबले 5 मत से मंजूरी दी गई। पहले तिलक का पक्ष लेनेवाले पतनकर ने बाद में अपना विचार बदल लिया तो अजीब स्थिति उत्पन्न हो गई; गोपाल कृष्ण पद स्वीकार करने के लिए स्वतंत्र थे और नहीं भी। उसी वर्ष 14 अक्तूबर को फिर बैठक बुलाई गई, जिसमें प्रोफेसर केलकर ने गोपाल कृष्ण के निर्णय के विरोध में प्रस्ताव रखा। यह प्रस्ताव 3 के मुकाबले 6 मतों से पारित हो गया। प्रस्ताव पारित होने पर अगरकर ने कहा कि यह निर्णय सभी सदस्यों पर लागू होता है। फिर इस बात पर मतदान हुआ कि किन सदस्यों पर यह निर्णय लागू होना चाहिए। बताया गया कि तिलक, अगरकर, नामजोशी और आप्टे पर यह निर्णय लागू हो सकता है। इस तरह मूल प्रस्ताव से तिलक प्रभावित हुए। उन्होंने तत्काल इस्तीफा दे दिया। इस तरह सोसाइटी में फूट सी पड़ गई। गोपाल कृष्ण सचिव का पद स्वीकार कर चुके थे और यह उनके विवेक पर निर्भर करता था कि उस पद पर कार्य करते हैं या नहीं।

तिलक के इस्तीफे के बाद उसी दिन की बैठक में गोपाल कृष्ण ने पत्र लिखकर कहा कि अगर सोसाइटी से उनके अलग हो जाने पर तिलक इस्तीफा वापस ले लेंगे तो वे इस्तीफा देने के लिए तैयार हैं। गोपाल कृष्ण को बताया गया कि तिलक के इस्तीफे का संबंध उनके सोसाइटी में रहने या न रहने से बिलकुल नहीं है। इस तरह गोपाल कृष्ण ने अपना इस्तीफा वापस ले लिया। तिलक के साथ प्रोफेसर पतनकर ने भी इस्तीफा दे दिया, जिसे स्वीकार कर लिया गया। इस तरह सोसाइटी के इतिहास में सर्वाधिक पीड़ादायक अध्याय का अंत हुआ।

दक्कन एजुकेशन सोसाइटी ने शिक्षा के प्रचार-प्रसार के अभियान को जारी रखा। इस सोसाइटी की प्रेरणा से कई शैक्षणिक संस्थानों की स्थापना हुई, जिसके सदस्य आत्म बलिदान के आदर्श का पालन कर रहे थे। सोसाइटी के नेताओं ने सरकार के साथ टकराव टालने की कोशिश करते हुए उदारता, विनम्रता और

समरसता की नीति को अपनाए रखा।

गोपाल कृष्ण और तिलक सोसाइटी के दायरे से परे विस्तृत क्षेत्र के महान् नेता थे। 9 वर्षों बाद गोपाल कृष्ण ने सर्वेंट्स ऑफ इंडिया सोसाइटी की स्थापना की। तब उन्होंने नियम बनाया कि सोसाइटी के सदस्य बाहर कमाई नहीं कर सकते। अगर निर्धारित उपार्जन से अधिक उपार्जन किया जाता है तो उसे सोसाइटी के कोष में जमा कराना होगा। इस तरह अपनी संस्था में गोपाल कृष्ण ने त्याग के सिद्धांत को लागू किया। हालाँकि ऐसा वे दक्कन एजुकेशन सोसाइटी में नहीं कर पाए।

उसके बाद तिलक ऐसी किसी संस्था की स्थापना नहीं कर पाए, जहाँ वैसे सिद्धातों को लागू किया जा सकता था। लेकिन 'केसरी' और 'महारत्ता' ने लोगों में त्याग की भावना का संचार किया था। तिलक दोनों पत्रों का संचालन करते थे और हमेशा उन्हें आर्थिक कठिनाइयों का सामना करना पड़ता था। वे अपने कर्मचारियों को उचित वेतन नहीं दे पाते थे, न ही उन्होंने ऐसा कोई सिद्धांत लागू किया कि पत्रों के हित में बाहरी गतिविधियों पर रोक लगाई जाए। इसके विपरीत बाहरी गतिविधियों से पत्रों को शक्ति और प्रतिष्ठा मिल रही थी।

दक्कन एजुकेशन सोसाइटी के सदस्यों का मानना था कि विदेशी शासन से भारतीयों को स्वतंत्र बनाने के लिए उन्हें शिक्षा के माध्यम से आत्मनिर्भर बनाना आवश्यक था। तिलक, अगरकर और उनके साथी देश की जमीनी सच्चाई को समझते थे। वे मानते थे कि त्याग के जरिए ही देश को स्वतंत्र कराया जा सकता है। सबसे अधिक महत्त्वपूर्ण क्या था? लोगों को शिक्षित बनाने के लिए त्याग की भावना या केवल स्वतंत्रता प्राप्ति के लिए त्याग की भावना? गोपाल कृष्ण ने इन बातों पर तब तक गहराई से विचार नहीं किया था। वे एक मार्गदर्शक की खोज में थे। तिलक की तुलना में अगरकर के व्यक्तित्व से वे अधिक प्रभावित थे। उन्होंने सोसाइटी से अलग हो जाने के बारे में भी सोचा था, मगर वैसा करने पर भी मतभेद दूर नहीं किया जा सकता था। इस घटनाक्रम में उनका सहज-सरल और बेबाक व्यक्तित्व उजागर होता है।

□

फर्गुसन कॉलेज का निर्माण

तिलक और उनके दो सहयोगियों के अलग हो जाने के बाद भी सोसाइटी स्कूल और कॉलेज की गतिविधियाँ चलती रहीं, लेकिन जो लोग इन संस्थानों से जुड़े हुए थे, उनके सामने भविष्य की स्थिति साफ नहीं थी। उनके बीच मतभेद भी पैदा होने लगा। विद्यार्थियों के बीच भी खेमेबंदी होने लगी। एक ऐसे ही अस्थिर माहौल में गोपाल कृष्ण को जिम्मेदारी सँभालनी पड़ी। अलग होने के बाद तिलक ने कोई संस्था नहीं बनाई। तिलक ने आश्वस्त किया था कि अगर उन्हें बाहरी गतिविधियों से समय बचेगा तो फर्गुसन कॉलेज में पढ़ाने अवश्य आएँगे। लेकिन ऐसा कभी नहीं हुआ। सोसाइटी से अलग होने के बाद वे एक बार भी कॉलेज में पढ़ाने के लिए आ नहीं सके।

सोसाइटी की जो पुरानी छवि थी, उसे नए सिरे से कायम करना आसान नहीं था। हालाँकि आर.पी. परांजपे और आर.डी. रानाडे जैसे विद्वानों को सोसाइटी के साथ जोड़ना महत्त्वपूर्ण उपलब्धि समझी जा रही थी।

दक्कन एजुकेशन सोसाइटी के प्रयत्नों से हजारों युवा देश की सेवा के लिए तत्पर हुए। यह कहना कोई अतिशयोक्ति नहीं है कि महाराष्ट्र के सभी क्षेत्रों में नेतृत्व देनेवाले लोगों को इसी सोसाइटी ने तैयार किया। इसी संस्था को आदर्श मानकर बंबई प्रांत में कई स्कूलों और कॉलेजों की स्थापना की गई। इस लिहाज से देखा जाए तो सोसाइटी के संस्थापकों का लक्ष्य काफी हद तक पूरा हो गया था। तिलक के अलग हो जाने के बाद गोपाल कृष्ण गणित पढ़ाने लगे। बाद में वे अर्थशास्त्र और इतिहास भी पढ़ाने लगे। ऐसा कहा जाता है कि अर्थशास्त्र और इतिहास को छोड़कर अन्य विषय पढ़ाना उन्हें सहज नहीं लगता था। उनके एक

पूर्व शिष्य आर.पी. परांजपे ने लिखा है—''गोखले काफी ध्यान से पढ़ाते थे। वे आसान पाठ को भी समझाने के लिए काफी मेहनत करते थे। ऐतिहासिक संदर्भों का इस्तेमाल करते थे। ऐसा कहा जा सकता है कि उनका अध्यापन एक औसत परीक्षार्थी के लिए प्रोफेसर केलकर की तुलना में अधिक उपयोगी था।''

उनके एक और छात्र प्रो. टी. के शाहानी ने लिखा है—''वर्ष 1901 में उन्होंने बुरके की रचना 'द फ्रेंच रिवॉल्यूशन' को जिस तरह पढ़ाया था, वह उनकी मेधाशक्ति का अद्‌भुत उदाहरण था। वे जिस तरह के उदाहरणों का सहारा लेते थे, उससे मंद बुद्धि का छात्र भी पाठ के मर्म को अच्छी तरह समझ सकता था।''

गोपाल कृष्ण के बारे में ये विचार भिन्न होते हुए भी सटीक प्रतीत होते हैं। परांजपे ने साहित्य के अध्यापन का उल्लेख किया है और शाहानी ने इतिहास तथा साहित्य के अध्यापन का उल्लेख किया है। परांजपे उस समय गोपाल कृष्ण के छात्र थे, जब उन्होंने शिक्षक के रूप में काम शुरू ही किया था और शाहानी उनके अध्यापन जीवन के आखिरी हिस्से में छात्र बने थे। दोनों इस बात पर सहमत थे कि एक औसत परीक्षार्थी और मंदबुद्धि का छात्र उनके अध्यापक से लाभान्वित हो सकता था। इसका अर्थ है कि शिक्षण के पेशे में गोपाल कृष्ण असफल नहीं रहे थे। भले ही वे अद्‌भुत क्षमता के धनी शिक्षक नहीं थे, लेकिन अध्यापन कार्य की तैयारी करते समय वे कठोर मेहनत करते थे।

गोपाल कृष्ण पंद्रह वर्षों तक सोसाइटी के साथ रहे। उनके योगदान का आकलन करने के लिए उस अवधि के कुछ तथ्यों पर ध्यान करना उचित रहेगा। गोपाल कृष्ण ने 'महारत्ता' में कुछ लेख लिखे थे। 'केसरी' के लिए उन्हें समाचारों को जुटाकर सार संक्षेप लिखने का काम सौंपा गया था। जब अगरकर ने 'सुधारक' नामक पत्रिका का प्रकाशन शुरू किया, तब गोपाल कृष्ण को उसके अंग्रेजी खंड का प्रभारी बनाया गया। उनके कुछ लेख काफी प्रभावशाली थे, लेकिन अपने समकालीन नेताओं की तरह वे प्रखर पत्रकार नहीं थे।

1886-87 में यूरोप के युद्ध के बारे में 'महारत्ता' में उन्होंने निबंधों की एक शृंखला लिखी, जिसकी काफी सराहना हुई। बंबई के गवर्नर लॉर्ड रीये के समर्थन में उन्होंने एक लेख लिखा। गवर्नर को लेख इतना भाया कि वह पत्रिका का नियमित ग्राहक बन गया। इन छिटपुट प्रयासों को छोड़कर गोपाल कृष्ण ने पत्रकारिता के क्षेत्र में गहरा गोता लगाने का प्रयास तक तब नहीं किया था।

उस जमाने में राजनीति और पत्रकारिता में गहरा रिश्ता था। प्रत्येक नेता के पास समर्थन जुटाने के लिए कोई-न-कोई पत्रिका थी। गोपाल कृष्ण जब एम.जी. रानाडे के संपर्क में आए तब वे सार्वजनिक सभा की त्रैमासिक पत्रिका का संपादन कर रहे थे।

सार्वजनिक जीवन में बदलाव के साथ-साथ गोपाल कृष्ण के निजी जीवन में भी बदलाव आ रहा था। उन्होंने अपने बड़े भाई की संतानों की मदद, शिक्षा और प्रोत्साहन के क्षेत्र में भी कभी कोई कसर नहीं छोड़ी। चौदह वर्ष की आयु में गोपाल कृष्ण का पहला विवाह हुआ था। उनकी पत्नी ल्यूकोडर्मा नामक रोग से पीड़ित थीं। बड़े भाई और भाभी की तरफ से उन पर दूसरा विवाह करने का दबाव बढ़ता जा रहा था। पहले तो उन्होंने इनकार किया, लेकिन बाद में तैयार हो गए। ऐसा कहा जाता है कि उनकी पहली पत्नी की अनुमति लेने के बाद ही उनका दूसरा विवाह निश्चित किया गया था। दूसरी पत्नी के साथ उनका दांपत्य जीवन खुशहाल रहा था, मगर यह खुशी ज्यादा दिनों तक नहीं रह पाई थी। वर्ष 1900 में उनकी दूसरी पत्नी का निधन हो गया था। उस समय गोपाल कृष्ण 34 वर्ष के थे, उनका एक पुत्र था, जिसकी मृत्यु कम उम्र में ही हो गई थी। उनकी दो बेटियाँ काशीबाई और गोदूबाई थीं। दोनों ने ही पिता की देखरेख में उच्च शिक्षा प्राप्त की।

गोपाल कृष्ण समाज सुधार आंदोलन की वकालत करते थे, लेकिन वे नेतृत्व की भूमिका में नहीं थे। ऐसा कहा जाता है कि पहली पत्नी के होते हुए दूसरा विवाह करने के लिए विवश होने पर उनके मन में ऐसा भाव पैदा हुआ कि वे समाज की अगुवाई करने के योग्य नहीं हैं। अगर व्यक्ति स्वयं अपनी कथनी के अनुरूप आचरण नहीं कर सकता तो उसे दूसरों को नसीहत देने का भी अधिकार नहीं है—लगता है उनके मन में इसी तरह का विचार आया था। समाज के हितों के प्रति उनके मन में गहरी हमदर्दी थी, लेकिन वे अलग-थलग बने रहे। यह एक तरह का आत्मनिर्वासन था। उनके गुरु रानाडे को भी इसी तरह की मनोव्यथा का सामना करना पड़ा था। अपनी पहली पत्नी की मृत्यु के बाद रानाडे ने किसी विधवा से दूसरा विवाह करने की जगह, एक कम उम्र की युवती से विवाह किया। इस बात को लेकर उनकी तीखी आलोचना हुई। रानाडे विधवा विवाह का समर्थन करते थे, मगर उन्हें अपने परिवारवालों के दबाव के सामने झुककर कम उम्र की युवती के साथ विवाह करना पड़ा था।

गोपाल कृष्ण अच्छे खिलाड़ी थे। 1887 से 1889 तक वे नियमित रूप से क्रिकेट खेलते रहे थे। हालाँकि इस खेल में उन्होंने कोई विशेष दक्षता नहीं दिखाई थी। वे बीच-बीच में टेनिस और बिलियर्ड्स भी खेलते थे। वे चाहते थे कि पश्चिमी देशों के लोगों की तरह इन खेलों में दक्षता हासिल करें। एक बार उन्होंने बिलियर्ड्स खेलते हुए एक अंग्रेज को पराजित कर दिया था। वे ताश और शतरंज खेलना भी पसंद करते थे और जीवन के आखिरी हिस्से में इन खेलों से अपना मन बहलाते थे।

इस बात की जानकारी नहीं मिलती कि गोपाल कृष्ण को नाटकों से लगाव था या नहीं। उस जमाने में राजनीतिक और सामाजिक मामलों में प्रचार-प्रसार करने के लिए नाटकों को लोकप्रिय माध्यम माना जाता था। जो बातें सरकार के खिलाफ सीधे-सीधे नहीं कही जा सकती थीं, उन्हीं बातों को नाटकों के जरिए घुमा-फिराकर कहा जा सकता था। सामाजिक कुरीतियों पर प्रहार करने के लिए भी नाटकों का सहारा लिया जाता था।

सार्वजनिक मंचों पर अपने भाषण के जरिए गोपाल कृष्ण श्रोताओं को आकर्षित नहीं कर पाते थे। वे गरमपंथी नहीं थे और श्रोताओं को उत्तेजित करना उन्हें नहीं आता था। लेकिन उनके भाषण गंभीर और अर्थपूर्ण होते थे, जिनमें अधिक-से-अधिक तथ्यों का इस्तेमाल किया जाता था।

1895 में गोपाल कृष्ण दक्कन एजुकेशन सोसाइटी के सबसे वरिष्ठ सदस्य थे। बाकी सभी पुराने सदस्य या तो छोड़कर जा चुके थे या उनकी मृत्यु हो चुकी थी। गोपाल कृष्ण के सहयोगियों ने उनसे फर्गुसन कॉलेज के प्रिंसिपल का पद स्वीकार करने का अनुरोध किया। उन्होंने शालीनता के साथ इस प्रस्ताव को ठुकरा दिया। उनकी बाहरी गतिविधियाँ भी बढ़ती जा रही थीं। इसीलिए वे कोई अतिरिक्त दायित्व नहीं लेना चाहते थे। लेकिन गोपाल कृष्ण कॉलेज के लिए प्रिंसिपल से भी बढ़कर एक जिम्मेदार संरक्षक थे।

गोपाल कृष्ण कुछ वर्षों तक दक्कन एजुकेशन सोसाइटी के सचिव भी रहे। यह एक चुनौती भरा पद था, लेकिन उन्होंने पूरी दक्षता के साथ अपने दायित्व का निर्वाह किया। पूँजी जुटाने के लिए अमीरों के दरवाजे खटखटाने पड़ते थे और उन्हें दान देने के लिए तैयार करना पड़ता था। समाज का अमीर वर्ग अपने वजूद को बचाए रखने के लिए पूरी तरह ब्रिटिश सरकार पर निर्भर करता था। कोई संस्था

नेक काम कर रही हो और उसके उद्देश्य भी महान् हों, मगर सरकार की कोपदृष्टि उस संस्था पर हो तो कोई भी धनी व्यक्ति दान देने के लिए तैयार नहीं हो सकता। सचिव को एक तरफ सरकार की तरफ देखना पड़ता था तो दूसरी तरफ धनी वर्ग की ओर। राजा, उद्योगपति, सामंत एवं अन्य धनी लोग किसी भी हालत में सरकार को नाराज नहीं करना चाहते थे। दक्कन एजुकेशन सोसाइटी को अपनी गतिविधियों और छात्रों के निर्माण के संबंध में सरकार की आशंका को दूर करना जरूरी था।

यह देखना दिलचस्प होगा कि वक्त के साथ-साथ सोसाइटी के व्यवहार में भी परिवर्तन आता गया। न्यू इंगलिश स्कूल के संस्थापक विष्णु शास्त्री चिपलूणकर ने कहा था—"वे जिस शिक्षा के मंदिर का निर्माण कर रहे हैं, उसकी पवित्रता को नष्ट करने के लिए किसी भी अंग्रेज को स्कूल परिसर में कदम रखने की इजाजत नहीं देंगे।" चिपलूणकर के निधन के एक-दो वर्ष बाद ही उनका घोषित रवैया बदल गया, कॉलेज का नाम भी तत्कालीन गवर्नर के नाम पर रखा गया। एक बार अंग्रेज शिक्षक को बहाल करने का प्रस्ताव भी रखा गया, हालाँकि वैसा हुआ नहीं। एक अंग्रेज प्रिंसिपल सेलबी को दक्कन एजुकेशन सोसाइटी का अध्यक्ष बनाया गया। ऐसा नहीं है कि सोसाइटी के सदस्य अंग्रेजों से नाता जोड़कर गर्व महसूस कर रहे थे। लेकिन उन्हें सोसाइटी को जिंदा रखना था। सरकारी मान्यता के बिना किसी भी शैक्षणिक संस्था का वजूद बचाए रखना संभव नहीं था। सरकार अपने प्रति निष्ठा रखनेवाली संस्थाओं की ही सहायता करती थी। दक्कन एजुकेशन सोसाइटी को अपने घाटे की भरपाई करने के लिए सरकार की तरफ से अनुदान भी मिला था।

गोपाल कृष्ण के सामने कठिन चुनौतियाँ थीं, मगर अपने दृढ़ निश्चय और संकल्प के साथ उन्होंने चुनौतियों को स्वीकार किया। उन्होंने किसी को भी नाराज नहीं किया। उनके शालीन व्यवहार और संस्था के विकास की इच्छा के चलते राह आसान होती चली गई। उनके प्रयासों से इतनी पूँजी जुट गई, जिससे कॉलेज के भवन के साथ छात्रों के लिए हॉस्टल का भी निर्माण संभव हो सका। यह कोई मामूली उपलब्धि नहीं थी।

गोपाल कृष्ण ने बंबई विश्वविद्यालय के विस्तृत क्षेत्र में भी सकारात्मक भूमिका का निर्वाह किया। वे वर्षों तक विश्वविद्यालय के सीनेट के सदस्य रहे और उसकी गतिविधियों में गहरी रुचि दिखाते रहे। उनका मानना था कि सीनेट

की गतिविधियाँ राजनीतिक आधार पर निर्धारित नहीं होनी चाहिए। सरकार सैद्धांतिक रूप से भले ही इस बात से सहमत थी, लेकिन हकीकत में उस पर अमल नहीं कर पा रही थी। कई अवसरों पर गोपाल कृष्ण ने सीनेट में सरकार की तरफ से मनोनीत सदस्यों को आगाह किया था कि वे राजनीति और शिक्षा में घालमेल न करें।

बंगाल विभाजन के बाद बंबई सरकार ने इतिहास को अनिवार्य विषय के रूप में नहीं पढ़ाने का फैसला किया। इसके लिए तर्क दिया गया कि इंग्लैंड में डिग्री के पाठ्यक्रम के लिए इंग्लैंड का इतिहास अनिवार्य विषय नहीं था। इसलिए भारत में इतिहास अनिवार्य विषय नहीं हो सकता था। यह तर्क भी दिया गया कि इतिहास विषय में ज्यादातर विद्यार्थियों की कोई दिलचस्पी नहीं थी और दिनोदिन उसकी लोकप्रियता घटती जा रही थी। इस विषय को ठीक से पढ़ाने के लिए योग्य अध्यापकों की कमी महसूस की जा रही थी। इस तरह कई तर्क दिए गए।

गोपाल कृष्ण ने ऐसे सभी तर्कों का खंडन किया। उन्होंने कहा कि कलकत्ता विश्वविद्यालय में इतिहास अनिवार्य विषय नहीं था, इसके बावजूद विद्यार्थी उसमें दिलचस्पी ले रहे थे और वे जागरूक हो रहे थे। इतिहास की पढ़ाई से राजनीतिक परिस्थिति और किसी तरह की बगावत का कोई नाता नहीं है।

जन शिक्षा के निदेशक शार्प ने विभिन्न कॉलेजों के अध्यापकों को पत्र लिखकर उनकी राय पूछी कि क्या इतिहास को अनिवार्य विषय के रूप में पढ़ाया जाना चाहिए? गोपाल कृष्ण को इस तरह की राय पसंद नहीं आई। शिक्षा के क्षेत्र में सरकारी तंत्र के हस्तक्षेप का उन्होंने तीव्र विरोध किया।

□

राजनीति में प्रवेश

गोपाल कृष्ण जब दक्कन एजुकेशन सोसाइटी में शिक्षक बने तब उनकी उम्र मात्र उन्नीस वर्ष थी। जब उन्होंने सार्वजनिक सभा के सचिव का पद स्वीकार करना चाहा तब तिलक ने विरोध जताया और सोसाइटी में संकट पैदा हुआ। यह घटना जब घटी तब गोपाल कृष्ण बाईस साल के थे। बाद के वर्षों में उनका व्यक्तित्व परिपक्व होता गया। विद्वान् और मेधावी सहकर्मियों के संपर्क में रहने से भी उनका वैचारिक पहलू सशक्त होता गया। इस प्रक्रिया में महान् व्यक्ति जस्टिस रानाडे के मार्गदर्शन से गोपाल कृष्ण के व्यक्तित्व का विकास होता गया। जस्टिस रानाडे के प्रभाव को गोपाल कृष्ण कभी नहीं भूले।

जस्टिस रानाडे समाज के ऐसे नायक थे, जिन्होंने इतिहास का निर्माण किया। वे भारतीय राष्ट्रीय कांग्रेस के संस्थापकों में से एक थे। महाराष्ट्र की कई संस्थाओं का जन्म उनकी प्रेरणा से ही हुआ। अर्थशास्त्र के शिक्षक के रूप में जीवन की शुरुआत करनेवाले जस्टिस रानाडे ने कानून की पढ़ाई की और हाईकोर्ट के न्यायाधीश बन गए। न्यायपालिका के उच्च पद के अलावा उनके भीतर देशभक्ति, मेधा और विचारशक्ति कूट-कूटकर भरी हुई थी। जिसके कारण लोग उनकी तरफ आकर्षित होते चले गए। वर्षों बाद 1942 में बंबई में आयोजित कांग्रेस अधिवेशन में 'भारत छोड़ो आंदोलन' के प्रस्ताव को रखते हुए महात्मा गांधी ने कहा था कि रानाडे आदर्श सरकारी सेवक थे। रानाडे ने सरकार की सेवा की, मगर दासता को कभी स्वीकार नहीं किया। महात्मा गांधी चाहते थे कि देश के सरकारी सेवक रानाडे के आदर्श का अनुकरण करें। रानाडे देशहित के प्रति समर्पित निर्भीक नेता थे। ऐसे भी अवसर आए जब सरकार को उनकी वफादारी पर संदेह हुआ और उनके पीछे

जासूस लगाए गए। रानाडे क्रांतिकारी नहीं थे, बल्कि वे विकास-क्रम की प्रक्रिया पर गहरी आस्था रखते थे, उन्हें राजनीतिक संत कहकर पुकारा जाता था।

धार्मिक मामलों में परंपरावादियों की तरह रानाडे संकीर्ण विचारों वाले नहीं थे। वे प्रार्थना समाज में विश्वास करते थे और उस संस्था के एक प्रमुख स्तंभ थे। इसके बावजूद प्राचीन धारणाओं और रिवाजों में विश्वास करनेवालों की भावनाओं को वे ठेस नहीं पहुँचाना चाहते थे। उनके परिवार में भी कई परंपरागत अनुष्ठान संपन्न होते थे।

सामाजिक क्षेत्र में रानाडे एक उदार क्रांतिकारी थे। उस जमाने में प्रचलित बाल विवाह के खिलाफ उन्होंने तीव्र अभियान चलाया था। वे विधवाओं के पुनर्विवाह का समर्थन करते थे और इस तरह के विवाह करवाने में सक्रिय भूमिका निभाते थे। अगरकर के साथ वे महाराष्ट्र में प्रचलित कई तरह की कुरीतियों का तीव्र विरोध कर रहे थे। पति की मृत्यु के बाद स्त्री के बाल काटने, जन्म के बाद कन्या शिशु की उपेक्षा और सती प्रथा जैसी बुराइयों के खिलाफ वे आवाज बुलंद करते रहे थे।

राजनीति में रानाडे निष्ठावान संविधानवादी थे, मगर उनका दृष्टिकोण निष्क्रिय नहीं था। सरकार के निर्णय और कार्य में उन्हें जो भी गलत दिखाई देता था, उसका विरोध वे निर्भीकता के साथ करते थे। अपनी राय के समर्थन में वे तथ्यों का उपयोग करते थे और अपने दमदार तर्क के सहारे प्रबल जनमत तैयार करते थे।

राजनीतिक सुधार की तरह रानाडे अर्थशास्त्र में भी रुचि रखते थे। वे तीव्र औद्योगिकीकरण के समर्थक थे। अर्थशास्त्र के जो नियम इंग्लैंड पर लागू हो सकते हैं, वही नियम भारत पर क्यों नहीं लागू हो सकते? अगर भारत वस्तुओं का उत्पादन स्वयं कर सकता है तो उसे विदेशी वस्तुओं पर क्यों निर्भर रहना चाहिए? उनके हिसाब से औद्योगिकीकरण के जरिए ही भारत का तीव्रता के साथ विकास हो सकता था। अर्थनीति संबंधी रानाडे के निबंध आज के युग में भी प्रासंगिक बने हुए हैं। एक ऐसे ही महान् व्यक्तित्व को गोपाल कृष्ण ने अपना गुरु बनाया था।

गोपाल कृष्ण के शिक्षक बनने के एक साल बाद 1885 में स्कूल का एक कार्यक्रम हीराबाग में आयोजित हो रहा था। गोपाल कृष्ण को मेहमानों का स्वागत करने और उन्हें बिठाने की जिम्मेदारी मिली थी। रानाडे से अपरिचित होने के कारण गोपाल कृष्ण ने उनसे निमंत्रण पत्र दिखाने के लिए कहा। रानाडे अपने साथ

निमंत्रण-पत्र लाना भूल गए थे। नियम के पक्के गोपाल कृष्ण निमंत्रण-पत्र के बिना उन्हें भीतर जाने देने के लिए तैयार नहीं थे। सार्वजनिक सभा के सचिव बाबा साहेब साठे ने मामले में हस्तक्षेप किया और रानाडे को उनके लिए आरक्षित कुरसी पर ले जाकर बिठाया। गोपाल कृष्ण इस घटना को भूल गए और जो हो गया उसके लिए उन्होंने रानाडे से माफी माँगना जरूरी नहीं समझा।

युवा स्कूल शिक्षक जल्दी ही कॉलेज का व्याख्याता बन गया और शहरी परिवारों का ध्यान अपनी तरफ आकर्षित करने लगा। अगरकर लोगों से गोपाल कृष्ण की तारीफ करते थे। अगरकर ने ही रानाडे को सुझाव दिया कि उन्हें उस युवक को बुलाकर बातचीत करनी चाहिए। बाबासाहेब साठे गोपाल कृष्ण को रानाडे के पास ले गए। रानाडे गोपाल कृष्ण के व्यवहार, मेधा और मानवता-बोध से अत्यंत प्रभावित हुए। ऐसा लगा मानो दो तेजस्वी व्यक्तित्व का मिलन हुआ हो!

गोपाल कृष्ण अकसर रानाडे से मिलने के लिए जाने लगे। वे उन्हें गुरु मानकर उनसे राजनीति और जनसेवा का ज्ञान प्राप्त करने लगे। 1887 से 1892 तक गोपाल कृष्ण रानाडे से सबक सीखते रहे। रानाडे अत्यंत कठोर शिक्षक थे।

देश की राजनीतिक परिस्थिति को बदलने के लिए क्या करना चाहिए। इसके बारे में रानाडे की स्पष्ट राय विकसित हो चुकी थी। सरकार की तरफ से प्रकाशित प्रत्येक दस्तावेज को गौर से पढ़ना उनके कार्य करने के तरीके में शामिल था। कोई भी दस्तावेज उनके लिए महत्त्वहीन नहीं था। इसके बाद वे सरकारी नीतियों के बारे में विद्वत्तापूर्ण शैली में टिप्पणी लिखकर सरकार को भेज देते थे। उस समय सरकारी सेवकों के लिए राजनीति करने पर प्रतिबंध नहीं लगाया गया था। लेकिन इसका अर्थ यह भी नहीं था कि रानाडे के निर्भीक विचारों से अंग्रेज अधिकारी प्रसन्न थे। रानाडे जानते थे कि उनका कार्य चुनौतीपूर्ण था। लेकिन अपने कार्य के समर्थन में उनका तर्क था कि भारतीय जनता को प्रशासन कला के संबंध में शिक्षित होना चाहिए और सरकार का मुकाबला सरकार के हथियार से ही किया जाना चाहिए। अकसर वे कहते थे कि वह सार्वजनिक बहस का युग था, इसीलिए उनकी मेहनत बेकार नहीं हो रही थी। उन्हें लगता था कि जिन सच्चाइयों को वे रोशनी में ला रहे थे, उनके प्रति बाहरी दुनिया, इंग्लैंड की उदार शक्तियाँ और भारत की जनता जागरूक हो सकती थी।

भले ही रानाडे के प्रयत्नों से उस समय सरकार को फायदा नहीं हुआ हो,

लेकिन गोपाल कृष्ण जरूर लाभान्वित हुए। उन्हें विचारों के आधार पर गोपाल कृष्ण ने अपने भावी जीवन की दिशा निर्धारित की। जनता की सेवा करने के लिए किस तरह ज्ञान और विश्वास को आपस में जोड़ा जा सकता है, जटिल समस्याओं की चर्चा करते समय आँकड़ों का उपयोग किस तरह उपयोगी हो सकता है, किस तरह भाषा के कौशल से अधिक विचारों का कौशल अहमियत रखता है—ये सारे गुर गोपाल कृष्ण ने रानाडे से सीखे थे।

ऐसा लगता था कि गोपाल कृष्ण अपने गुरु के धार्मिक एवं सामाजिक विचारों में ज्यादा रुचि नहीं रखते थे। वे रानाडे की सभी नसीहतों का अनुकरण भी नहीं करते थे। न ही वे अन्य लोगों की तरह उनके विचारों का विरोध करते थे, बल्कि उनकी गहरी दिलचस्पी अपने गुरु के राजनीतिक अर्थशास्त्र में थी। एक या दो अवसरों पर गोपाल कृष्ण सामाजिक विवादों से भी जुड़े थे। एक बार पूना के गण्यमान्य व्यक्तियों को ईसाइयों की एक संस्था में आमंत्रित किया गया था, जहाँ कुछ अंग्रेज मिशनरी भाषण देने वाले थे। बैठक के अंत में चाय परोसी गई। उस जमाने में मिशनरियों के हाथ से चाय पीना हिंदुओं के लिए पाप समझा जाता था। ऐसा करने पर जाति से बहिष्कृत तक किया जा सकता था। सभी आमंत्रित व्यक्तियों के लिए परिचित गोपालराव जोशी ने जो ईसाई धर्म अपना लिया था और इस बात की घोषणा वह बाद में करने वाले थे, जब चाय परोसी तब रानाडे, गोपाल कृष्ण और तिलक ने एक-दूसरे की तरफ देखा। वे तय नहीं कर पा रहे थे कि उन्हें क्या करना चाहिए। अन्य गैर-ईसाई मेहमानों को भी इसी तरह दुविधा थी। किसी ने एक घूँट चाय पी, किसी ने चाय नीचे फेंक दी तो कोई खाली प्याली होंठों से लगाता रहा। बैठक खत्म होने के बाद सभी नतीजे को लेकर चिंतित थे। गोपालराव जोशी ने बैठक की पूरी कार्यवाही के साथ आमंत्रित अतिथियों के नामों की सूची एक अखबार में प्रकाशित करवा दी। इस खबर के छपने से हंगामा मच गया। सनातनी लोग नाराज हो उठे। गली-कूचे में इस घटना की चर्चा होने लगी। शंकराचार्य से 'प्रायश्चित्त' का तरीका निर्धारित करने के लिए कहा गया। मिशनरी कार्यक्रम में उपस्थित सभी व्यक्तियों से अपने 'पाप' का प्रायश्चित्त करने के लिए कहा गया। प्रायश्चित्त के रूप में ब्राह्मण पुजारी को चार आना देने के लिए कहा गया। उस जमाने में धार्मिक रिवाज कठोर होते थे। सभी ने शुद्धीकरण के मार्ग को स्वीकार कर लिया, लेकिन पंद्रह अन्य व्यक्तियों के साथ गोपाल कृष्ण ने शुद्धीकरण नहीं करवाया।

बाद के वर्षों में अपनी तेजस्वी मेधा के लिए गोपाल कृष्ण ने जो प्रतिष्ठा अर्जित की, उसके पीछे रानाडे से हासिल की गई शिक्षा का विशेष योगदान था। छोटे पत्र में भी रानाडे किसी तथ्य को छोड़ना या कोई भाषा की गलती करना पसंद नहीं करते थे। जब तक वे संतुष्ट नहीं हो जाते थे तब तक सतत मेहनत करते रहते थे। अपने गुरु को प्रसन्न रखने के लिए गोपाल कृष्ण रातों में जागते हुए किसी योगी की तरह एकाग्रचित्त होकर उनके दिए हुए कार्यों को पूरा करते थे। रानाडे उन्हें तब तक चैन से नहीं बैठने देते थे, जब तक वे ठीक से अपना काम पूरा नहीं कर लेते थे। रानाडे सराहना करने में भी कंजूसी बरतते थे। अगर वे कह देते कि काम चल जाएगा तो इसे गोपाल कृष्ण अपने लिए बड़ा पुरस्कार समझते थे।

विरोधियों से निपटते समय रानाडे हमेशा भाषा के संयम पर ध्यान देते थे। राजनीतिक बहस के दौरान कभी भी विचलित होकर वे सतही या अपमानजनक भाषा का प्रयोग नहीं करते थे। उनका मानना था कि अपने विरोधी को तथ्यों और आँकड़ों के सहारे पराजित किया जा सकता है। व्यक्तिगत आक्रमण से बचते हुए मूल विषय से संबंधित दमदार तर्कों का प्रयोग करना चाहिए—ऐसा रानाडे का मानना था। युवा होने के नाते गोपाल कृष्ण विवादों से निपटने के परंपरागत तरीकों से ही परिचित थे।

रानाडे के प्रभाव से ही गोपाल कृष्ण अपने जीवन का लक्ष्य निर्धारित करने में सफल हुए। उन्होंने तय किया कि वे खुद को राजनीति और जनसेवा के लिए समर्पित करेंगे और जनसेवक के रूप में सिद्धांतों के साथ कभी समझौता नहीं करेंगे, न ही किसी प्रलोभन के चलते अपने आप के साथ छल करेंगे। सत्य के प्रति निष्ठा, अपनी गलतियों को स्वीकार करना, उद्देश्य के प्रति समर्पण और नैतिक मापदंडों के प्रति आदर, इस तरह के गुणों को गोपाल कृष्ण ने कम उम्र में ही अपना लिया था, जिनके सहारे वे सच्चे जनसेवक बन पाए।

रानाडे एक धार्मिक व्यक्ति थे। वे सवेरे जल्दी उठकर कुछ घंटे तक प्रार्थना करते रहते थे। गोपाल कृष्ण ने एक घटना का उल्लेख किया है। 1897 में अमरावती कांग्रेस अधिवेशन से गोपाल कृष्ण अपने गुरु रानाडे के साथ वापस लौट रहे थे। रेल के उस डिब्बे में केवल गुरु-शिष्य ही थे। उन्होंने लिखा है—"सुबह के 4 बज रहे थे। गाने की आवाज सुनकर मैं जाग गया। मैंने देखा, रानाडे बैठे हुए थे और तुकाराम की रचना 'अभंग' गा रहे थे। वे बार-बार गा रहे थे और हाथों को

जोड़कर प्रार्थना की मुद्रा में बैठे हुए थे। आवाज मधुर नहीं होने पर भी जिस समर्पण भाव के साथ वे गा रहे थे, उसे सुनकर मैं रोमांचित हो उठा और बैठकर सुनने लगा। यह मेरे जीवन का एक यादगार लम्हा था। इस दृश्य को मैं कभी भूल नहीं पाऊँगा।''

माना जाता है कि गोपाल कृष्ण सार्वजनिक रूप से किसी तरह की प्रार्थना नहीं करते थे, लेकिन वे अंदर से एक धार्मिक व्यक्ति थे। श्रीनिवास शास्त्री ने लिखा है—''वे ईश्वर में गहरी आस्था रखते थे और ईश्वर की कृपा से लोकहितकारी कार्य करना चाहते थे। उनके निजी कागजातों को देखने से इस बात का पता चलता है।'' 18 फरवरी, 1898 को उन्होंने लिखा था—''श्री गुरु दत्तात्रेय की कृपा से मैं निम्नलिखित कार्य करना चाहता हूँ :

1. मैं नियमित रूप से योग का अभ्यास करूँगा।
2. मैं प्राचीन एवं आधुनिक इतिहास, अंतरिक्ष विज्ञान, भूगोल, शरीर विज्ञान, मनोविज्ञान और फ्रेंच का अध्ययन करूँगा।
3. मैं बंबई विधान परिषद्, सुप्रीम विधान परिषद् और ब्रिटिश संसद् का सदस्य बनने का प्रयास करूँगा।

   मैं अपनी इन सारी महत्त्वाकांक्षाओं के जरिए अपनी शक्ति का सदुपयोग अपने देश की भलाई के लिए करूँगा।
4. मैं दर्शन आधारित धर्म का प्रवक्ता बनकर समस्त विश्व को संदेश देना चाहूँगा।''

शास्त्री ने इस दस्तावेज को 'भविष्यदर्शी दस्तावेज' कहा है और यह सच है भी। अगर उन्हें दीर्घ जीवन मिलता तो भारत की सेवा करने के साथ-साथ वे विश्व की भी सेवा कर सकते थे।

यह दस्तावेज एक स्वप्नकर्मी व्यक्ति का सामान्य विवरण नहीं था, बल्कि इसके जरिए उनके हृदय की आकांक्षाएँ उजागर हुई थीं। इस बात पर आश्चर्य हो सकता है कि वे भूगोल, अंतरिक्ष विज्ञान जैसे विषयों का अध्ययन क्यों करना चाहते थे। फ्रेंच सीखने की उनकी महत्त्वाकांक्षा को समझा जा सकता है। उन दिनों पश्चिम में यही संपर्क भाषा थी और अंतरराष्ट्रीय मंच पर कदम रखने के लिए फ्रेंच का ज्ञान आवश्यक था। गोपाल कृष्ण काफी हद तक अपनी महत्त्वाकांक्षाओं को साकार करने में सफल हुए। गुरुदेव दत्तात्रेय को सर्जक, पालक और संहारक

माना जाता है। गोपाल कृष्ण ईश्वर के इन तीनों स्वरूपों की आराधना करते थे।

अच्छाई और महानता, सेवा करने की तीव्र आकांक्षा, ईमानदारी और भौतिक वस्तुओं से दूरी ऐसी बातें हैं, जो किसी भी व्यक्ति को आध्यात्मिक बनाती हैं। गांधीजी गोखले की शराफत नहीं, बल्कि उनके आध्यात्मिक व्यक्तित्व के प्रति आकर्षित हुए थे। रानाडे, गोखले, गांधीजी और तिलक जैसे जननेता मूलतः आध्यात्मिक पुरुष थे।

1901 में रानाडे का देहावसान हो गया। जिनके आदर्शों से सीख लेकर गोपाल कृष्ण ने अपने जीवन की दिशा निर्धारित की थी। उनकी मृत्यु से उन्हें काफी तकलीफ पहुँची। वे अपने गुरु की जीवनी लिखना चाहते थे। जीवन के अंतिम दिनों में उन्हें इस बात का अफसोस था कि वे इस काम को नहीं कर पाए।

रानाडे के निधन पर गोपाल कृष्ण ने लिखा था—"राव साहब (रानाडे) के निधन पर मैं ऐसा महसूस कर रहा हूँ जैसे अचानक मेरे जीवन में अँधेरा फैल गया हो। दुनिया उनकी अहमियत को समझ रही है और मुझे लोग सम्मान दे रहे हैं, मगर मुझे उससे कोई खुशी महसूस नहीं हो रही है। जब कोई मित्र मुझे मुबारकबाद देता है तो ऐसा लगता है मानो किसी प्रियजन की अंत्येष्टि से लौटने पर कोई मेरे सामने भोजन परोस रहा हो। बेशक, हमारी पीड़ा को हमारे कर्तव्य की राह में बाधक नहीं बनना चाहिए। हमें सहारा छिन जाने के बाद भी अपने मार्ग पर विश्वास और उम्मीद के साथ कदम बढ़ाते रहना चाहिए।"

गोपाल कृष्ण की इन अनुभूतियों से हमें पंडित जवाहरलाल नेहरू के उस भाषण की याद आती है, जो उन्होंने महात्मा गांधी की हत्या के बाद दिया था। गोपाल कृष्ण ने स्वयं को अनाथ जैसा महसूस किया। लेकिन वे अपने कर्तव्य के पथ से विचलित नहीं हुए।

तिलक ने रानाडे की स्मृति में केसरी में लिखा—"अगर महाराष्ट्र में साहस और प्रतिरोध की चेतना नजर आ रही है और जनहित से जुड़े मुद्दों पर पत्र-पत्रिकाओं में खुलकर चर्चा हो रही है तो यह श्रेय रानाडे को जाता है, जिन्होंने लगातार 25 वर्षों तक जूझते हुए ऐसा माहौल निर्मित किया। आगे तिलक ने लिखा— "रानाडे को अपने उद्देश्यों में सफलता मिली, क्योंकि उन्होंने धैर्य, सूझबूझ और निष्ठा के साथ अपने पावन कर्तव्यों का पालन किया।"

□

सार्वजनिक गतिविधियाँ

गोपाल कृष्ण ने अपना राजनीतिक जीवन सार्वजनिक सभा के सचिव के रूप में शुरू किया। जब उन्होंने सभा के सचिव का पद स्वीकार किया था तब दक्कन एजुकेशन सोसाइटी के कुछ सदस्यों ने तीव्र विरोध जताया था और तर्क दिया था कि ऐसा होने पर गोपाल कृष्ण कॉलेज की तरफ ठीक से ध्यान नहीं दे पाएँगे। सचिव पद के लिए 40 रुपए मासिक वेतन निर्धारित था, जिसे उन्होंने नहीं लेने का फैसला किया था। इस तरह अवरोध दूर हो गया था।

रानाडे की देखरेख में गोपाल कृष्ण ने कार्य शुरू किया था। सिद्धांत के आधार पर तिलक ने गोपाल कृष्ण के निर्णय का विरोध किया था; लेकिन उनके विरोध का प्रभाव नहीं पड़ा था। इस तरह दोनों नेताओं के बीच मतभेद की शुरुआत हो गई थी। दक्कन एजुकेशन सोसाइटी में विवाद पैदा करने के लिए रानाडे या गोपाल कृष्ण जिम्मेदार नहीं थे; चूँकि सोसाइटी में पहले से ही विवाद चल रहा था। रानाडे सोसाइटी के साथ सक्रिय रूप से नहीं जुड़े थे। हालाँकि 1884 में एक बार वे परिषद् में थे और कॉलेज की स्थापना के अवसर पर उपस्थित होकर उन्होंने 50 रुपए दान के तौर पर दिए थे। लेकिन जब भी कोई संकट की स्थिति पैदा होती थी तो उनसे परामर्श लिया जाता था।

सार्वजनिक सभा ने एक महत्त्वपूर्ण भूमिका निभाई। भारतीय राष्ट्रीय कांग्रेस की स्थापना से पहले अखिल भारतीय स्तर पर ऐसी एक भी संस्था नहीं थी, जहाँ जनता की शिकायतों पर विचार किया जा सकता था। कलकत्ता, बंबई और मद्रास जैसे महानगरों में कुछ संस्थाएँ स्थानीय स्तर पर यह काम कर रही थीं। 1853 में बंबई में दादाभाई नौरोजी ने बंबई एसोसिएशन की स्थापना की थी। चौदह साल के

बाद वैसी ही संस्था पूना में स्थापित की गई। पहले इसका नाम 'पूना एसोसिएशन' था। तीन साल बाद इसका नाम बदलकर सार्वजनिक सभा रख दिया गया। सभा का उद्देश्य जनता की जरूरतों और शिकायतों की तरफ सरकार का ध्यान आकर्षित करना था। सरकार की इजाजत से यह संस्था शासक और जनता के बीच मध्यस्थ की भूमिका निभाती थी। इसके प्रायोजक जी.वी. जोशी जनहितों के प्रति समर्पित कार्यकर्ता थे और लोगों के बीच 'सार्वजनिक काका' के नाम से जाने जाते थे। हालाँकि सभा के सभी पदाधिकारी रियासतों के प्रमुख और सरकारी नौकरशाह थे। लेकिन सभा के सारे कार्य सार्वजनिक काका और जस्टिस रानाडे कर रहे थे। सभा के सदस्यों की सूची में रानाडे का नाम दर्ज नहीं था, लेकिन सभा की सारी गतिविधियों के पीछे रानाडे का दिमाग ही काम करता था। सभा के कार्यों को अधिक प्रचारित नहीं किया जाता था। ज्ञापनों के जरिए सभा जंग लड़ रही थी। आंदोलन और प्रत्यक्ष कार्यवाही के दिन अभी नहीं आए थे।

सचिव बनने के साथ-साथ गोपाल कृष्ण सभा की त्रैमासिक पत्रिका का संपादन भी करते थे। उनके संपादन में पत्रिका के 26 अंक प्रकाशित हुए। 26 अंकों में कुल 49 निबंध प्रकाशित हुए। इनमें गोपाल कृष्ण ने केवल 8-9 निबंध ही लिखे थे। संपादन कार्य करते समय गोपाल कृष्ण को कई अड़चनों का सामना करना पड़ रहा था। पत्रिका अंग्रेजी में प्रकाशित होती थी, लेकिन अंग्रेजी जानने वालों की संख्या सीमित होने के कारण पत्रिका की बिक्री ज्यादा नहीं हो पाती थी। ग्राहकों की संख्या 500 से घटकर 200 हो गई थी।

सक्रियतावाद तिलक की साँसों में बसा था। वे और उनके सहयोगी मानते थे कि देश न सही, प्रांत में ही कुछ प्रवृत्तियों को तीव्रता से बदलना होगा। ब्रिटिश शासन की स्थिरता के बाद नेताओं का एक नया वर्ग आगे आ रहा था। खासतौर पर बंबई और दक्कन की राजनीति में ऐसे नेताओं की संख्या बढ़ रही थी। धनी वर्ग, नव शिक्षित एवं सरकारी सेवकों की नई जमात समाज में विशिष्ट पहचान बनाने लगी थी। सरकार भी इस वर्ग को नीति-निर्धारण की प्रक्रिया से जोड़ने की कोशिश कर रही थी। यही वजह थी कि यह वर्ग ब्रिटिश शासन का गुणगान करने में जुट गया था और अंग्रेजों की संस्कृति का अंधानुकरण करने लगा था। तिलक मानते थे कि जो वर्ग अंग्रेजों का वफादार भक्त बन चुका है, उसके जरिए न तो भारत को स्वाधीनता मिल सकती थी, न ही भारत की जनता की भलाई हो सकती थी। जो

लोग ब्रिटिश संस्कृति का अनुकरण कर रहे थे, तिलक उनके ऊपर विश्वास नहीं करते थे। वे मानते थे कि देश को अपनी संस्कृति के भीतर से नेतृत्व को पैदा करना आवश्यक था। वे ऐसे नेताओं को उपयोगी मानते थे, जो देश की संस्कृति में विश्वास करता हो और जो निस्स्वार्थ भाव से देशहित के लिए सर्वस्व न्योछावर करने के लिए तत्पर हों। अपनी ऐसी ही मान्यता के कारण तिलक गीता पर गहरी आस्था रखते थे। वे फल की इच्छा किए बगैर कर्म करने के सिद्धांत पर भरोसा रखते थे। वे उन लोगों की बात सुनने के लिए तैयार नहीं थे, जो कहते थे कि अंग्रेजों को अपने आप सद्बुद्धि आ जाएगी और वे देश छोड़कर चले जाएँगे। वे अंग्रेजों के भक्तों को नया 'शाही वर्ग' मानते थे और उनसे टकराने का कोई मौका नहीं छोड़ते थे।

सार्वजनिक सभा की सदस्यता सबके लिए उपलब्ध नहीं थी। इसके संविधान के आधार पर तिलक ने अतिरिक्त सदस्य बनाए और 14 जुलाई, 1895 को इसकी वार्षिक आम सभा में सभी पुराने पदाधिकारी चुनाव हार गए। लंबे समय तक सभा में काम करनेवाले अध्यक्ष, कोषाध्यक्ष और अन्य पदाधिकारियों की जगह नए पदाधिकारी चुने गए। तिलक ने गोपाल कृष्ण को हटाने की इच्छा व्यक्त नहीं की; लेकिन अल्पमत में रहकर गोपाल कृष्ण ने काम करना उचित नहीं समझा। कुछ महीने बाद उन्होंने त्यागपत्र दे दिया। इस पराजय से रानाडे और उनके सहयोगी अपने पथ से विचलित होने वाले नहीं थे। 31 अक्तूबर, 1896 को उन्होंने दक्कन सभा नामक नई संस्था की स्थापना की। गोपाल कृष्ण इसके सचिव बनाए गए।

तिलक ने इस घटनाक्रम की उम्मीद नहीं की थी। दक्कन सभा के उद्देश्यों को जानकर भी उन्हें परेशानी हुई थी। सभा ने कहा था कि वह स्वतंत्रतावाद और उदारतावाद के आधार पर कार्य करेगी। उद्देश्य में नई बात कुछ नहीं थी, लेकिन उसे विशिष्ट अंदाज में परिभाषित किया गया था। स्वतंत्रतावाद का अर्थ था—नस्लगत एवं जातीय पूर्वग्रहों से स्वतंत्रता और मनुष्य-मनुष्य के बीच न्यायपूर्ण संबंध स्थापित करने के लिए सारे उपाय करना, विधिसम्मत ढंग से शासक के प्रति वफादार होना और विधि के अनुसार जनता को उचित अधिकार दिलाना। उदारतावाद का अर्थ था—कभी भी अव्यावहारिक आदर्शों का अनुसरण नहीं करना, लेकिन सच्चाई और व्यावहारिकता के आधार पर प्रत्येक दिन कार्य करना और सही तर्कों के आधार पर तालमेल करना।

10 नवंबर, 1896 को 'केसरी' में लेख लिखकर तिलक ने इन उद्‌देश्यों की तीखी आलोचना की। रानाडे पर उन्होंने गंभीर आरोप लगाए थे; लेकिन तिलक इतने नाराज क्यों हुए थे? उनका मानना था कि रानाडे अपनी संस्था के साथ स्वतंत्रतावाद और उदारतावाद को जोड़कर सरकार को उकसा रहे थे कि वह दूसरी संस्था के साथ सख्ती और बेरहमी के साथ पेश आए। रानाडे का भले ही यह मकसद न रहा हो; लेकिन इस तरह की फूट का फायदा सरकार जरूर उठानेवाली थी।

दक्कन सभा की स्थापना के साथ एक बात स्पष्ट हो गई : रानाडे, तिलक और गोपाल कृष्ण अब एक साथ कार्य नहीं करने वाले थे। न ही किसी बात पर एकमत होने वाले थे। रानाडे कभी भी राजनीतिक गतिविधियों में आगे की पंक्ति में नहीं रहे, लेकिन यह तय हो गया था कि उनके शिष्य गोपाल कृष्ण उदारवादी खेमे का नेतृत्व करनेवाले थे। भले ही सूरत में, 1907 में भारतीय राष्ट्रीय कांग्रेस में विभाजन हुआ, लेकिन इसका बीजारोपण दक्कन एजुकेशन सोसाइटी विवाद और सार्वजनिक सभा में वर्चस्व के लिए संघर्ष के दौरान हुआ था। दो खेमे पहले ही सामने आ चुके थे। उनके मतभेद राष्ट्रीय स्तर पर व्यक्त होने के लिए एक अवसर की प्रतीक्षा कर रहे थे।

अकसर तिलक का उल्लेख गरमपंथी नेता के रूप में किया जाता है। इसे तभी ठीक से समझा जा सकता है, जब रानाडे के स्वतंत्रतावाद का अर्थ समझा जाए। रानाडे और उनके सहयोगी मानते थे कि सामाजिक सुधार के बिना विकास नहीं हो सकता। इस तरह स्वतंत्रतावाद का सामाजिक सुधार से गहरा संबंध है। यह भारत में ब्रिटिश शासन के उद्‌देश्यों के साथ भी जुड़ा हुआ है। तिलक ऐसी परिभाषाओं पर यकीन नहीं करते थे। वे आंदोलन के जरिए अपनी माँगें रखने में विश्वास करते थे। ऐसा नहीं था कि तिलक दक्कन सभा के उद्‌देश्यों के प्रतिकूल राय रखते थे। वे स्वयं नस्लगत एवं जातिगत पूर्वग्रहों से मुक्ति और सबके लिए न्याय के हिमायती थे। वफादारी के सवाल पर भले ही उनकी राय भिन्न थी; लेकिन उन्होंने कभी भी कानून के साथ असहयोग नहीं किया। अगर उदारतावाद का अर्थ सीमित उद्‌देश्य है तो तिलक उदारवादी नहीं थे। वे स्वराज को जन्मसिद्ध अधिकार मानते थे।

सही मायने में देखा जाए तो इतिहास के किसी भी नेता को पूरी तरह

उदारतावादी या पूरी तरह गरमपंथी नहीं कहा जा सकता। जो गरमपंथी थे, वे भी कुछ हद तक उदारतावादी थे। इसी तरह जो उदारतावादी थे, वे भी कुछ अवसरों पर गरमपंथी थे।

जब तिलक ने सार्वजनिक सभा का नेतृत्व सँभाल लिया तब सरकार ने उसकी मदद बंद कर दी और तिलक जैसे व्यक्ति के होने पर भी संस्था पिछड़ती गई। दक्कन सभा ने सार्वजनिक सभा की पुरानी शैली में काम करना शुरू कर दिया। वह सरकार को ज्ञापन भेजने लगी। जरूरत पड़ने पर प्रतिनिधिमंडल भेजने लगी। गोपाल कृष्ण तन–मन से अपने कार्य में जुटे थे। उन्हें सभा की तरफ से इंग्लैंड वेलबी कमीशन के समक्ष भारत का पक्ष रखने के लिए भी भेजा गया। यह गौरव सार्वजनिक सभा को हासिल नहीं हो पाया; हालाँकि वेलबी कमीशन के समक्ष गोपाल कृष्ण ने सार्वजनिक सभा के साथ अपने पुराने रिश्ते का भी उल्लेख किया।

□

प्रथम उल्लेखनीय सफलता

कहा जाता है कि गोपाल कृष्ण की वजह से लॉर्ड वेलबी अमर हो गए। अगर गोपाल कृष्ण नहीं जुड़ते तो वेलबी और उनके कमीशन को इतिहास के कूड़ेदान में जगह मिली होती। गोपाल कृष्ण को अपने समक्ष साक्ष्य देने और उन्हें एक अर्थशास्त्री, राजनेता और देशभक्त साबित करने का अवसर देकर वेलबी कमीशन ने भारतीय इतिहास में अपनी उल्लेखनीय जगह बना ली।

ब्रिटेन की सरकार और भारत में तैनात ब्रिटिश प्रशासन के बीच कार्य विभाजन की पड़ताल करने के लिए वेलबी कमीशन का गठन किया गया था। ऐसा लग रहा था कि मानो भारत की जनता की आकांक्षा का कोई अर्थ नहीं। ब्रिटेन की संसद् ने अपने हितों को ध्यान में रखते हुए अपने ही मार्गदर्शन में इस कमीशन का गठन किया था। कमीशन में कुल चौदह सदस्य थे, जिनमें ग्यारह सरकारी अधिकारी थे और बहुमत में थे। दादाभाई नौरोजी, सर विलियम वेडरबर्न और डब्ल्यू.एस. कैने अल्पमत में थे।

कुछ भारतीयों को कमीशन के समक्ष अपनी राय देने के लिए आमंत्रित किया गया था। आमंत्रित भारतीय थे—सुरेंद्रनाथ बनर्जी, डी.ई. वाचा, जी. सुब्रह्मण्यम अय्यर और गोपाल कृष्ण गोखले। शुरू में कमीशन किसी भी भारतीय की राय सुनने के पक्ष में नहीं था, लेकिन दादाभाई नौरोजी के प्रयत्न से उसे ऐसा करने के लिए मजबूर होना पड़ा। भारतीय प्रतिनिधि दल में गोपाल कृष्ण सबसे कम उम्र के थे। उस समय उनकी उम्र 31 साल थी। गोपाल कृष्ण की जगह रानाडे या राव बहादुर जी.पी. जोशी जाने वाले थे, लेकिन वे नहीं जा पाए। उन्होंने दक्कन सभा का प्रतिनिधित्व करने का दायित्व गोपाल कृष्ण को सौंपा, जिन्होंने कुशलतापूर्वक

दायित्व का पालन किया। वे भारत के राजनीतिक एवं आर्थिक क्षेत्र में महत्त्वपूर्ण हस्ती बन गए।

गोपाल कृष्ण के योगदान पर विचार करते समय उस समय की संवैधानिक संरचना की तरफ ध्यान देना होगा। संविधान तो था, मगर उसका काम शासकों को शोषण की खुली छूट देना और भारत की संपदा लूटने की आजादी देना था।

कमीशन के समक्ष गोपाल कृष्ण ने कहा था—ब्रिटिश जनता ब्रिटिश संसद् का नियंत्रण करती है, लेकिन कर चुकाने वाली भारत की जनता का भारत की सरकार पर कोई नियंत्रण नहीं है, बल्कि ब्रिटेन के करदाता भारत का नियंत्रण करते हैं। उनसे किस तरह की अच्छाई की उम्मीद की जा सकती है ? क्या वे जीते हुए राष्ट्र से ज्यादा-से-ज्यादा संपदा हासिल नहीं करना चाहते होंगे ? महारानी का आश्वासन और दूसरी कई घोषणाएँ कागजों तक ही सीमित हैं, भारत पर एक ही सत्ता का शासन चलता है, जिसे सेक्रेटरी ऑफ स्टेट कहकर पुकारते हैं। बजट पर चर्चा भले ही होती है, मगर उसे कभी पारित नहीं किया जाता।

गोपाल कृष्ण ने बताया कि ईस्ट इंडिया कंपनी के शासन के समय भारतीय राजस्व की बेहतर तरीके से सुरक्षा की जाती थी; लेकिन प्रत्यक्ष ब्रिटिश शासन के दौरान स्थिति बिगड़ गई। कंपनी के हाथ से शासन का दायित्व सीधे ब्रिटिश सरकार के हाथ में आना, भारतीय लोगों के हितों के प्रतिकूल साबित हुआ था। कंपनी भारतीय हितों और ब्रिटिश हितों के बीच तालमेल कायम करने की कोशिश करती थी। प्रत्यक्ष शासन शुरू होने पर भारतीय हितों को पूरी तरह भुला दिया गया था।

जिस समय वेलबी कमीशन का गठन हुआ था, उस समय भारत में इस बात को लेकर असंतोष था कि उसके राजस्व को खर्च करते हुए भारत की सीमा से परे ब्रिटिश सरकार नए इलाकों पर कब्जा कर रही थी। लोक सेवाओं में अंग्रेजों की नियुक्ति हो रही थी। अंग्रेज व्यापारियों को लूटने की छूट दी जा रही थी। नई रेलवे पटरियाँ बिछाकर भारत की संपत्ति को लूटकर ब्रिटेन ले जाने की साजिश को अंजाम दिया जा रहा था। ये प्रमुख शिकायतें थीं। इसके अलावा भी कई शिकायतें थीं। लेकिन जो इन शिकायतों का असली मर्म था, वह इस प्रकार था—हम हारे हुए लोग हैं। विजेता हम पर हावी हैं। अगर संभव हो तो शिकंजे को कुछ ढीला किया जाए। उस जमाने में संविधान-सम्मत प्रतिरोध की यही सीमा थी।

उनका मानना था कि बजट पर मतदान का अर्थ भारतीय हितों की सुरक्षा करना था। लेकिन अंग्रेज शासकों को लगता था कि इस तरह उनके शासन की जड़ पर प्रहार होता था। अपने क्षेत्र का विस्तार करने के लिए अंग्रेजों ने अफगानिस्तान और बर्मा के साथ युद्ध छेड़ा था। उन्होंने पूर्व में भी अपने प्रभाव क्षेत्र का विस्तार किया था। युद्ध और विस्तार के अभियान पर 11.50 लाख रुपए खर्च किए गए, जो राशि भारत के करदाताओं से वसूली गई थी। भारत के ऊपर इस तरह के खर्च का बोझ डालने का कोई औचित्य नहीं था। गोपाल कृष्ण ने कहा कि शांति की स्थिति में भी विशाल यूरोपीय सेना को तैनात रखा गया था और यूरोपीय सैनिकों के ऊँचे वेतन का खर्च भारत को उठाना पड़ रहा था। इसे किस तरह उचित ठहराया जा सकता था। सेना में लगातार ब्रिटिश सिपाहियों की भरती हो रही थी और खर्च बढ़ता जा रहा था।

इसी तरह 1893 के मध्य में सभी यूरोपीय कर्मचारियों को 'विनिमय मुआवजा भत्ता' अलग से दिया जा रहा था। इस भत्ते के प्रावधान के चलते यूरोपीय कर्मचारी मोटी तनख्वाह हासिल कर पा रहे थे। गोपाल कृष्ण ने बताया कि इस प्रावधान के चलते 1894–95 और 1895–96 में 12 लाख तथा 13 लाख रुपए अतिरिक्त खर्च करने पड़ रहे थे। उनका तर्क था कि पहले से ही अधिक वेतन पानेवाले यूरोपीय कर्मचारियों को अलग से भत्ता देने का कोई तुक नहीं था, लेकिन कर चुकाने वाले भारतीय नियंत्रण का अधिकार नहीं रखते थे और जो अंग्रेज यह अधिकार रखते थे उन्हें भारत के हितों से कोई लेना–देना नहीं था। भत्ता देने के पीछे यह तर्क दिया जाता था कि स्टर्लिंग के मुकाबले रुपए का बाजार मूल्य कम है। गोपाल कृष्ण इस बात को तर्कसंगत नहीं मानते थे। इस संदर्भ में गोपाल कृष्ण ने 1886 में वित्त समिति के सामने बंबई चैंबर ऑफ कॉमर्स के एक बयान का उल्लेख किया था। यह संस्था अंग्रेज व्यवसायियों का प्रतिनिधित्व करती थी। चैंबर ने अनुरोध किया था कि जिन अधिकारियों को 1000 रुपए प्रतिमाह या उससे अधिक वेतन मिल रहा है, उसमें संशोधन कर उसे घटाने की जरूरत है। गोपाल कृष्ण ने 1886 में गठित वित्त आयोग के एक प्रसंग का उल्लेख किया था। रानाडे भी उस वित्त आयोग के सदस्य थे। 1885 में लोक निर्माण विभाग में कार्यरत यूरोपीय इंजीनियरों ने इसके पुनर्गठन के खिलाफ आंदोलन किया था। सरकार ने आंदोलन पर कोई प्रतिबंध नहीं लगाया था। जबकि वेतन–वृद्धि के लिए चलाए जा रहे आंदोलन के

प्रति सख्ती बरतने की जरूरत थी।

गोपाल कृष्ण ने कमीशन के सामने यूरोपीय व्यापारियों के प्रति बरती जा रही सरकारी उदारता का भी उल्लेख किया था। रेलवे ने अंग्रेज व्यापारियों को भारतीय संसाधनों को दोनों हाथों से लूटने का अवसर प्रदान किया था। हालाँकि सेना की आवाजाही सुगम बनाने के उद्देश्य से देश भर में रेलमार्ग का विस्तार किया गया था, लेकिन बाद में रेलवे के विस्तार का उद्देश्य अंग्रेज व्यापारियों को लाभान्वित करना बन गया था। प्राइवेट रेलवे को प्रोत्साहित किया जा रहा था और अंग्रेज अधिकारी रेलवे कंपनियों के शेयर धारक थे, जो निजी फायदे के लिए कंपनियों को विशेष छूट मुहैया करवा रहे थे।

आई.सी.एस. कैडरों के चयन, बहाली आदि से जुड़ी शिकायतें तो थीं ही। महत्त्वपूर्ण पदों पर अंग्रेजों को नियुक्त किया जा रहा था। गोपाल कृष्ण ने उस समय बंबई प्रांत में कार्यरत अधिकारियों का आँकड़ा प्रस्तुत किया। आई.सी. एस. के 157 पदों में से केवल पाँच पदों पर भारतीय कार्य कर रहे थे। भूमि रिकॉर्ड विभाग में कुल छह पद थे, जिन पर अंग्रेज अधिकारी कार्य कर रहे थे। वन विभाग के कुल 29 पदों पर अंग्रेज अधिकारी कार्य कर रहे थे। नमक विभाग में कुल 12 पदों में से केवल एक पद पर भारतीय अधिकारी था। जेल विभाग में कुल 11 पदों पर अंग्रेज अधिकारी कार्य कर रहे थे। यही हाल मेडिकल, स्वच्छता, राजनीतिक, पुलिस और लोक निर्माण विभाग का था। सभी पदों पर यूरोपीय अधिकारी नियुक्त किए गए थे। केवल शिक्षा विभाग में भारतीय अधिकारियों की कुल उपस्थिति देखी जा रही थी, जहाँ 45 में से 10 पदों पर भारतीय अधिकारी कार्य कर रहे थे।

कमीशन की पड़ताल के साथ इन बातों का क्या संबंध हो सकता था? जब कमीशन के सदस्यों ने कहा कि अप्रासंगिक बातों का उल्लेख करने की कोई जरूरत नहीं है, तब गोपाल कृष्ण ने तर्क दिया कि सभी समस्याएँ एक-दूसरे से जुड़ी हुई हैं। जो बातें उनके लिए अप्रासंगिक थीं, वही बातें भारत और उसकी समस्याओं के लिहाज से प्रासंगिक हैं। उन्होंने कहा कि वे कोई समाधान बताना नहीं चाहते, लेकिन वस्तुस्थिति का चित्रण जल्द करना चाहते हैं। कमीशन के कुछ सदस्यों के साथ उनकी बहस भी हुई, लेकिन उनके तर्कों को ध्यान से सुना गया। हालाँकि उनकी अपेक्षा के अनुरूप परिणाम सामने नहीं आया।

गवाही के दौरान गोपाल कृष्ण को कठिन परीक्षा से गुजरना पड़ा। उन्होंने एक

दक्ष और जिम्मेदार जननेता के रूप में अपना पक्ष रखा। जब उनके तर्कों को गलत ठहराने की कोशिश की गई तो वे दृढ़ता के साथ अपनी बात पर अड़े रहे। उन्होंने अपनी लिखित गवाही में उल्लेख किया कि अधिक रेलमार्ग का निर्माण शोषण के लिए किया जा रहा है। मौखिक वक्तव्य में उन्होंने अपने इस कथन को विस्तारपूर्वक रखा। उन्होंने स्वीकार किया कि रेलमार्गों के विकास से परिवहन की सुविधा हो गई है और अकाल प्रभावित इलाकों में खाद्य पदार्थों की आपूर्ति कर पाना आसान हो गया है। लेकिन रेलवे का विस्तार मानवीय कारणों से नहीं किया जा रहा है, बल्कि व्यावसायिक फायदे के लिए किया जा रहा है। इसका मूल उद्देश्य भारतीय संपदा का दोहन कर विदेश ले जाना है। भारत के उत्पाद सस्ते दामों में ले जाकर गैर-जरूरी विदेशी वस्तुएँ ऊँची कीमत पर भारतवासियों को बेची जा रही हैं। उन्होंने तर्क दिया कि विदेश से आयातित वस्तुओं की वजह से देशी उद्योग तबाह हो रहे हैं और बुनकर तथा दूसरे कारीगर बेरोजगार होते जा रहे हैं।

गोपाल कृष्ण ने 12 और 13 अप्रैल, 1897 को वेलबी कमीशन के समक्ष गवाही दी थी। उन्हें इस बात की संतुष्टि हुई कि उन्होंने अपने कर्तव्य का पालन निष्ठापूर्वक किया।

□

भारतीय राष्ट्रीय कांग्रेस में गोपाल कृष्ण गोखले

पूना में 1893 में जनता में अपार उत्साह नजर आ रहा था। सड़कों को तोरणों, फूलों और मालाओं से सजाया गया था। महान् नेता दादाभाई नौरोजी का स्वागत करने के लिए पूना तैयार था। गोपाल कृष्ण के उत्साह का कोई ठिकाना नहीं था। तब उनकी उम्र केवल सत्ताईस वर्ष की थी, मगर उनकी पहचान एक समर्पित कांग्रेसी नेता के रूप में बन चुकी थी। दादाभाई नौरोजी को लाहौर में होने वाले कांग्रेस अधिवेशन का अध्यक्ष चुना गया था और गोपाल कृष्ण उनके करीब रहकर मदद करना चाहते थे। घोड़ागाड़ी में उन्हें नौरोजी के बगल में जगह नहीं मिल पाई थी। इसीलिए वह चालक की बगल में बैठकर संतुष्ट हो गए थे। वहीं से वे नारे लगा रहे थे, रुमाल हिला रहे थे और भीड़ से रास्ता देने के लिए कह रहे थे। उनका उत्साह ऐसा था कि कोई विश्वास नहीं कर सकता था।

गोखले और तिलक 1889 में कांग्रेस में शामिल हुए। उस जमाने में उनकी उम्र के युवाओं के लिए कांग्रेस से दूर रह पाना आसान नहीं था। चूँकि सबके हृदय में देशप्रेम की भावना उमड़ रही थी। ए.ओ. ह्यूम भारत में लोकतांत्रिक सरकार के सपने को साकार करने के लिए पचास ऐसे व्यक्तियों से जीवन समर्पित करने का आह्वान कर रहे थे, जो निस्स्वार्थी हों, नैतिक साहस और आत्मनियंत्रण रखते हों। गोपाल कृष्ण ऐसे ही एक युवा थे। देशप्रेम की भावना से सैकड़ों युवा आगे आए थे, लेकिन गोपाल कृष्ण जैसे योग्य युवा गिने-चुने ही हो सकते थे।

कांग्रेस की स्थापना के समय गोपाल कृष्ण या तिलक उपस्थित नहीं थे। रानाडे कांग्रेस के संस्थापकों में से एक थे और उनकी प्रेरणा से ही गोपाल कृष्ण कांग्रेस में शामिल हुए थे। पूना को कांग्रेस के प्रथम अधिवेशन का आयोजन स्थल

बनने का अवसर मिल रहा था; लेकिन महामारी फैल जाने के कारण अधिवेशन मुंबई में आयोजित हुआ। सर विलिमय वेडरबर्न अधिवेशन के अध्यक्ष थे। 1889 में कांग्रेस के प्रतिनिधियों की संख्या भी इत्तेफाक से 1889 ही थी। सांसद चार्ल्स ब्राडलाड भी एक सत्र में शामिल हुए थे, जिसने संसद् में एक विधेयक लाकर भारत में विधान परिषदों के गठन के संबंध में प्रस्ताव पेश किया गया था। यह प्रस्ताव विवादास्पद बन गया। तिलक ने इसमें एक संशोधन जोड़ा कि प्रांतीय विधान परिषदों के सदस्यों के द्वारा सर्वोच्च विधायिका के सदस्यों का चुनाव होना चाहिए। गोपाल कृष्ण ने इस सुझाव का समर्थन किया। इन दोनों नेताओं के रिश्तों पर गौर किया जाए तो यही एकमात्र अवसर था, जब गोपाल कृष्ण और तिलक किसी सार्वजनिक मुद्दे पर सहमत नजर आए थे। इस सुझाव को ठुकरा दिया गया था। संशोधन का विचार रानाडे के मन में उभरा था, इसीलिए गोपाल कृष्ण का समर्थन करना आचरण की बात नहीं थी।

अपने जीवन के अंत तक गोपाल कृष्ण कांग्रेस के सभी अधिवेशनों में शामिल होते थे। केवल 1903 में चयन समिति में व्यस्त रहने और 1913 व 1914 में बीमार रहने के कारण वे शामिल नहीं हो पाए। वे कांग्रेस की कार्यवाहियों में सक्रियतापूर्वक भाग लेते रहे और प्रस्तावों पर अपने विचार व्यक्त करते रहे। उनकी अभिव्यक्ति की क्षमता, विषय का गहरा ज्ञान और तर्क की विलक्षण शक्ति का कांग्रेस के नेताओं पर विशेष प्रभाव पड़ता था और वे उन्हें एक संभावनाओं से भरपूर नेता मानते थे।

आरंभिक दौर में कांग्रेस की तरफ से जो प्रस्ताव पारित होते थे, वे हलके-फुलके मुद्दों पर केंद्रित होते थे। कांग्रेस विनम्रतापूर्वक कुछ माँगें सरकार के समक्ष रखती थी। यह सरकार की मरजी पर निर्भर करता था कि वह ऐसी माँगों के प्रति कैसा रुख अपनाए। लेकिन इन प्रस्तावों के जरिए जनता के बीच चेतना फैल रही थी और भारत की दुर्दशा के प्रति देश-दुनिया के लोगों को जागरूक बनाया जा रहा था।

1835 में कांग्रेस के प्रथम अधिवेशन में जो प्रस्ताव पारित किए गए थे, वे इस प्रकार थे :

- भारत में प्रशासन के कार्यों की पड़ताल करने के लिए एक ब्रिटिश आयोग का गठन किया जाए।
- इंडिया काउंसिल को भंग किया जाए।

- विधान परिषदों के लिए सदस्यों का चुनाव किया जाए।
- परिषदों में विचार व्यक्त करने की छूट दी जाए।
- उत्तर-पश्चिम प्रांत, अवध और पंजाब में विधान परिषदों का गठन किया जाए।
- परिषदों में बहुमत के विरोध पर विचार करने के लिए 'हाउस ऑफ कॉमंस' की तदर्थ समिति बनाई जाए।
- आई.सी.एस. के समकक्ष परीक्षा आयोजित की जाए और उसमें दाखिले की आयु सीमा बढ़ाई जाए।
- सैन्य खर्च में कटौती की जाए।

ये प्रस्ताव दरशाते हैं कि परिषदों में प्रतिनिधि किन मुद्दों पर विरोध जताना चाह रहे थे। कांग्रेस के कुछ नेता विधायिका के भी सदस्य थे और इस तरह ऐसे प्रस्तावों को स्वीकार करवाने का उन्हें जनादेश मिला हुआ था। यह कोई आसान काम नहीं था। मामूली माँगों को मनवाने के लिए भी वर्षों का समय लग जाता था।

गोपाल कृष्ण कांग्रेस में नई संभावना लेकर आए थे। बुजुर्ग नेता उनसे अत्यंत प्रभावित थे। पूना में अधिवेशन होने से पहले उन्हें कांग्रेस का सचिव बना दिया गया, तिलक भी सचिव थे।

भारत के अन्य शहरों की तुलना में पूना के लोगों के मन में देशी शासन की स्मृतियाँ अधिक जीवंत थीं। भले ही ब्रिटिश शासन के आदेश का पालन किया जा रहा था, लेकिन देशप्रेमी नागरिक अंग्रेजों को हिकारत की नजर से देखते थे। युवाओं का एक वर्ग हिंसक तरीके से ब्रिटिश शासन का विरोध जता रहा था, इन क्रांतिकारियों के कई मूल समर्थक थे। तिलक उग्रवाद का समर्थन नहीं करते थे, लेकिन वे राष्ट्रभक्ति की आग को जिंदा रखना चाहते थे, उन्हें गुलामी की मानसिकता पसंद नहीं थी। वे विदेशी शासन से मुक्ति का सपना देखते थे। यह योजना भी गलत होगी कि रानाडे की अगुवाईवाला उदारतावादी खेमा तिलक की तुलना में राष्ट्रप्रेम के बारे में कम सोचता था। लेकिन फिरोजशाह मेहता या वाचा से उम्मीद नहीं की जा सकती थी कि वे मराठा इतिहास के गौरव को दोहराएँगे, शिवाजी की शौर्य गाथा से प्रेरणा लेंगे या गणपति उत्सव से जनता को जागरूक बनाएँगे। तिलक ने 1893-94 में शिवाजी उत्सव और गणपति उत्सव का आयोजन शुरू कर जनता का दिल जीत लिया।

दोनों ही खेमों में खुशी थी कि पूना में कांग्रेस अधिवेशन आयोजित हो रहा है और दोनों ही खेमे इस आयोजन को सफल बनाना चाहते थे। लेकिन आंतरिक मतभेदों को भुला पाना आसान नहीं था। रानाडे का आदर तो किया जाता था, मगर उनके प्रति सहयोग की भावना न के बराबर थी। उनके विरोधियों का मानना था कि हद से ज्यादा नैतिकतावादी, समाज सुधारक और शासक की महानता के प्रति आस्थावान थे। जब इस बात पर जोर दिया गया कि कांग्रेस अधिवेशन के साथ एक ही स्थान पर समाज सुधार सम्मेलन भी आयोजित किया जाएगा तो कुछ लोग नाराज हो उठे। उन्होंने इसका विरोध शुरू कर दिया। इस मुद्‌दे पर विवाद पैदा हो गया। लोग कहने लगे कि जब तक समाज सुधार सम्मेलन का आयोजन किसी दूसरी जगह करने का फैसला नहीं किया जाता तब तक वे कांग्रेस स्वागत समिति की सदस्यता ग्रहण नहीं करेंगे। कांग्रेस अधिवेशन की तारीख करीब आती जा रही थी। तिलक ने कांग्रेस अधिवेशन के सचिव होने के नाते लोगों को समझाने की कोशिश की कि समाज सुधार सम्मेलन का आयोजन करना गलत नहीं होगा, लेकिन लोगों का विरोध शांत नहीं हुआ। आखिरकार तिलक ने सचिव के पद से इस्तीफा दे दिया। विरोध से दुःखी होकर माहौल को सामान्य बनाने के लिए रानाडे ने समाज सुधार सम्मेलन किसी दूसरी जगह आयोजित करने का फैसला किया।

इस चुनौतीपूर्ण समय में गोपाल कृष्ण ने अविचलित रहकर सचिव के दायित्वों का निर्वहन किया। अधिवेशन के दौरान उन्होंने दैनिक बुलेटिन का संपादन किया और कोष के लिए चंदा जुटाया। हालाँकि इस बात का श्रेय उन्हें नहीं दिया गया। □

एक नैतिक दुविधा

इंग्लैंड की प्रथम यात्रा के दौरान गोपाल कृष्ण मार्च से जुलाई 1897 तक, पाँच महीने अपनी मातृभूमि से दूर रहे। उन्होंने पुस्तकों और पत्र-पत्रिकाओं के जरिए ही अब तक इंग्लैंड को जाना था। इंग्लैंड को अपनी आँखों से देखने का उन्हें पहली बार अवसर मिल रहा था। वेलबी कमीशन के सामने गवाही देने के लिए गोपाल कृष्ण के साथ लंदन गए दिनशॉ इडुलजी वाचा ने इंग्लैंड के अनुभव का विस्तृत विवरण लिखा है।

गोपाल कृष्ण के लिए अंग्रेजों का सामाजिक जीवन अनूठा था। संभ्रांत समाज के शिष्टाचार को वे पहले ही सीख चुके थे, लेकिन इंग्लैंड के समाज में जाकर उन्हें शुरू-शुरू में हिचकिचाहट हुई। फिर वे तेजी से उस समाज के साथ घुलते-मिलते गए।

हालाँकि यह हैरानी की बात है कि गोपाल कृष्ण को इतने लंबे समय तक इंग्लैंड में ठहरना पड़ा। भारत से जाते समय केलाइम के प्रतीक्षालय में वे गिर पड़े थे। उससे हृदय पर चोट लगी थी, लेकिन वे इतने शरमीले थे कि उन्होंने वाचा से भी इस घटना के बारे में नहीं बताया। वे चुपचाप पीड़ा बरदाश्त करते रहे। लेकिन तीसरे दिन विवश होकर उन्होंने वाचा को अपनी तकलीफ के बारे में बताया। गोपाल कृष्ण दादाभाई नौरोजी के साथ ठहरे थे, लेकिन उन्होंने उनसे कुछ दूरी बनाकर रखी थी। असल में वे एक ऋषि के साथ बेहिचक बातें नहीं करना चाहते थे। वाचा ने दादाभाई को दुर्घटना की गंभीरता के बारे में बताया और किसी अच्छे डॉक्टर को बुलाने के लिए कहा। डॉक्टर ने आकर जाँच की। उसने बताया कि गंभीर चोट लगी है और किसी तरह गोपाल कृष्ण की जान बच गई। इलाज शुरू

हुआ और तीन दिन गुजर जाने पर खतरा टल गया।

गोपाल कृष्ण से एक पखवाड़े तक बिस्तर पर आराम करने के लिए कहा गया। समस्या यह पैदा हो गई कि इस अवधि में उनकी देखभाल कौन करे? वाचा ने लिखा है—''यह गोपाल कृष्ण और हमारे सौभाग्य की बात थी कि हम जहाँ ठहरे थे, वहाँ एक अत्यंत भद्र महिला थी, जो महान् शेरीडन वंश से ताल्लुक रखती थी। वह संवेदनशील और दयालु थी। श्रीमती कोसग्रेव ने गोपाल कृष्ण की देखभाल की जिम्मेदारी ले ली। जब तक उनकी तबीयत ठीक नहीं हुई, तब तक महिला उनकी देखभाल करती रही। कोई परिजन भी इतना खयाल नहीं रख सकता था, जितना खयाल उस महिला ने रखा। कोई गोपाल कृष्ण को इतना खुश नहीं रख सकता था। यही वजह है कि गोपाल कृष्ण जल्दी ठीक हो गए।''

इंग्लैंड की अपनी पहली यात्रा के दौरान गोपाल कृष्ण की जान-पहचान कई प्रमुख ब्रिटिश नेताओं से हुई। वे उनसे काफी प्रभावित हुए। खास तौर पर जॉन मोर्ली से मिलना उन्हें अच्छा लगा। गोपाल कृष्ण जहाँ भी जाते तो सिर पर महाराष्ट्र की पगड़ी जरूर बाँधते थे। लंदन में वे संसद् में जाते या कहीं और, तब भी उनके सिर पर पगड़ी रहती थी। सुनहरे रंग की पगड़ी को देखकर लोगों का ध्यान उनकी तरफ आकर्षित हो जाता था। वाचा के अनुसार महिलाएँ गोपाल कृष्ण को पगड़ी में देखना चाहती थीं और पगड़ी पहनकर गोपाल कृष्ण खुश नजर आते थे। वे जहाँ भी जाते, स्वाभाविक रूप से लोग उन्हें पहचान लेते थे। बाद में जब गोपाल कृष्ण इंग्लैंड की यात्रा पर गए। तब वे पगड़ी छोड़कर टोपी पहनने लगे थे।

वेलबी कमीशन के समझ गवाही पूरी होने के बाद गोपाल कृष्ण जल्द से जल्द भारत लौट जाना चाहते थे, जहाँ लोग उनके कार्य की सराहना कर रहे थे। लेकिन नियति को कुछ और ही मंजूर था। जहाँ उन्हें सराहना और सम्मान मिलना चाहिए था, वहीं उन्हें सरकार और अपने ही देशवासियों के तिरस्कार का सामना करना पड़ा। उनके जीवन का सर्वाधिक तकलीफदेह अध्याय था।

जब वे इंग्लैंड में थे, उस समय भारत को विपदाओं का सामना करना पड़ रहा था। अक्तूबर 1896 के शुरुआत में बंबई में प्लेग फैल गया था। उसी साल अकाल से लोग त्राहि-त्राहि कर रहे थे। दो तरह की विपदाओं के चलते बंबई सूना शहर नजर आने लगा था, लेकिन शहर से लोगों के पलायन की वजह से नया संकट पैदा हो रहा था। उन लोगों के जरिए प्लेग का संक्रमण हो रहा था। बंबई के

बाद पूना में भी यह महामारी फैल गई थी। सरकार उस समय खामोश बैठकर महामारी को फैलने नहीं दे सकती थी। प्लेग को नियंत्रित करने के लिए सरकार की तरफ से पर्याप्त उपाय करने का फैसला किया गया।

इंग्लैंड की सरकार अपने अनुभवों से जानती थी कि प्लेग के अनियंत्रित हो जाने पर किस तरह बड़े पैमाने पर तबाही मच सकती थी। इंग्लैंड की सरकार भारत में तैनात अपने प्रतिनिधि पर दबाव डाल रही थी कि वह सख्त कदम उठाए, ताकि प्लेग से ग्रस्त कोई व्यक्ति इंग्लैंड की जमीन पर कदम न रख सके।

4 फरवरी, 1897 को बंबई विधान परिषद् में एक विधेयक पारित किया गया, जिसके जरिए प्लेग को फैलने से रोकने के लिए सरकारी अधिकारियों को अपने स्तर पर निर्णय लेने का अधिकार दिया गया। यह अधिकार वैसा ही था, जैसा मार्शल लॉ के तहत दिया जाता है। भारत के लोगों ने इस तरह का असीमित अधिकार दिए जाने का तीव्र विरोध जताया। विधेयक को लागू करने के लिए आनन-फानन में नियम बनाए गए और जनता का आक्रोश बढ़ता गया। लोग उन नियमों को मानने की जगह प्लेग से जान देना पसंद करने लगे।

बंबई शहर के प्रशासन ने कानून-सम्मत तरीके से अधिकार का प्रयोग करना शुरू किया। मगर पूना में मामला बिगड़ता चला गया। रैंड नामक अधिकारी को महामारी नियंत्रित करने के लिए सख्त काररवाई हेतु तैनात किया गया। रैंड ने घरों की जाँच कर उन्हें संक्रमणमुक्त करने, संक्रमित व्यक्तियों को अलग कर विशेष रूप से बनाए गए अस्पतालों में भरती करने के लिए सेना की मदद माँगी। इस तरह पूरे शहर में युद्ध जैसा दृश्य नजर आने लगा। लोग पूरी तरह आतंकित हो उठे। सारे फौजी यूरोपीय थे। उनमें भारतीय फौजी एक भी नहीं था। विदेशी फौजियों के मन में किसी तरह की संवदेनशीलता, भारतीय धर्म, रीति-रिवाज के प्रति किसी तरह का आदर-भाव नहीं था। तिलक इस कदम का विरोध जताते हुए कह रहे थे कि सरकार का यह कदम बीमारी से भी अधिक बदतर था। उन्होंने विरोध प्रदर्शन किया और एक निजी अस्पताल की स्थापना की, जहाँ सही तरीके से मरीजों की देखभाल की जा रही थी, मगर सरकार आलोचना सुनने के लिए तैयार नहीं थी।

जनता भयभीत हो गई थी। फौजी जवान लोगों की भावनाओं को तरजीह देने की जरूरत नहीं समझ रहे थे। परंपरावादी हिंदू परिवार अपने रसोई और

पूजागृह की पवित्रता की रक्षा करना चाहता था, मगर अवांछित सैनिक उनकी पवित्रता को भंग कर रहे थे। लोग उत्तेजित हो रहे थे, मगर उनकी शिकायत सुननेवाला कोई नहीं था।

22 जून, 1897 को रानी विक्टोरिया के शासन के हीरक जयंती समारोह में, गवर्नमेंट हाउस में डिनर खाने के बाद रैंड और उसका सहयोगी लेफ्टिनेंट आइरिस्ट जब वापस लौट रहे थे, तब उन्हें गोली मार दी गई। आइरिस्ट की मौत घटनास्थल पर ही हो गई, जबकि रैंड को घायल अवस्था में अस्पताल में भरती कराया गया। जहाँ ग्यारह दिनों के बाद उसकी भी मौत हो गई।

पूना में तबाही मची थी। हजारों व्यक्ति मर चुके थे। काफी लोग जान बचाकर भाग रहे थे। ऐसे घरों पर निशान लगाए गए थे, जिन घरों में प्लेग फैला था। महामारी फैलने के दो महीने बाद दो अंग्रेज अधिकारियों पर हमला किया गया था। तब तक प्लेग का प्रकोप कुछ कम हो गया था और कुछ व्यक्तियों को हत्या के आरोप में गिरफ्तार कर मुकदमा चलाया गया और उन्हें फाँसी पर लटका दिया गया।

इसके साथ ही अंग्रेज सैनिकों के अत्याचार और बर्बर रवैए के बारे में तरह-तरह की कहानियाँ फैलने लगी थीं। गोपाल कृष्ण के पास स्वदेश से अखबार पहुँच रहे थे, जिनमें घटनाक्रम का लोमहर्षक वर्णन किया गया था। वे बेचैन हो उठे थे। दूसरे अखबारों में छपी खबरों पर उन्हें इतना विश्वास नहीं था, लेकिन जब उन्होंने अपने अखबार 'सुधारक' में गुस्से में लिखा गया लेख पड़ा तो उन्हें पूना में हुए अत्याचार पर पक्का यकीन हो गया। 'सुधारक' ने 12 अप्रैल, 19 अप्रैल और 10 मई, 1897 के अंक में लिखे लेखों के जरिए जनता से प्रतिशोध लेने का आह्वान किया था और कहा कि लोगों को चुपचाप अन्याय बरदाश्त नहीं करना चाहिए। 'सुधारक' ने अपने एक लेख में लिखा था—"धिक्कार है तुम्हें! तुम्हारी माँ, बहन, पत्नी की इज्जत लूटी जा रही है और अभी तक तुम खामोश हो! जानवर भी इतना अन्याय बरदाश्त नहीं करते। क्या तुम नपुंसक हो! सैनिकों की ज्यादती से भी अधिक तुम लोगों की कायरता शर्मनाक है।"

एक दूसरे लेख में लिखा गया था—"अब तक वे लोग सिर्फ चोरी कर रहे थे, लेकिन अब तुम्हारी स्त्रियों की इज्जत पर हाथ डाल रहे हैं। इसके बावजूद तुम्हारा खून क्यों नहीं खौल रहा है? कितनी शर्म की बात है! भारतीय की तरह

कायर व्यक्ति संसार में कहीं नहीं मिलेगा। क्या तुम चुपचाप बूढ़ी औरत की तरह आँसू बहा रहे हो? क्या तुम अत्याचारियों को सबक नहीं सिखा सकते?" 'केसरी' की तुलना में 'सुधारक' अधिक तीखे ढंग से रैंड के प्रशासन पर हमला कर रहा था।

12 और 13 अप्रैल को गोपाल कृष्ण वेलबी कमीशन के सामने गवाही दे रहे थे। उस समय उनका अखबार आग उगल रहा था। उनका अपना शहर पूना संकट में था और उनके कृत्यों की सराहना करने की स्थिति में नहीं था। भारत के किसी अखबार ने वेलबी कमीशन के समक्ष गोपाल कृष्ण की गवाही की प्रक्रिया में दिलचस्पी नहीं ली थी। जहाँ वे एक नायक की तरह उभरकर सामने आए थे, लेकिन गोपाल कृष्ण ने स्वदेश में जारी तकलीफदेह घटनाक्रम के प्रवाह में अपने आपको बहने नहीं दिया और दायित्व का निष्ठापूर्वक पालन करते रहे।

कमीशन के सामने गवाही देने के बाद उन्होंने स्वदेश से भेजे गए सहकर्मियों और मित्रों के पत्रों तथा अखबारों को गौर से पढ़ना शुरू किया। उन्हें पूना में जारी दहशतगर्दी की जानकारी मिली। प्रोफेसर वी.के. राजपांडे, पूना के मशहूर उपन्यासकार एच.एन. आप्टे, सरदार नाटू, पंडित रमाबाई आदि ने उन्हें दर्दनाक किस्से लिखकर भेजे थे। एक खबर थी कि सैनिकों ने दो महिलाओं की इज्जत लूट ली, जिसमें से एक महिला ने खुदकुशी कर ली थी। यह खबर पढ़कर गोपाल कृष्ण अत्यंत विचलित हो उठे। वह क्या कर सकते थे? इस समय वे इंग्लैंड में थे और सरकार से ज्यादती रोकने के लिए अनुरोध कर रहे थे, ताकि सरकार की बदनामी न हो। उन्होंने अपने दोस्तों से विचार-विमर्श किया। सर विलियम वेडरबर्न ने कुछ सांसदों को विश्वास में लेकर यह मुद्दा रखने का सुझाव दिया। उन्होंने वैसा किया, मगर कोई प्रभाव नहीं पड़ा। तब उन्होंने 'मैनचेस्टर गार्डियन' में इस मुद्दे के बारे में एक पत्र प्रकाशित करवाया। इस पत्र में उन्होंने दो महिलाओं के साथ बलात्कार की घटना का उल्लेख किया था। इस पत्र के छपने से इंग्लैंड में सनसनी फैल गई। महिलाओं के प्रति इंग्लैंड का समाज अत्यंत संवेदनशील समझा जाता था। सच्चाई की जाँच कर निराकरण का उपाय करने की जगह पत्र का विरोध शुरू हो गया। इंग्लैंड के लोग गोपाल कृष्ण के आरोप को अपना अपमान समझ रहे थे। सरकार मामले की निष्पक्ष न्यायिक जाँच कराने के लिए तैयार नहीं थी।

बंबई की सरकार आरोप से सीधे तौर पर जुड़ी हुई थी। उसने जाँच-पड़ताल

की और इंग्लैंड की सरकार को सूचित किया कि आरोप बेबुनियाद था और घृणा तथा विद्वेष से उपजी अफवाह पर आधारित था। बंबई सरकार के प्रमुख लॉर्ड सैंडर्स्ट ने सच्चाई का पता लगाने के लिए प्लेग राहत प्रशासन संबंधी प्रश्नावली तैयार कर पूना के पाँच सौ नागरिकों को तार से भेजकर तार से ही जवाब देने का निर्देश दिया था। एक भी जवाब से गोपाल कृष्ण के आरोप की पुष्टि नहीं होती थी। पूना के नागरिक सच्चाई का बयान किस तरह कर सकते थे? माहौल में दहशत घुली हुई थी। उस समय जो भी गोपाल कृष्ण के लगाए आरोप का समर्थन करता, उसे दंडित किए जाने का डर था। लोगों से चौबीस घंटे में जवाब देने के लिए कहा गया था। लोगों को जाँच-पड़ताल कर जवाब देने का पर्याप्त समय भी नहीं दिया गया था। इस तरह दबाव के जरिए प्रशासन ने गोपाल कृष्ण के आरोप को झूठा साबित कर दिया था। सरकार के लिए यह जीत थी। अखबारों में जो छपा, लोगों ने जो देखा-सुना, वह सब झूठ था। बंबई की सरकार ने बताया कि सैनिकों ने जनता के साथ मानवीय तरीके से सभ्य बरताव किया था। क्या इस बयान पर कोई विश्वास कर सकता था? इसके बावजूद गोपाल कृष्ण को मिथ्यावादी मान लिया गया। उनके लगाए आरोप को मनगढ़ंत घोषित कर दिया गया। अगर कोई दूसरा व्यक्ति होता तो अखबारों को पत्र भेजकर जनता से रायशुमारी करने के तरीके पर सवाल उठा सकता था।

गोपाल कृष्ण के लिए निजी संकट का समय आ गया था। उनके मित्र और प्रशंसक भी अचानक उनकी आलोचना करने लगे थे। भारत के सेक्रेटरी ऑफ स्टेट ने हाउस ऑफ कॉमंस में जोशीले अंदाज में बंबई सरकार की सराहना करते हुए गोपाल कृष्ण के लगाए गए आरोप को झूठ का पुलिंदा करार दिया।

वाचा का मानना था कि गोपाल कृष्ण को अपनी लिखावट में अपने नाम से मैनचेस्टर गार्डियन को पत्र नहीं भेजना चाहिए था। मगर गोपाल कृष्ण वाचा की मंशा को समझ नहीं पाए थे। गोपाल कृष्ण के पास ऐसे मित्रों के पत्र आए थे, जिन पर वे खुद से ज्यादा भरोसा करते थे। वैसी स्थिति में वे क्या करते? क्या अपने मित्रों से कहते कि उनके पत्र में वर्णित घटना मनगढ़ंत है और उसे साबित करने के लिए पर्याप्त साक्ष्य की आवश्यकता थी? पूना के नागरिक अंतहीन यंत्रणा का सामना कर रहे थे। पूना के एक प्रवक्ता गोपाल कृष्ण इंग्लैंड में रहते हुए अपने शहर के लोगों की दुर्दशा की खबर पाकर खामोश नहीं रह सकते थे। अगर वे

खामोश रहते तो यह उनकी निष्क्रियता और संवेदनहीनता समझी जाती।

परिस्थितियों को देखते हुए गोपाल कृष्ण ने उचित कदम उठाया था। विदेशी शासन के तहत श्रेष्ठ साक्ष्य मौजूद होने पर भी किसी आरोप को सिद्ध कर पाना नामुमकिन हो सकता है। इसका अर्थ यह तो नहीं कि आरोप बेबुनियाद ही हो। जिन महिलाओं के साथ बलात्कार हुआ हो, प्रशासन उन्हें यह कहने के लिए मजबूर कर सकता है कि बलात्कार हुआ ही नहीं। यानी आरोप होने के बावजूद उसे प्रमाणित नहीं किया जा सका।

गोपाल कृष्ण को मानसिक पीड़ा सताने लगी। वे अत्यंत संवेदनशील व्यक्ति थे। उन्हें लगा कि उनके मित्रों ने घटना का विवरण लिखते समय अच्छी तरह घटना की जाँच नहीं की थी। उन्हें इस बात पर भी ग्लानि होने लगी कि पत्र को छपने के लिए भेजने से पहले उन्होंने स्वयं सावधानी क्यों नहीं बरती। सरकार का तंत्र आम लोगों की तुलना में अत्यंत ताकतवर था। जनता के लिए सरकार का विरोध करना कठिन था। गोपाल कृष्ण की प्रतिष्ठा दाँव पर थी। उन्हें अपना भविष्य अंधकारमय नजर आ रहा था।

पहले गोपाल कृष्ण और वाचा ने महाद्वीप की यात्रा करने की योजना बनाई थी। बाद में उन्होंने घूमने का इरादा छोड़ दिया। जिस समय वे अपने आप से लड़ रहे थे, उस समय उनके लिए घूमने का क्या अर्थ हो सकता था? 18 जुलाई, 1897 को वे ब्रिंडिसी में वाचा से मिले, जहाँ से दोनों स्वदेश रवाना हो गए। जहाज में सवार होने के बाद वे उदास नजर आ रहे थे और किसी से बात नहीं कर रहे थे। जहाज पर एक आई.सी.एस. अधिकारी हीरन मौजूद था, जो मानता था कि गोपाल कृष्ण ने सही आरोप लगाया था। हीरन ने उनको तसल्ली देने की कोशिश की। दूसरे अंग्रेज मुसाफिर उनकी तरफ तिरस्कार की दृष्टि से देख रहे थे और मान रहे थे कि उस व्यक्ति ने ब्रिटिश सेना को बदनाम किया था।

जब जहाज एडेन पहुँचा और बंदरगाह पर उसे रोका गया तब गोपाल कृष्ण को मित्रों के भेजे पत्र मिले। मित्रों ने उनसे विनती की थी कि सरकार के सामने उनके नाम उजागर न करें कि उन्होंने ही बलात्कार का वर्णन लिखकर भेजा था। गोपाल कृष्ण मित्रों का नाम बताते या नहीं, यह अलग सवाल था, लेकिन उनकी विनती पढ़कर गोपाल कृष्ण को अत्यंत तकलीफ हुई। जिस तरह गोपाल कृष्ण ने अपने लोगों पर हुए अत्याचार का विरोध जताने का साहस दिखाया था, उनके मित्र

वैसे साहस का परिचय नहीं दे रहे थे।

जहाज बंबई पहुँच गया। उसके बाद क्या हुआ, उसका निश्चित विवरण उपलब्ध नहीं है। वाचा ने लिखा है—"बंबई में गोखले के पहुँचने के बाद असहमति का प्रकरण इतिहास बन गया और मैं इसकी चर्चा करना नहीं चाहूँगा।"

इस संदर्भ में दो घटनाओं का उल्लेख मिलता है। बंबई पुलिस के कमिश्नर ने गोपाल कृष्ण से मुलाकात की। इसी तरह फिरोजशाह मेहता के प्रतिनिधि ने उनसे मुलाकात की। कमिश्नर उनसे मिलने क्यों आया था? यह कोई सौजन्यता व्यक्त करनेवाली मुलाकात नहीं थी, न ही गिरफ्तारी या तलाशी का मामला था। अगर वैसा मामला होता तो क्या वह वैध हो सकता था? पत्र का प्रकाशन इंग्लैंड में हुआ था, हालाँकि यह तर्क दिया जा सकता था कि वह अखबार भारत में भी पढ़ा जाता था, इसीलिए न्याय क्षेत्र का सवाल पैदा नहीं हो सकता था। लेकिन इससे पहले बंबई कोर्ट में शिकायत दर्ज करवाकर तलाशी का आदेश प्राप्त करना जरूरी था। न तो कोई शिकायत दर्ज की गई, न ही आदेश दिया गया। क्या सरकार को डर था कि अगर पत्र के मामले को तूल दिया गया जाएगा तो दबी हुई सच्चाइयाँ सामने आ जाएँगी? कमिश्नर यह जानने के लिए आया था कि गोपाल कृष्ण आगे क्या करनेवाले हैं। उनके जवाब पर ही सरकार का अगला कदम निर्भर करता था। ऐसा कहा जाता है कि अपने जवाब में गोपाल कृष्ण ने बताया कि भारत में अपने दोस्तों की राय लिये बिना वे कुछ नहीं करेंगे। इस जवाब से कमिश्नर संतुष्ट नहीं हुआ था।

कमिश्नर के आगमन से पहले ही जहाज पर फिरोजशाह मेहता का प्रतिनिधि गोपाल कृष्ण से मिला और इंग्लैंड में दिए गए बयान से संबंधित कागजात अपने साथ ले गया। उन कागजातों में निश्चित तौर पर गोपाल कृष्ण के मित्रों के पत्र भी शामिल रहे होंगे। क्या गोपाल कृष्ण ने वे पत्र दिए थे या नष्ट कर दिए थे या किसी और व्यक्ति के पास सुरक्षित रख दिए थे? अगर पुलिस कमिश्नर तलाशी का आदेश लेकर आता तो सारे आपत्तिजनक दस्तावेज अपने साथ ले जा सकता था। इस संदर्भ में कोई निश्चित जानकारी उपलब्ध नहीं है। एक बात निश्चित तौर पर कही गई है कि गोपाल कृष्ण रानाडे से मिलने गए थे, चूँकि वे रानाडे के मार्गदर्शन पर अगाध विश्वास करते थे। इंग्लैंड में उन्होंने देशहित के लिए जो उल्लेखनीय कार्य किया था, उसकी सराहना करने के लिए कोई स्वागत समारोह आयोजित

नहीं किया गया था। न तो वे फूलों की माला पहनने की इच्छा रखते थे, न ही उनके मित्र और प्रशंसक उन्हें माला पहनाना चाहते थे।

रानाडे ने गोपाल कृष्ण को सुझाव दिया कि वे पूना जाकर अपने आरोप की सत्यता प्रमाणित करने के लिए आवश्यक सबूत जुटाने की कोशिश करें। पूना से बंबई लौटकर गोपाल कृष्ण ने रानाडे को बताया कि वैसा कोई सबूत उपलब्ध नहीं था। अब गोपाल कृष्ण के सामने बिना शर्त माफी माँगने के कोई रास्ता नहीं बचा था। रानाडे ने यही सलाह दी थी। इस संकट में तिलक गोपाल कृष्ण के लिए मददगार साबित हो सकते थे। 20 जुलाई को 'केसरी' में तिलक ने लोगों से आह्वान किया कि वे प्लेग राहत प्रशासन के तहत सैनिकों के अत्याचार का विवरण लिखकर भेजें। तिलक ज्यादतियों के किस्से बंबई के अखबारों में प्रकाशित करवाना चाहते थे, मगर सरकार अधिक सतर्क थी। इससे पहले कि ज्यादतियों के किस्सों का संग्रह हो पाता, मानहानि के आरोप में तिलक को गिरफ्तार कर लिया गया। 27 जुलाई को यानी गोपाल कृष्ण के बंबई पहुँचने से तीन दिन पहले तिलक की गिरफ्तारी हुई थी।

तिलक के जीवनी लेखक एन.सी. केलकर ने लिखा है—"दुर्भाग्यवश गोखले का बयान अतिशयोक्तिपूर्ण था। एक तरफ उन तक खबर भेजने वाले गलत थे, दूसरी तरफ इस खबर को प्रकाशित करवाकर गोखले ने गलती की थी।" तिलक साबित करना चाहते थे कि सैनिकों ने आम लोगों पर अत्याचार किया था; हालाँकि गोपाल कृष्ण ने महिलाओं के साथ बलात्कार का जो मामला उठाया था, उसे वे भी साबित नहीं कर सके थे।

गोपाल कृष्ण की क्षमा-याचना 4 अगस्त, 1897 को 'टाइम्स ऑफ इंडिया' और 'मैनचेस्टर गार्डियन' में प्रकाशित हुई। क्षमा-याचना लंबी और विस्तृत थी, जिसमें ऐसे लोगों से भी क्षमा माँगी गई थी, जिनसे क्षमा माँगने की कोई जरूरत नहीं थी, जैसे—सेना। क्षमा-याचना का आखिरी हिस्सा पीड़ादायक था। गोपाल कृष्ण ने लिखा था—

"मैंने ऐसे समय में निंदा की थी जब प्लेग राहत से जुड़े अधिकारी मिस्टर रैंड गंभीर रूप से घायल होकर अस्पताल में पड़े हुए थे और उस समय उन्हें हर तरफ से सहानुभूति और आदर की जरूरत थी। मैं अभी भी महसूस कर सकता हूँ कि अपने कृत्य की वजह से मैंने खुद को किस कदर तिरस्कारपूर्ण स्थिति में खड़ा

कर दिया है। जिस समय महामहिम गवर्नर आपदा निवारण के बारे में सोच रहे थे, उस समय मैंने उनकी चिंता को बढ़ा दिया था। मैं यह भी महसूस करता हूँ कि कुछ अंग्रेज सज्जन जहाँ उदारता के साथ मेरी सराहना कर रहे थे, वहीं मैंने अंग्रेज सैनिकों के विरुद्ध अवांछित आरोप लगाए, जो अपना कर्तव्य-पालन करने में जुटे हुए थे। मैं एक बार फिर महामहिम गवर्नर, प्लेग कमेटी के सदस्यों और प्लेग अभियान से जुड़े सैनिकों से क्षमा-याचना करता हूँ।''

इस तरह गोपाल कृष्ण के जीवन का एक विषादपूर्ण अध्याय समाप्त हुआ। उन्होंने आरोप वापस लेकर माफी माँग ली, इस बात को तर्कसंगत समझा जा सकता, मगर लोगों ने क्षमा-याचना में सैनिकों की अनावश्यक प्रशंसा को उचित नहीं समझा। इसके अलावा उनसे निर्भीक, उदार और साहसी होने की अपेक्षा की जाती थी। उनके स्तर के नेता का इस तरह माफी माँगना लोगों को बुरा लगा। इससे पहले तिलक और अगरकर ने भी कोल्हापुर मामले में फर्जी पत्र प्रकाशित करने पर बिना शर्त क्षमा-याचना की थी।

लेकिन ज्यादातर लोग और उनके अंतरंग मित्रों को यह ठीक नहीं लगा था कि उन्होंने इतनी विनीत भाषा में माफी माँगते हुए सैनिकों की सेवा की सराहना की। लोगों ने महामारी के दौरान सैनिकों के अत्याचार को झेला था। अगर गोपाल कृष्ण साहस के साथ मुकदमे का सामना करते तो लोगों को अच्छा लगता। लेकिन गोपाल कृष्ण अलग ही मिट्टी के बने थे। वे ऐसी बात के लिए दृढ़ता के साथ अड़ नहीं सकते थे, जिस बात को साबित कर पाना नामुमकिन हो और अगर क्षमा- याचना ही करनी थी तो उनके हिसाब से दिल से क्षमा-याचना होनी चाहिए थी।

क्षमा-याचना पर इंग्लैंड और भारत में कैसी प्रतिक्रिया हुई? बंबई के गवर्नर लार्ड सैंडर्स्ट ने बंबई विधान परिषद् में क्षमा-याचना के प्रसंग का उल्लेख गरिमा के साथ नहीं किया। सैंडर्स्ट ने गोपाल कृष्ण के नाम का उल्लेख तक नहीं किया। सैंडर्स्ट ने अपने वक्तव्य में गोपाल कृष्ण को सलाह दी कि अगर उन्हें इस तरह के आरोप लगाने हों तो भारत में लगाएँ, ताकि गलत होने पर उनका खंडन किया जा सके। सैंडर्स्ट को अपना रवैया बदलने में दो साल का वक्त लगा। बाद के वर्षों में पूना में फिर प्लेग फैल गया। उस दौरान बचाव अभियान में गोपाल कृष्ण समर्पित भाव से जुटे रहे और घर-घर जाकर लोगों का हालचाल पूछा। 1899 में लॉर्ड

सैंडर्स्ट ने कहा, ''प्लेग बचाव कार्यकर्ताओं के बीच प्रोफेसर गोखले की तरह परिश्रमी, उदार और सहानुभूतिशील व्यक्ति दूसरा नहीं है।'' सैंडर्स्ट के मुकाबले इंग्लैंड के लोगों ने अधिक उदारता का परिचय दिया। मोर्ली ने डब्ल्यू. एस. कैने से इस प्रसंग का उल्लेख करते हुए ठहाका लगाया था। वेडरबर्न और ह्यूमन ने गोपाल कृष्ण से दिल छोटा नहीं करने के लिए कहा था। ह्यूम ने कहा था—''मैं इस प्रसंग को गंभीरता से नहीं लेता। ऐसा बिलकुल नहीं समझें कि हमारे साथ आपका नाता टूट गया है। इससे माफी न माँगें। हम आपको इसी उद्‌देश्य के प्रति निष्ठावान व्यक्ति समझते हैं और आपके समर्थन में आपकी हरसंभव सहायता करना चाहते हैं।''

गोपाल कृष्ण को लगा था कि संसद् में दादाभाई नौरोजी को उनकी वजह से शर्मिंदा होना पड़ा था। नौरोजी के नाम लिखा गया उनका पत्र मार्मिक है। क्षमा-याचना के प्रकाशन के दो दिन बाद लिखे गए पत्र में गोपाल कृष्ण ने कहा था—''मेरे यहाँ पहुँचने से पहले सरकार ने ब्रिटिश सरकार का मुलम्मा उतार दिया था और रूसी सरकार की भूमिका निभाने लगी थी। पूना में गिरफ्तारी और निर्वासन का ऐसा खौफ फैलाया गया कि किसी के लिए भी सच कह पाना संभव नहीं रह गया था। सरकार तय कर चुकी थी कि मामले की जाँच स्वतंत्र आयोग के जरिए नहीं करवानी है। वैसी हालत में आरोप वापस लेने के सिवा मेरे पास कोई मार्ग बचा नहीं रह गया था। यही वजह है कि परिस्थितियों के सामने मैं झुक गया और सर्वश्रेष्ठ सुझाव के आधार पर कदम उठाया। मैं जानता हूँ कि मेरे कदम से हम सबके महान् उद्‌देश्य को अपार क्षति पहुँची है।''

दादाभाई ने उन्हें जवाब भेजकर बताया था—''निष्ठापूर्वक अपने कर्तव्य का पालन करो। मैं वर्तमान संकट में तुम्हारे साथ हूँ। इस पीड़ादायक अनुभव के बाद शांति और धैर्य के साथ किसी भी तरह के निर्णय से पहले सोचना मत भूलो। निराश होने की जरूरत नहीं है।''

इंग्लैंड के कुछ मित्रों को लिखे गए पत्र में गोपाल कृष्ण ने सार्वजनिक जीवन से संन्यास लेने की बात लिखी थी। संवेदनशील और भावुक होने के कारण वे अपनी वजह से देशहित को प्रभावित होने देना नहीं चाहते थे। उनके शुभचिंतकों ने उन्हें सार्वजनिक जीवन का परित्याग करने से मना किया। सार्वजनिक जीवन से संन्यास का विचार गोपाल कृष्ण के जीवन में नया विचार नहीं था। 8 फरवरी, 1896

को इंग्लैंड जाने से पहले और क्षमा-याचना की घटना से पहले जी.पी. जोशी को पत्र लिखकर उन्होंने बताया था—"मैं पूना के सार्वजनिक जीवन से ऊब चुका हूँ। हाल की घटनाओं ने मेरी आँखें खोल दी हैं और मैं सार्वजनिक दायित्वों से मुक्त होकर शांति के साथ जीवनयापन करना चाहता हूँ।" बीच-बीच में उनके मन में संन्यास का खयाल आता था, जो अधिक समय तक टिक नहीं पाता था।

क्षमा-याचना प्रकरण का समाज पर गहरा प्रभाव पड़ा था। गोपाल कृष्ण के प्रशंसक और ज्ञानप्रकाश के संपादक वासुदेव गोविंद आप्टे ने कहा कि गोपाल कृष्ण के व्यवहार से देश का अपमान हुआ था। अपने प्रशंसक की टिप्पणी सुनकर गोपाल कृष्ण आहत हुए थे। लेकिन जल्द ही उनके मन में आशा का संचार हुआ था। उन्होंने कहा था—"जैसाकि मुझ पर गलत व्यवहार का आरोप लगाया गया है, एक दिन उसकी भरपाई करते हुए अपने देश का गौरव मैं लौटाकर लाऊँगा। तब आप जैसे आयोजक, जो मुझे मरते हुए देखना चाहते हैं, मेरी प्रशंसा करने के लिए मजबूर हो जाएँगे।"

□

बंबई विधान परिषद् में

गोपाल कृष्ण की खुशी का तब ठिकाना नहीं रहा, जब 1899 में उन्होंने सुना कि बंबई विधान परिषद् का चुनाव वे जीत गए हैं। यह उनकी पहली सफलता थी, जिसके बाद कई सफलताएँ उन्हें मिलती रहीं। वेलबी कमीशन के सामने उनके प्रदर्शन से साबित हो चुका था कि सरकार के साथ कानूनी जंग लड़ने के लिए वे योग्य व्यक्ति थे। क्षमा-याचना के प्रकरण को भुलाया जा चुका था और सरकार भी नाराजगी को भूलकर उनके प्रति सम्मानजनक बरताव करने लगी थी। उनकी मेधा और निष्ठा से सरकार प्रभावित थी। गोपाल कृष्ण पहले की तरह स्वाभाविक हो चुके थे। अधिक सेवा, अधिक संघर्ष और देश हित के प्रति समर्पण—उनके जीवन के लक्ष्य बन चुके थे। रानाडे अभी भी उनकी मदद और मार्गदर्शन करने के लिए मौजूद थे।

उस जमाने में प्रांतीय परिषदों में सरकारी प्रतिनिधियों का बहुमत होता था। गिनी-चुनी सीटों के लिए चुनाव भी प्रत्यक्ष ढंग से नहीं करवाया जाता था। बंबई प्रेसिडेंसी के सेंट्रल डिवीजन में छह जिले थे, जहाँ एक सीट का प्रावधान था, जिसके लिए स्थानीय जिला बोर्डों को प्रतिनिधि का चुनाव करना था। गोपाल कृष्ण इसी सीट से जीतना चाहते थे। 1895 और 1897 में तिलक दो बार इस सीट से चुनाव जीत चुके थे। बाद के वर्षों में मानहानि के आरोप में उन्हें डेढ़ साल के कारावास की सजा सुनाई गई थी। बाद में छह महीने की सजा घटा दी गई और वे 6 सितंबर, 1898 को जेल से रिहा हो गए। सरकार को अपने प्रति जनता की आस्था दरशाने के लिए तिलक तीसरी बार इस सीट से चुनाव जीतना पसंद कर सकते थे। उन्होंने जिला बोर्डों के सदस्यों के पत्र को भाँपने का प्रयास किया। उन्हें

पता चला कि वे सरकार को किसी तरह नाराज नहीं करना चाहते थे, भले ही वे तिलक के प्रति सहानुभूति रखते थे। तिलक ने चुनाव लड़ने का इरादा छोड़ दिया। इस तरह गोपाल कृष्ण का मार्ग प्रशस्त हो गया और वे आसानी से चुनाव जीत गए। परिषद् में उन्होंने जो कार्य किया, वह इंपीरियल विधान परिषद् के बड़े मंच पर किए जानेवाले उनके ऐतिहासिक कार्यों का पूर्वाभ्यास ही था।

विधान परिषद् के सदस्य के रूप में गोपाल कृष्ण कभी मूक दर्शक नहीं बने रहे। नवागत होने के बावजूद उन्होंने सभी को अपनी उपस्थिति का अहसास कराया। वे कार्यवाही में गहरी दिलचस्पी लेते थे और प्रभावशाली ढंग से हस्तक्षेप करते थे। संसदीय राजनीति के प्रति उनमें गहरी सूझबूझ थी।

बंबई विधान परिषद् में गोपाल कृष्ण ने तीन समस्याओं के प्रति गहरी रुचि प्रदर्शित की—अकाल, भूमि अधिग्रहण विधेयक और नगरपालिकाओं की कार्यशैली। प्रांत के किसान अभी भी 1896 के भयंकर अकाल के प्रभाव से उबर नहीं पाए थे। वेलबी कमीशन के सामने दी गई गवाही के दौरान गोपाल कृष्ण ने उल्लेख किया था कि किस तरह अकाल राहत के लिए निर्धारित कोष की राशि निकालकर सरकार घाटे में चलनेवाली निजी रेलवे कंपनियों को दे रही है। सार्वजनिक सभा और दक्कन सभा के सचिव के रूप में उन्होंने कई ज्ञापन भेजे, और बदहाल जनता से मिलकर उसकी दुर्दशा को अपनी आँखों से देखा था।

अकाल संहिता कई सालों से अस्तित्व में थी, मगर उसे ठीक से लागू नहीं किया जा रहा था। सरकार के इरादे भले ही नेक रहे होंगे, मगर संहिता को अमल में लाने की जरूरत थी। गोपाल कृष्ण को संहिता की आलोचना करने का पहला अवसर मिला। उन्होंने कुशलतापूर्वक यह काम किया। संहिता के अनुसार न्यूनतम राहत कार्य चलाने का आश्वासन दिया गया था, मगर कुशासन के चलते संहिता लागू नहीं हो पा रही थी। गोखले ने अकाल पीड़ितों के गाँव से दूर अकाल राहत का इंतजाम किए जाने का विरोध किया। गोखले का तर्क था कि किसान या मजदूर अधिक दिनों तक अपने घरों से दूर नहीं रह सकते थे। इसके अलावा एक ही स्थान पर बड़ी आबादी एकत्रित होने पर महामारी फैलने का खतरा था। इसीलिए गोपाल कृष्ण ने अकाल पीड़ित इलाकों में लघु उद्योगों की स्थापना कर लोगों को आत्मनिर्भर बनाने का सुझाव दिया। 'काम के बदले अनाज' योजना के तहत मजदूरों से कड़ी मेहनत करवाई जाती थी। अकाल पीड़ित मजदूरों में इतनी शक्ति नहीं थी कि वे

कठोर मेहनत कर पाएँ। इस तरह अकाल राहत का सरकारी उद्देश्य चरितार्थ नहीं हो पा रहा था। मगर मजदूर किसी कार्य को ठीक से पूरा नहीं कर पाते थे तो सरकारी कर्मचारी उनसे जुरमाना वसूलते थे। 'काम के बदले अनाज' योजना की खामी की तरफ इशारा करते हुए गोपाल कृष्ण ने बताया था कि दूसरी सरकारों की तुलना में बंबई सरकार अकाल राहत के मामले में तंगदिली का परिचय दे रही है। संहिता कागजी तौर पर अच्छी थी, मगर उसका क्रियान्वयन गलत तरीके से किया जा रहा था। इस तरह के राहत अभियान चलाते समय मानवीय पहलू का ध्यान रखा जाना चाहिए।

अकाल पीड़ितों के प्रति निजी तौर पर हमदर्दी रखने और अकाल संहिता के सभी पहलुओं की जानकारी रखने की वजह से जीवन भर गोपाल कृष्ण को अकाल राहत के मामले में विशेषज्ञ समझा जाता रहा। उनकी भूमिका का प्रभाव सरकार की नीतियों पर पड़ा और जो भी परिवर्तन संभव हुआ, उसके लिए जनता ने उन्हें धन्यवाद दिया।

उन वर्षों में महाराष्ट्र को कई आपदाओं का सामना करना पड़ा था। अकाल, प्लेग, हिंदू-मुसलिम दंगे, क्राउफोडे प्रकरण और कुछ अन्य घटनाओं से लोग हिल गए थे। प्लेग की वजह से हर साल काफी लोगों की मौत हो जाती थी। एक तरफ निरंकुश सरकार थी, जो मामूली विरोध को भी सहन करने के लिए तैयार नहीं थी। दूसरी तरफ ऐसे जननेता थे, जो आपस में ही बँटे हुए थे। आम लोगों को काफी तकलीफों के साथ जीवनयापन करना पड़ रहा था और उम्मीद की कोई किरण नजर नहीं आ रही थी। लोगों में आक्रोश और सरकार के प्रति नफरत का भाव बढ़ता जा रहा था, लेकिन इससे कोई सकारात्मक बदलाव आने की संभावना दिखाई नहीं दे रही थी। उस समय ऐसे रचनात्मक ढंग से सोचने वाले विचारकों की जरूरत थी, जो जनता की अनुभूतियों को समझकर सही राह दिखा सकते। गोपाल कृष्ण एक ऐसे ही विचारक थे।

30 मई, 1901 को बंबई सरकार ने विधान परिषद् में एक भूमि संबंधी विधेयक पेश किया। गैर-सरकारी सदस्यों ने इसका इतना तीव्र विरोध किया कि पारित हो जाने के बावजूद यह विधेयक फाइलों तक ही सिमटा रहा। इस विधेयक का प्रेस, राजनीतिक संगठनों और किसानों ने भी तीखा विरोध किया था। तिलक ने 'केसरी' में कई लेख लिखकर सरकार का विरोध जताते हुए विधान परिषद् के

गैर-सरकारी सदस्यों के रुख का समर्थन किया था।

बंबई प्रेसीडेंसी में छोटे और बड़े भूस्वामी कर्जदाताओं को अकाल और अन्य कारणों से विवश होकर जमीन बेच रहे थे। चारों ओर इस बात की आलोचना हो रही थी कि किसान कर्ज में डूबकर जमीन बेचते जा रहे थे। धीरे-धीरे भूमिहीन किसानों की संख्या बढ़ती ही जा रही थी। सरकार ने जमीन की बिक्री पर रोक लगाने के लिए विधेयक पेश किया था। इसमें प्रावधान था कि जमीन का स्वामी अपनी फसल कर्जदाता को बंधक के रूप में दे सकता था, मगर जमीन नहीं दे सकता था। सरकार का मानना था कि इस तरह किसानों को कर्ज के फंदे से बचाया जा सकता था, लेकिन भूमि राजस्व के मसले को नजरअंदाज किया गया था। किसान साहूकारों के पास जमीन बंधक रखकर रकम लाते थे और सरकार को राजस्व चुकाते थे। अगर जमीन की बिक्री पर रोक लग जाती तो फिर राजस्व नहीं चुकाने के चलते जमीन पर सरकार कब्जा कर लेती और उसके भूस्वामी को एक साल के लिए जमीन खेती के लिए इस शर्त के साथ दी जाती कि वह बकाया रकम चुका देगा। रकम नहीं चुकाने की हालत में किसान को जमीन से बेदखल कर देने का नियम था।

यानी कर्ज से मुक्ति का जो उपाय सरकार ने किया था। वह कर्ज की पीड़ा से भी अधिक बदतर था। गोपाल कृष्ण चाहते थे कि सरकार भूमि सुधार के ठोस उपाय करे, ताकि किसानों को फसल का उत्पादन बढ़ाने में मदद मिल सके। इस तरह किसान साहूकारों के चंगुल से बच सकते थे और सहकारी समितियाँ बनाकर कर्ज से पूरी तरह उबरने की कोशिश कर सकते थे।

गोपाल कृष्ण ने इस समस्या पर गंभीरतापूर्वक विचार किया था और समाधान के लिए बताए गए उनके सुझाव अत्यंत उपयोगी थे। उन्होंने सुझाव दिया था कि इस विधेयक को रद्द करते हुए समस्या की नए ढंग से पड़ताल करने की जरूरत है। वे सरकार की इस राय से सहमत नहीं थे कि मुसलिम शासन के तहत गरीबी और कर्ज में अप्रत्याशित वृद्धि हुई थी। उन्होंने जल्दबाजी में विधेयक पेश करने और औपचारिक सूचना नहीं देने की आलोचना की। सरकार का तर्क था कि विधेयक के विरोध में साहूकारों के समर्थकों ने आंदोलन शुरू किया था। गोपाल कृष्ण ने इस झूठे आरोप का खंडन करते हुए बताया—"मेरा विश्वास है कि किसानों के लिए यह विधेयक बरबादी का कारण बन जाएगा और इससे साहूकारों

के हितों को कोई नुकसान नहीं पहुँचेगा। यही कारण है कि मैं इस विधेयक का विरोध करना अपना कर्तव्य समझता हूँ।''

विधेयक के पारित होने की स्थिति में पैदा होनेवाले संकट को गोपाल कृष्ण भाँप रहे थे। उन्होंने कहा, ''इस विधेयक का उद्‌देश्य भूमि का सरकारीकरण करना है, जो स्थानीय लोगों के हितों के विपरीत है।'' उन्होंने रचनात्मक सुझाव देते हुए कहा कि अगर सरकार कोई प्रयोग करना चाहती है तो पहले किसी छोटे इलाके में यह प्रयोग आजमा सकती है। सरकार किसानों के कर्ज का दायित्व उठाकर कृषि बैंक खोल सकती है, उसके बाद जमीन की बिक्री पर रोक लगा सकती है।

तथ्यों को प्रस्तुत करने, सरकारी नियमों के आधार पर बहस करने और अपने दृष्टिकोण के आधार पर नए सुझाव देने के लिए गोपाल कृष्ण की खूबियों की सराहना की गई; लेकिन गैर-सरकारी सदस्यों के विरोध के बावजूद सरकार ने विधेयक पारित कर दिया। फिरोजशाह मेहता के नेतृत्व में गैर-सरकारी सदस्यों ने अपना विरोध जताने के किए विधान परिषद् से बहिर्गमन किया। गोपाल कृष्ण भी उनमें शामिल थे। सहकारी ऋणदाता बैंक और भूमि बंधक बैंक स्थापित करने संबंधी गोपाल कृष्ण के सुझाव इतने सटीक थे कि बाद में सरकार ने वैसे बैंकों की स्थापना की। लेकिन वह देर से मिलने वाली जीत थी। गोपाल कृष्ण मानते थे कि पराजित होने के बाद भी लड़ने का साहस नहीं खोना चाहिए।

गोपाल कृष्ण जब बंबई विधान परिषद् के सदस्य थे, तब जिला नगरपालिका कानून में संशोधन किया जा रहा था। कानून को जब पारित किया गया था तब वे परिषद् के सदस्य नहीं थे, लेकिन जब वे चुने गए तो कानून चयन समिति के पास विचाराधीन था और उन्हें उस समिति का सदस्य मनोनीत किया गया था। उन्होंने नगरपालिका में सांप्रदायिकता के आधार पर प्रतिनिधित्व के प्रावधान का तीखा विरोध जताया। उनका मानना था कि समाज में भले ही विभिन्न समुदायों के बीच मतभेद हो सकता है, लेकिन कानून में किसी तरह का भेदभाव नहीं होना चाहिए। उनके विरोध पर गौर नहीं किया गया और नगरपालिका में सांप्रदायिकता के आधार पर प्रतिनिधित्व का प्रावधान रखा गया।

विधान परिषद् के सदस्य के रूप में गोपाल कृष्ण गहन विश्लेषण, स्पष्ट अभिव्यक्ति और शालीन व्यवहार का परिचय देते थे। वे हमेशा समाज के निचले

तबके के लोगों के हितों को ध्यान में रखते हुए अपनी बात प्रस्तुत करते थे। वे दिल से जैसा महसूस करते थे वैसा ही बोलते भी थे। जब सरकार ने शराब की बिक्री की खुली छूट दे दी और गरीब शराब के आदी बनने लगे, तब उन्होंने गरीबों को बचाने के लिए शराब की बिक्री पर पूरी तरह प्रतिबंध लगाने की माँग की। वे मानते थे कि शराब की बिक्री से मिलने वाले राजस्व के लोभ के चलते सरकार गरीब जनता की तबाही को नजरअंदाज कर रही है।

गोपाल कृष्ण जब बंबई विधान परिषद् के सदस्य थे, उस समय भी फर्गुसन कॉलेज में अध्यापन करते रहे थे। 1902 में जाकर वे अध्यापन के पेशे से निवृत्त होने की तैयारी करने लगे। विधान परिषद् में उनके चुने जाने की वजह से फर्गुसन कॉलेज की गतिविधियों को विस्तार देने में मदद मिली। गोपाल कृष्ण अब अपनी गतिविधियों को केवल दो ही क्षेत्र में सीमित नहीं रख सकते थे। जनता, विश्वविद्यालय, नगरपालिका सभी उनकी तरफ उम्मीद भरी नजरों से देख रहे थे। समय गुजरने के साथ-साथ सरकार भी उनकी योग्यता से प्रभावित होती गई और समझने लगी कि उनके बिना उसका काम नहीं चल सकता। बढ़ते अवसरों के साथ-साथ उनके व्यक्तित्व का प्रभाव भी बढ़ता जा रहा था।

□

इंपीरियल विधान परिषद् में

जब जनवरी 1901 में रानाडे का निधन हो गया, तब गोपाल कृष्ण ने महसूस किया कि वे अनाथ हो गए हैं। रानाडे उनके लिए केवल गुरु ही नहीं, पिता के समान भी थे। उनके निधन से एक दिन पहले गोपाल कृष्ण ने फीरोजशाह मेहता को पत्र लिखकर अनुरोध किया था कि उन्हें एक बार इंपीरियल लेजिस्लेटिव काउंसिल (सर्वोच्च विधान परिषद्) में सदस्य बनकर जाने का मौका मिलना चाहिए। पत्र में उन्होंने लिखा था कि वे फर्गुसन कॉलेज से सेवानिवृत्त होने वाले हैं, चूँकि वे बाकी जीवन भारत के राजनीतिक क्षेत्र के लिए समर्पित कर देना चाहते थे। उनकी पत्नी का देहांत हो चुका था। उन्हें हर महीने 15 रुपए की आय और कॉलेज से 30 रुपए पेंशन के रूप में मिलनेवाले थे। वे देश के लिए काम करना चाहते थे। मेहता की योग्यता और प्रतिष्ठा की सराहना करते हुए उन्होंने लिखा था—"मैं आपसे विनती कर रहा हूँ कि महज व्यक्तिगत महत्त्वाकांक्षा के कारण मैं प्रतिष्ठा की कामना नहीं कर रहा।" 1897 में उनके जीवन में जो तूफान आया था उसके जख्मों को वे भूले नहीं थे। मंचेरजी भौनागरी ने उस समय हाउस ऑफ कॉमंस में उनकी निंदा की थी। गोपाल कृष्ण ने लिखा था—"जिस रात मैंने यह खबर पढ़ी, उसी रात मैंने संकल्प लिया कि मैं राजनीतिक उद्देश्यों के लिए जीवन समर्पित करते हुए अपनी गलती की क्षतिपूर्ति करूँगा।"

अपने युवा मित्र और योग्य सहकर्मी का पत्र पढ़कर मेहता प्रभावित हुए और पत्र का वांछित नतीजा सामने आया। सदस्य बनने की दौड़ में और लोग भी शामिल थे, मगर मेहता ने गोपाल कृष्ण को निर्विरोध चुनने के लिए सबको सहमत कर लिया। 1902 के आरंभ में, 36 साल की उम्र में गोपाल कृष्ण इंपीरियल विधान

परिषद् के सदस्य चुने गए। इसके बाद उन्हें तीन बार लगातार सदस्य बनने का गौरव प्राप्त हुआ।

उन दिनों महाराष्ट्र में तीन प्रकार के लोग सक्रिय थे। पहले प्रकार के लोगों में रानाडे आते थे, जिन्होंने अपनी विलक्षण मेधा के साथ जीवन भर जनता के लिए कार्य किया था, लेकिन वे परिषद् या किसी सार्वजनिक मंच पर सक्रिय नहीं हुए थे। तिलक ने अपना जीवन आम जनता के लिए न्योछावर किया था, फिर भी उन्हें सफल सांसद होने का गौरव प्राप्त नहीं हुआ था। उन्होंने अपने चुने हुए क्षेत्रों में दृढ़ता के साथ संघर्ष किया। वहीं गोपाल कृष्ण कभी भी सार्वजनिक मंच का इस्तेमाल शासकों के खिलाफ हमले करने के लिए नहीं करना चाहते थे। इस तरह विधायिका के लिए वे आदर्श जन प्रतिनिधि बन गए थे।

1902 से 1911 के दौरान गोपाल कृष्ण ने बजट पर ग्यारह भाषण और अन्य छत्तीस महत्त्वपूर्ण भाषण दिए थे। विषय और अवसर अलग-अलग थे। वे हर विषय में पारंगत थे। खासतौर से जब वे वित्त और देश की अर्थव्यवस्था पर बोलते थे तो लोग चमत्कृत रह जाते थे। उनके भाषणों का आज भी ऐतिहासिक महत्त्व है। वे जिस तरह अपने भाषण की तैयारी करते थे, उसके चलते उनके भाषण यादगार बन जाते थे।

उन्होंने जिन विषयों पर भाषण दिए, उनमें प्रमुख थे—सरकारी गोपनीयता अधिनियम, भारतीय विश्वविद्यालय अधिनियम, सहकारी ऋण समितियाँ अधिनियम, आपत्तिजनक बैठक अधिनियम, प्रेस विधेयक, ऋण कटौती, रेलवे वित्त, सार्वजनिक व्यय में वृद्धि, सूती पर आबकारी कर, चीनी पर निर्यात कर, लोक सेवाएँ कर, योग्य न्यूनतम आय, विवाह विधेयक, स्वर्ण मुद्रा, बुनियादी शिक्षा विधेयक। उनके इन भाषणों में गहन अध्ययन, उदार दृष्टिकोण और देशहित की चाह साफ झलकती है।

अपने बजट भाषणों में उन्होंने नमक कर, सैन्य खर्च, मुद्रा, सेवाओं का भारतीयकरण, कर संबंधी आदि प्रावधानों पर रोशनी डाली थी। उन्होंने अपने भाषणों के जरिए इस बात पर जोर दिया कि सरकार भारत को जवाबदेह शासन मुहैया नहीं करवा रही थी, स्थानीय लोगों को बुनियादी अधिकारों से वंचित कर रही थी, लोगों के साथ न्यायपूर्ण बराबरी का बरताव नहीं कर रही थी, जन-अधिकारों को नजरअंदाज कर रही थी और भारत को आर्थिक एवं औद्योगिक विकास करने का अवसर प्रदान नहीं कर रही थी। उनके विचार से ब्रिटिश शासक

निरंकुश थे, जो अपने देश को फायदा पहुँचाने के लिए भारत की गरीब प्रजा का शोषण कर रहे थे। यही वजह थी कि भारत के ज्यादातर लोग गरीबी के अँधेरे में गुलामों जैसी जिंदगी गुजारने के लिए विवश हो गए थे। उनका कहना था कि कोई भी सभ्य सरकार अपनी प्रजा को निरक्षर और बुनियादी अधिकारों से वंचित नहीं रख सकती। भारत की आत्मा गुम होती जा रही थी, स्वाभिमान खत्म होता जा रहा था और औद्योगिक दक्षता लुप्त होती जा रही थी।

नौकरशाही के खिलाफ अपने संघर्ष में गोपाल कृष्ण संवैधानिक तरीके का इस्तेमाल करते थे। वे हमेशा तथ्यों और सटीक आँकड़ों के आधार पर अपना पक्ष रखते थे, ताकि उनके तर्क का गहरा प्रभाव सामने वाले के हृदय पर पड़ सके। वे ब्रिटिश न्याय और बराबरी के विचार पर गहरी आस्था रखते थे और उसी के आधार पर अन्याय का विरोध भी करते थे। वे अत्यंत आशावादी थे। आलोचना उन्हें न तो कमजोर बना सकती थी, न ही विचलित कर सकती थी।

अपनी व्यापक दृष्टि और असरदार तथ्यों की वजह से गोपाल कृष्ण का पहला बजट भाषण अत्यंत महत्त्वपूर्ण रहा। इस भाषण में कर बढ़ाने के फैसले की निंदा की गई थी और देश की प्रजा की गरीबी बढ़ने पर चिंता प्रकट की थी। उनका तर्क था कि जिस समय कर्जन सरकार को मुनाफा हो रहा था, उस समय कर में वृद्धि का फैसला अन्यायपूर्ण था। सरकार मुनाफे का दुरुपयोग कर रही थी और जनहित को पूरी तरह नजरअंदाज कर रही थी।

अगले साल गोपाल कृष्ण ने बजट भाषण में कहा था कि 33 करोड़ रुपए का मुनाफा बटोरने वाली सरकार को नमक और कपास पर कर घटा देना चाहिए और आयकर छूट की सीमा 500 रुपए से बढ़ाकर 1000 रुपए कर देनी चाहिए। नमक और आयकर संबंधी उनकी माँगें सरकार ने स्वीकार कर ली। लेकिन कपास पर सीमा शुल्क पहले जैसा ही रहा। गोपाल कृष्ण के सशक्त तर्कों के कारण सरकार को अपना निर्णय बदलने के लिए मजबूर होना पड़ा था। वैसे भारतीय राष्ट्रीय कांग्रेस की तरफ से भी इस तरह की रियायतों की माँग हो रही थी।

जहाँ तक कपास पर सीमा शुल्क का सवाल था, भारत की सरकार ब्रिटेन की सरकार के हितों की रक्षा करने के लिए ऐसा कर रही थी। मैनचेस्टर और लंकाशायर के वस्त्र उद्योग को लाभ पहुँचाने के लिए सरकार मुक्त व्यापार को बढ़ावा दे रही थी। इस तरह भारतीय वस्त्र उद्योग को भी कुछ लाभ हो रहा था।

भारतीय वस्त्र उद्योग को लाभ से वंचित करने के लिए सरकार ने कपास पर सीमा शुल्क लगा दिया था। यानी भारतीय वस्त्र उद्योग को प्रोत्साहन देने की जगह सरकार उसे हतोत्साहित कर रही थी।

1903 के बजट भाषण में गोपाल कृष्ण ने सेना पर हो रही फिजूलखर्ची, जन अधिकारों में भेदभाव और प्राथमिक शिक्षा की उपेक्षा के मुद्दे प्रमुखता से उठाए। सरकार दावा कर रही थी कि ब्रिटिश राज के तहत भारत की आर्थिक प्रगति हो रही है। गोपाल कृष्ण सरकार के इस दावे के खोखलेपन को उजागर कर रहे थे। उन्होंने आँकड़ों के जरिए साबित कर दिया कि सरकार प्राथमिक शिक्षा को किस तरह नजरअंदाज कर रही है।

गोपाल कृष्ण को तथ्यों पर आधारित बहस में पूर्ण विश्वास था और आम जनता पर भी उनके विचारों का गहरा प्रभाव पड़ रहा था। सरकार को आशंका थी कि जनमत उनके खिलाफ हो सकता है और उसकी प्रतिष्ठा धूमिल हो सकती है। गोपाल कृष्ण नैतिक आधार पर लगातार सरकार पर प्रहार कर रहे थे।

1904 के बजट भाषण में गोपाल कृष्ण ने रुपए के अवमूल्यन पर चिंता व्यक्त करते हुए मूल्य-वृद्धि की तरफ सरकार का ध्यान आकर्षित किया था। उन्होंने कपास पर सीमा शुल्क खत्म करने और नमक की कीमत घटाने की माँग की। इसके अलावा उन्होंने बंबई, मद्रास और उत्तर-पश्चिम के प्रांतों में भूमि राजस्व कम करने की माँग की। उन्होंने तथ्यों के जरिए यह बताया कि खराब फसल और अकाल के प्रभाव से परेशान लोगों को किस तरह भूमि राजस्व के चलते तकलीफ का सामना करना पड़ रहा है। उन्होंने गरीबों के बीच शराब के प्रचलन का उल्लेख करते हुए शराब की बिक्री पर पूरी तरह प्रतिबंध लगाने की माँग की।

वेलबी कमीशन के समक्ष दी गई गवाही में गोपाल कृष्ण ने सरकार की रेलवे नीति की आलोचना की थी। उसी मुद्दे को दोहराते हुए 1906 के बजट भाषण में उन्होंने कहा था—"पिछले आठ बरसों में सरकार को 35 करोड़ रुपए से अधिक फायदा हुआ है और यह सारी रकम रेलवे के विस्तार के नाम पर फूँक दी गई है। इस रकम के अलावा दूसरे मद की रकम भी रेलवे के लिए खर्च की गई है।" उन्होंने कहा, "जनता की बुनियादी आवश्यकताओं के लिए राशि खर्च करने पर सरकार ध्यान नहीं दे रही थी।" उन्होंने पूछा था—"क्या रेलवे ही सबकुछ है,

सार्वजनिक शिक्षा की कोई अहमियत नहीं है?"

गोपाल कृष्ण ने कई सुझाव दिए थे : भूमि पर सरकारी अंकुश कम करना, खेती का विकास, कृषकों को ऋणमुक्त बनाना, सिंचाई की व्यवस्था, विज्ञान सम्मत खेती, औद्योगिक एवं तकनीकी शिक्षा का विकास, प्राथमिक शिक्षा और स्वच्छता अभियान।

वे शिक्षा के क्षेत्र से राजनीति में आए थे और शिक्षा की अहमियत को अच्छी तरह समझते थे। वे प्राथमिक शिक्षा के प्रति सरकार की उदासीनता का निरंतर विरोध जताते रहे थे। 1907 में गोपाल कृष्ण को खुशी हुई कि उनकी माँग को स्वीकार करते हुए सरकार ने नमक-कर घटा दिया था। मगर कर घटाने की घोषणा करते समय वित्त सदस्य ने गरीबों का मजाक उड़ाते हुए कहा था, "भारत के गरीब सिर्फ नमक-कर के रूप में सरकारी खजाने में योगदान कर रहे है।" गोपाल कृष्ण ने इस बात का विरोध जताते हुए कहा कि वित्त सदस्य का कथन असत्य है। गरीब प्रजा भूमि राजस्व, शराब की बिक्री, कपास पर सीमा शुल्क, पंजीयन शुल्क, वन शुल्क आदि के जरिए सरकारी खजाने में योगदान कर रही है। गरीब प्रजा को सिर्फ आयकर नहीं देना पड़ता था।

गोपाल कृष्ण ने बजट भाषण में सुझाव दिया कि रेलवे का आय-व्यय हिसाब अलग से प्रदर्शित करने की जरूरत थी। उनके सुझाव को स्वीकार कर लिया गया। उन्होंने सिंचाई व्यय को भी अलग से प्रदर्शित करने की माँग की थी, मगर उनकी इस माँग को स्वीकार नहीं किया गया था। सरकार सैन्य व्यय में कुछ करने और प्राथमिक शिक्षा पर अधिक खर्च करने के लिए राजी हो गई थी। ऐसा गोपाल कृष्ण के सशक्त विरोध के कारण संभव हो पाया था।

वर्ष 1909 परिवर्तन का पैगाम लेकर आया था। मुनाफे के बजट का युग अब समाप्त हो रहा था। पुराने संविधान का भी यह आखिरी साल था। अगले ही वर्ष मिंटो-मार्ले सुधारों को लागू होना था। अपने बजट भाषण में गोपाल कृष्ण ने राजनीतिक मामलों पर भी रोशनी डाली थी। बंगाल के नौ देशभक्तों को 1818 के कानून के आधार पर निर्वासित कर दिया गया था। उन्होंने सरकार से उन्हें आजाद करने की माँग की थी। उन्होंने सुधार विधेयक पर भी चर्चा की थी। इस विधेयक में मुसलिम को विशेष प्रतिनिधित्व देने की बात कही गई थी। गोपाल कृष्ण जाति या धर्म के नाम पर किसी तरह के भेदभाव के विरोध में थे।

वर्ष 1911 में गोपाल कृष्ण को बजट पर बोलने के लिए बीस मिनट का ही समय दिया गया। उन्होंने बर्मा की वित्तीय व्यवस्था तथा प्रांतीय एवं इंपीरियल परिषदों के बीच वित्तीय रिश्ते पर रोशनी डाली। उन्होंने प्रांतों को कर-वसूली का अधिकार देने से पहले कुछ आवश्यक शर्तों का पालन करना जरूरी बताया।

1912 में गोपाल कृष्ण का भाषण अत्यंत संक्षिप्त था। उन्होंने राजस्व की वृद्धि के उपाय ढूँढ़ने के लिए सरकारी आयोग गठित करने का सुझाव दिया था।

इंपीरियल लेजिस्लेटिव काउंसिल में असाधारण जन-हितैषी नेता की भूमिका निभाने के कारण गोपाल कृष्ण को 'प्रतिपक्ष का नेता' कहकर पुकारा गया।

□

भारत सेवक समिति की स्थापना

भारत सेवक समिति के रूप में गोपाल कृष्ण ने अपने देश को महत्त्वपूर्ण तोहफा दिया था। वे मानते थे कि इस देश को निष्ठावान और योग्य कार्यकर्ताओं की जरूरत है, जो देश की सेवा के प्रति अपने जीवन को समर्पित कर सकें। इसी धारणा को साकार करने के लिए उन्होंने 'भारत सेवक समिति' की स्थापना की थी।

ब्रिटिश शासन से पहले आधुनिक अर्थों में भारत में जनसेवा की अवधारणा प्रचलित नहीं थी। ईसाई मिशनरियों ने स्कूलों और अस्पतालों की स्थापना कर जनसेवा के उदाहरण को प्रस्तुत किया था। उनके प्रयासों से जनसेवा के क्षेत्र में काफी प्रगति हुई थी। लेकिन आम लोगों के बीच धारणा थी कि मिशनरियाँ धर्मांतरण का अभियान चलाने के लिए परोपकार करने में जुटी हुई थीं। देश में सेवा की भावना का विकास नहीं हुआ था। राजनीति के क्षेत्र में भी इसी तरह की उदासीनता का माहौल था। भारत के लोग पर्याप्त ज्ञान और समस्याओं की समझ रखे बिना राजनीति में आ रहे थे। इस बात की जरूरत महसूस की जा रही थी कि समाज के निचले तबके के दुःख-दर्द का निवारण करने के लिए समर्पित भाव से जनसेवा करने वाले कार्यकर्ताओं का निर्माण होना चाहिए। इसी उद्देश्य के साथ पूना के कई जन संगठन कार्य कर रहे थे। कल्याणकारी कार्यों की शुरुआत हो चुकी थी। लेकिन राजनीति और अर्थनीति के क्षेत्र में समर्पित कार्यकर्ताओं की कमी महसूस की जा रही थी। लोगों को एकजुट करने के लिए सार्थक प्रयास करने की जरूरत थी।

12 जून, 1905 को सार्वजनिक सभा में गोपाल कृष्ण के सहकर्मी रह चुके

शिवराय हरि साठे ने पूना में भारत सेवक समिति की आधारशिला रखी थी। समिति के कार्यकर्ताओं ने जनसेवा की शपथ ली थी। यह गोपाल कृष्ण के लिए उल्लास का दिन था। सबसे पहले उन्होंने स्वयं शपथ ली थी, फिर नटेश अप्पाजी द्रविड़, अनंत विनायक पटवर्धन और जी.के. देवधने ने ली कि देश को सर्वोपरि समझेंगे और देशहित के लिए सेवा करते रहेंगे, देशसेवा करते हुए वे कभी व्यक्तिगत फायदे के बारे में नहीं सोचेंगे, वे सभी भारतीयों को भाई समझते हुए बगैर किसी भेदभाव के सेवा करेंगे, वे इसी तरह की समानता की भावना का विकास अपने परिवार में भी करेंगे। वे अपने लिए उपार्जन करने हेतु अपनी ऊर्जा खर्च नहीं करेंगे और पूरी तरह आदर्श जीवन गुजारते रहेंगे, किसी से झगड़ा नहीं करेंगे और समाज हित का हमेशा ध्यान रखेंगे, समिति के उद्देश्यों के विपरीत कोई आचरण नहीं करेंगे।

समिति की स्थापना करते समय गोपाल कृष्ण का मानना था कि आरंभिक कठिनाइयों को दूर कर सशक्त संरचना तैयार करना संभव होगा। समिति के संविधान की भूमिका में ब्रिटिश प्रभाव को भारत-हित में उपयोगी बताकर कृतज्ञता व्यक्त की गई थी। संविधान में चरित्र और क्षमता निर्माण पर विशेष जोर दिया गया था। उसमें बताया गया था—"सार्वजनिक जीवन निश्चित तौर पर आध्यात्मिक होना चाहिए। देशप्रेम की भावना सबके हृदय में होनी चाहिए। मातृभूमि के लिए सर्वस्व न्योछावर करने के लिए अगाध देशभक्ति होनी चाहिए। उद्देश्यों के प्रति अडिग रहने के लिए मन में साहस होना चाहिए। देशसेवा के लिए कार्यकर्ताओं को पूरी तरह समर्पित होना चाहिए।" इसी तरह के आदर्श निश्चित किए गए थे।

गोपाल कृष्ण अध्यात्म की मिट्टी से बने थे और अपनी समिति को भी वैसा ही बनाना चाहते थे। यहाँ यह उल्लेख करना समीचीन होगा कि गांधीजी ने भी आश्रमों की स्थापना करते हुए भारत सेवक समिति से मिलते-जुलते आदर्शों को चुना था और वे स्वयं समिति के सदस्य बनना चाहते थे। गांधीजी अकसर राजनीति के साथ अध्यात्म को जोड़ने के प्रयास के लिए गोपाल कृष्ण की सराहना किया करते थे और अपने दैनिक जीवन में भी आदर्शों को चरितार्थ करने की कोशिश करते थे।

गोपाल कृष्ण ने समिति के संविधान और नियमावली की प्रतियाँ फिरोजशाह मेहता और प्रिंसिपल सेलबी जैसे गण्यमान्य व्यक्तियों के पास सुझाव के लिए भेजी थीं। सेलबी पूना में एक कॉलेज के प्रिंसिपल थे, जो फर्गुसन कॉलेज की प्रबंधन

समिति के सदस्य और गोपाल कृष्ण के प्रशंसक थे। उन्होंने गोपाल कृष्ण को सुझाव दिया कि संविधान के साथ 'गुप्त' शब्द जोड़ना उचित नहीं। गोपाल कृष्ण ने उसमें संशोधन कर दिया।

मतभेद और आपत्तियों के बावजूद भारत सेवक समिति की स्थापना तत्कालीन भारत के इतिहास की एक महत्त्वपूर्ण घटना थी। इससे स्पष्ट होता है कि गोपाल कृष्ण किस तरह रचनात्मक चिंतक थे। अगर उनके सभी भाषणों, लेखन और राजनीतिक कार्यों को विस्मृत भी कर दिया जाए तो भारत सेवक समिति की स्थापना के लिए देश उन्हें हमेशा आदर के साथ याद करता रहेगा। जिस समिति की स्थापना उन्होंने देश की सेवा करने के लिए की थी वह समय के साथ-साथ महत्त्वपूर्ण भूमिका निभाने में सफल भी हुई।

भारत सेवक समिति एक तरह की स्नातकोत्तर संस्था बन गई थी, जहाँ प्रशिक्षण प्राप्त कर रहे सदस्य दैनंदिन जीवन के कड़वे यथार्थ का अध्ययन करते थे। लोगों के संपर्क में आते थे, समस्याओं को अच्छी तरह समझते थे और विदेशी शासन से संवैधानिक तरीके से लड़ते थे। अगर वे ऊँचे पदों पर रहते हुए ज्यादा उपार्जन करते थे तो अपनी जरूरत की पूर्ति के लिए रकम अपने पास रखकर बाकी समिति के पास जमा कर देते थे।

ऐसे महान् आदर्शों को लेकर चलने वाली इस समिति ने देशहित में उल्लेखनीय भूमिका का निर्वाह किया। इसके सदस्यों ने आदिवासियों और मजदूर यूनियनों के आंदोलनों में काम किया। इस संस्था ने भारतीयों के साथ होने वाले भेदभाव को दूर करने की दिशा में विशेष भूमिका निभाई। इसके लिए समिति ने विदेशों में भी काम किया। बाढ़, अकाल, महामारी और भूकंप से प्रभावित लोगों को राहत पहुँचाने में भी समिति सराहनीय भूमिका निभाती रही। महिलाओं के बीच शिक्षा का प्रचार-प्रसार करने में भी समिति ने विशेष योगदान दिया। समिति ने समाज के निचले तबके के लोगों की आर्थिक प्रगति के लिए सहकारी समितियाँ बनाईं। समिति से जुड़े श्रीनिवास शास्त्री, ठक्कर बापा, एन.एम. जोशी, जी.के. देवधर, एस.जी. वाजे, एच.एन. कुंजक, कोंडना राव, के.जी. विभये, बखाने और ए.डी. मनि ऐसे नाम हैं, जिन पर किसी भी देश को गर्व हो सकता है।

पूना में मुख्यालय होने के अलावा बंबई, नागपुर, मद्रास और इलाहाबाद में समिति की शाखाएँ थीं। समिति के मुख्यालय में 'गोखले स्कूल ऑफ पॉलिटिक्स

ऐंड इकोनॉमिक्स' की स्थापना की गई।

धन के अभाव में गोपाल कृष्ण को कोई काम नहीं रोकना पड़ा। इंपीरियल लेजिस्लेटिव काउंसिल के सदस्य के रूप में उनकी प्रतिष्ठा बढ़ चुकी थी और उनकी छवि एक निष्ठावान जननेता के रूप में कायम हो चुकी थी। वे जरूरत के अनुसार राशि का प्रबंध कर सकते थे। कुछ धनी व्यक्ति समिति के कार्य के लिए उन्हें कोरा चेक दे दिया करते थे, लेकिन वे दानदाताओं की उदारता का कभी नाजायज फायदा नहीं उठाते थे। वह यह साबित करके दिखाना चाहते थे कि अच्छे कार्य करने के लिए धन की कमी बाधा नहीं बनती।

इस सिलसिले में उल्लेख किया जा सकता है कि गोपाल कृष्ण 1905 में रानाडे का स्मृति स्थल बनवाने के लिए भी राशि जुटा रहे थे। इस काम के लिए लगभग एक लाख रुपए का संग्रह किया गया था। गोपाल कृष्ण चाहते थे कि आर्थिक अध्ययन और औद्योगिक शोध के लिए 'रानाडे इकोनॉमिक इंस्टीट्यूट' की स्थापना की जाए। उनका वह सपना साकार हो रहा था। 1910 में इस इंस्टीट्यूट का उद्घाटन किया, जिसका संचालन बाद में पूना विश्वविद्यालय करने लगा।

भारत सेवक समिति की स्थापना का जनता और प्रबुद्ध वर्ग ने हार्दिक स्वागत किया था। दूसरी ओर नौकरशाहों को इसके भविष्य को लेकर संदेह था। उस समय के वित्त सदस्य सर गे फ्लीटवुड विलसन ने 2 सितंबर, 1910 को शिमला से एक पत्र में लिखा था—

"19 तारीख को मैंने कई घंटे मिस्टर गोखले और भारत सेवक समिति के सदस्यों के साथ गुजारे। कॉलेज का भवन उम्दा किस्म का है। पुस्तकालय बहुत बढ़िया है और सारी व्यवस्था अत्यंत ही सुनियोजित है। स्वच्छता का पूरा ध्यान रखा गया है। मैं जितने सदस्यों से मिला, उनकी उम्र बीस से तीस साल के बीच थी। उनसे मिलकर मैं अत्यंत प्रभावित हुआ। मैंने उनसे लंबी बातचीत की। मिस्टर गोखले से भी मैंने बातचीत की। इसके बावजूद मैं स्पष्ट रूप से समझ नहीं पाया कि समिति की स्थापना का मूल उद्देश्य क्या है। सारी योजना कल्पना पर आधारित लगती है और मुझे डर है कि बाद में कहीं ये नौजवान जीविका के लिए सरकारी या नगरपालिका की नौकरी ढूँढ़ते हुए न दिखाई दें, वे उच्च शिक्षित हैं और बेहतर जन-सेवक बन सकते हैं।"

□

कांग्रेस के सचिव से लेकर अध्यक्ष पद तक

क्षमा-याचना प्रकरण के बाद गोपाल कृष्ण कांग्रेस में उपेक्षित होने लगे थे। 1897 में अमरावती अधिवेशन के दौरान उन्हें मंच पर गण्यमान्य नेताओं के साथ बैठने की इजाजत नहीं दी गई थी, न ही उन्हें भाषण देने या कोई प्रस्ताव पेश करने के लिए आमंत्रित किया गया था। उन्होंने तय कर लिया था कि जब तक कांग्रेस उनकी जरूरत को महसूस नहीं करेगी, तब तक वे खुद अपनी तरफ से कोई पहल नहीं करेंगे। अपने धैर्य और संयम के साथ उन्होंने इस बुरे दौर का सामना किया, उसके बाद 1904 में उन्हें कांग्रेस का सचिव चुन लिया गया। फिर तो वे लगातार कांग्रेस के लिए महत्त्वपूर्ण व्यक्तित्व बनते चले गए।

संभवत: बंगाल विभाजन के तूफान के चलते कांग्रेस के नजरिए में बदलाव आया था। गोपाल कृष्ण भारत और इंग्लैंड में ब्रिटिश सरकार के साथ सीधे संपर्क में थे और कांग्रेस के नेताओं ने सोचा था कि उनके संपर्क से कांग्रेस को मदद मिल सकती है—भले ही विभाजन के फैसले को बदला नहीं जा सकता, मगर उसके प्रभाव को कम जरूर किया जा सकता था। दूसरी बात यह थी कि नेतृत्व उदार खेमे को एकजुट बनाए रखना चाहता था।

1904 के अंत में बंबई में आयोजित कांग्रेस के वार्षिक सत्र में सर विलियम वेंडरबर्न ने एक प्रस्ताव रखा कि भारत के सभी प्रांतों के प्रतिनिधियों को इंग्लैंड भेजा जाए, जहाँ अगले वर्ष आम चुनाव होनेवाला था। ये प्रतिनिधि जनमत तैयार करने की कोशिश कर सकते थे। इंग्लैंड की यात्रा पर गोपाल कृष्ण और लाला लाजपत राय ही जा पाए। भारत सेवक समिति की स्थापना के कुछ महीने बाद और लॉर्ड कर्जन द्वारा बंग-भंग की घोषणा से कुछ दिन पहले 16 सितंबर, 1905

को गोपाल कृष्ण भारत से इंग्लैंड के लिए रवाना हुए। वे इंग्लैंड में पचास दिनों तक रहे। लाजपत राय वहाँ पहले ही पहुँच चुके थे। दोनों ही नेताओं में ऐसे गुण थे, जो एक-दूसरे के पूरक कहे जा सकते थे। एक सशक्त वक्ता के रूप में लाजपत राय जनसभा को संबोधित कर रहे थे, दूसरी तरफ गोपाल कृष्ण ने सांसदों की सभा को संबोधित किया था। पचास दिनों की अवधि में उन्होंने पैंतालीस सभाओं को संबोधित किया था और प्रतिदिन कम-से-कम अठारह घंटे तक काम करते रहे थे। तनाव के चलते उनकी तबीयत बिगड़ गई थी और स्वदेश लौटते समय उनके गले का ऑपरेशन करना पड़ा था।

उनके भाषण से इंग्लैंड में मतदान प्रभावित हुआ या नहीं, यह अलग विषय हो सकता है, लेकिन इतना तो निश्चित था कि उन्होंने सशक्त तरीके से भारत के पक्ष को प्रस्तुत किया था। सिर्फ इसी बात से उन्हें संतुष्टि मिली थी। उन्होंने कुछ और बिंदुओं को भी स्पष्ट किया था। उदाहरण के लिए कांग्रेस ब्रिटेन में निर्मित कपड़ों का बहिष्कार करना चाहती थी। गोपाल कृष्ण चाहते थे कि इस विरोध के बारे में आम नागरिकों के साथ-साथ मैनचेस्टर के मजदूरों को भी बताया जाए। उन्होंने मैनचेस्टर के मजूदरों से कहा कि उन्हें भारत के प्रति नाराज नहीं होना चाहिए, बल्कि उन लोगों के प्रति नाराज होना चाहिए, जिन्होंने बंगाल के विभाजन का फैसला किया। भारतवासी इस निर्णय से क्षुब्ध हो उठे थे और विरोध जताने के लिए उनके पास विदेशी वस्त्रों का बहिष्कार करने के सिवा कोई रास्ता नहीं बचा था। उनके भाषणों को लोगों ने गौर से सुना था और उनकी बातों का इंग्लैंड के लोगों पर गहरा प्रभाव पड़ा था। वेडनबर्न ने ब्रिटिश मतदाताओं से संवाद कायम करने का सुझाव दिया था, वह कारगर साबित हुआ था।

भारत के पक्ष को सटीक तरीके से पेश करने के अलावा गोपाल कृष्ण ने इंग्लैंड से प्रकाशित होनेवाली कांग्रेस की पत्रिका 'इंडिया' के आर्थिक पक्ष को मजबूत बनाने में योगदान दिया। यह पत्रिका उस समय घाटे में चल रही थी। गोपाल कृष्ण बड़ी संख्या में लोगों को पत्रिका का ग्राहक बनाने में सफल रहे थे।

गोपाल कृष्ण 5 सितंबर, 1905 को भारत लौट आए थे। आश्चर्यजनक बात थी कि बंबई में इंग्लैंड की सेवाओं के लिए प्रेसीडेंसी एसोसिएशन की तरफ से स्वागत समारोह आयोजित किया गया था। एसोसिएशन के अध्यक्ष फीरोजशाह मेहता और उनके सहयोगी गोपाल कृष्ण की अगवानी करने के लिए नहीं आए थे।

इसके पीछे क्या वजह हो सकती थी? उस समय की कुछ घटनाओं से स्पष्ट था कि मेहता गोपाल कृष्ण से खुश नहीं थे। उन्हें भारत सेवक समिति की स्थापना का निर्णय पसंद नहीं आया था, क्या इसी बात से क्षुब्ध होकर मेहता ने गोपाल कृष्ण की उपेक्षा की थी। 1905 में कांग्रेस के बनारस अधिवेशन में भी मेहता शामिल नहीं हुए थे, जिसकी अध्यक्षता गोपाल कृष्ण ने की थी और स्वयं मेहता को शामिल होने के लिए न्योता भी भेजा था।

लेकिन एक अन्य नेता, जो विरोधी खेमे के समझे जाते थे, उन्होंने सद्‌भावना का परिचय दिया। तिलक ने गोपाल कृष्ण का गर्मजोशी के साथ स्वागत किया। पूना में एक जनसभा का आयोजन किया गया, जिसमें एक प्रस्ताव रखते हुए इंग्लैंड में भारत के हित के लिए कार्य करने पर तिलक ने गोपाल कृष्ण को धन्यवाद दिया था। तिलक और गोपाल कृष्ण कई अवसरों पर एक–दूसरे की तरफ देखना भी पसंद नहीं करते थे, लेकिन बंगाल विभाजन ने दोनों को करीब ला दिया था। तिलक ने अपने अखबार 'केसरी' और 'महारत्ता' के साथ पाठकों के बीच गोपाल कृष्ण की रंगीन तसवीर का भी वितरण करवाया था। तिलक ने जता दिया था कि सार्वजनिक जीवन में भी सौहार्द कायम करना संभव हो सकता है।

एक और सम्मान गोपाल कृष्ण की प्रतीक्षा कर रहा था। सितंबर 1905 में जब वे इंग्लैंड रवाना हो रहे थे, उसी समय सूचित किया गया था कि उन्हें कांग्रेस के अगले अधिवेशन का अध्यक्ष चुना जा सकता है। उन्होंने आयोजन समिति से अनुरोध किया था कि उनकी उम्र चालीस साल की थी और इतनी कम उम्र में उस दायित्व को स्वीकार करने के लिए तैयार नहीं हैं। लेकिन कांग्रेस के नेता अच्छी तरह जानते थे कि उनका निर्णय गलत नहीं था। वे कांग्रेस की नाव तूफान के समय एक ऐसे ही माँझी के हवाले करना चाहते थे। वे गोपाल कृष्ण को अध्यक्ष पद के लिए पूरी तरह योग्य मानते थे। गोपाल कृष्ण के पास संतुलित नजरिया, सौम्य व्यक्तित्व और देश की सेवा करने का पर्याप्त अनुभव था। उनसे बेहतर दूसरा व्यक्ति अध्यक्ष पद के लिए हो नहीं सकता था।

गोपाल कृष्ण के सामने नई चुनौतियाँ थीं। बंगाल विभाजन के कर्जन के फैसले से भारत में सोया हुआ राष्ट्रवाद जाग उठा था। सबसे अधिक हलचल बंगाल में हो रही थी। उसके बाद जो ऐतिहासिक संघर्ष चला, उससे सभी परिचित हैं। ब्रिटिश शासन के खिलाफ बंगाल में विद्रोह उभरने से कर्जन क्रुद्ध हो उठा था।

वह राष्ट्रवादी शक्तियों को टुकड़ों में बाँट देना चाहता था। संयुक्त मोरचे से वह मुसलिम तत्त्व को अलग कर देना चाहता था। पूर्वी बंगाल में मुसलिम बहुसंख्यक थे। कर्जन के सामने फूट डालकर राज करने का मौका था और इस कौशल में उसे महारत हासिल थी। हालाँकि विभाजन के पीछे तर्क यह दिया गया कि बड़े आकार के क्षेत्र पर शासन करना प्रशासनिक दृष्टि से कठिन हो गया है, लेकिन विभाजन असल में राजनीतिक साजिश का नतीजा था।

बंगाल में इसकी जबरदस्त प्रतिक्रिया हुई थी। विभाजन के खिलाफ लगभग पाँच सौ जनसभाओं का आयोजन किया गया। विभाजन के निर्णय को रद्द करने के लिए साठ हज़ार लोगों के हस्ताक्षर के साथ एक ज्ञापन इंग्लैंड भेजा गया। उस समय भारत के सेनाध्यक्ष लॉर्ड किचनर के साथ मतभेद होने के कारण कर्जन ने इस्तीफा देने का फैसला किया था, लेकिन अपना पद छोड़ने से पहले वह विभाजन के निर्णय को अंजाम तक पहुँचाना चाहता था। शिमला में, अगस्त 1905 में इंपीरियल लेजिस्लेटिव काउंसिल का सत्र आयोजित किया गया, जिसमें सिर्फ सरकारी सदस्यों को शामिल करते हुए कर्जन ने बंगाल विभाजन विधेयक पारित करा लिया। इस विधेयक को अक्तूबर 1905 से प्रभावी होना था। लोगों में तीखी प्रतिक्रिया हुई। जिस दिन इस विधेयक को लागू किया गया, उस दिन बंगाल में शोक मनाया गया।

ऐसे ही माहौल में कांग्रेस का बनारस अधिवेशन आयोजित हुआ था। देश भर से भारी संख्या में प्रतिनिधिगण अधिवेशन में शामिल होने के लिए आए थे। ऐसे संकट की घड़ी में गोपाल कृष्ण देशवासियों को किस तरह राह दिखा सकते थे? गोपाल कृष्ण का अध्यक्षीय भाषण ओजस्वी और राह दिखानेवाला था। उन्होंने प्रिंस, प्रिंसेज ऑफ वेल्स तथा नए वायसराय लॉर्ड मिंटों का भारत में स्वागत करते हुए लॉर्ड कर्जन के शासनकाल की समीक्षा की थी। उन्होंने कर्जन के शासन की तुलना औरंगजेब के शासन से की। दोनों ही शासन में सारी शक्तियाँ ही व्यक्ति के हाथ में केंद्रित थीं। लॉर्ड कर्जन में दूसरी कई खूबियाँ थीं। लेकिन उसने भारत के लोगों की भावनाओं को ठीक से नहीं समझा था, क्योंकि वह संवेदनशील था ही नहीं। वह मानव विकास के तहत स्वतंत्रता के सिद्धांत पर विश्वास नहीं करता था। उसने भारत में ब्रिटिश शासन को मजबूत बनाने में योगदान दिया और भारतीयों के साथ गूँगे मवेशियों की तरह बरताव किया। गोपाल कृष्ण ने कहा कि अगर प्रजा

का इस तरह तिरस्कार होता रहेगा और उसे असहाय अपने हाल पर छोड़ दिया जाएगा तो फिर जनहित में नौकरशाही के साथ सहयोग की उम्मीद को भी हम छोड़ देंगे। इस तरह गोपाल कृष्ण ने भविष्यवाणी कर दी थी, चूँकि आने वाले वर्षों में महात्मा गांधी ने असहयोग आंदोलन शुरू कर दिया था।

गोपाल कृष्ण ने स्वदेशी और बहिष्कार के मसले पर भी विचार व्यक्त किए थे। उनके अनुसार बहिष्कार एक राजनीतिक हथियार था, जिसका इस्तेमाल अत्यावश्यक परिस्थिति में ही किया जाना चाहिए था। प्रजा की तकलीफों की ओर शासकों का ध्यान आकर्षित करने के लिए यह उपयोगी हो सकता था। उन्होंने स्वीकार किया कि यह एक वैध हथियार था। उनका कहना था कि इस हथियार का इस्तेमाल करने से पहले सभी खतरों का मुआयना कर लेना चाहिए और अपने निजी मतभेदों को दूर कर लेना चाहिए। स्वदेशी को अपनानें पर जोर देते हुए उन्होंने हथकरघा उद्योग को जीवित करने की बात कही, जिससे किसानों की अतिरिक्त कमाई भी हो सकती थी। राजनीतिक क्षेत्र का उल्लेख करते हुए उन्होंने भारत की आशाओं और आकांक्षाओं के बारे में बताया, उन्होंने देश की नौकरशाही की तीखी आलोचना की। उन्होंने जीवन के नैतिक पहलू को उजागर करनेवाले रानाडे के एक कथन के साथ अपने भाषण को समाप्त किया, जिसमें कहा गया था—मनुष्य की चेतना को स्वतंत्र बनाने के लिए उसे शुद्ध और संपूर्ण बनाने की आवश्यकता है।

अध्यक्षीय भाषण के अलावा कई प्रस्ताव थे, जिन पर विचार करना था। बंगाल से एक प्रतिनिधि दल आया था, जो विभाजन की पीड़ा से क्षुब्ध नजर आ रहा था। यह प्रतिनिधि दल चाहता था कि कांग्रेस प्रिंस ऑफ वेल्स के भारत दौरे का बहिष्कार करने का प्रस्ताव पारित करे। वे ब्रिटिश वस्तुओं का बहिष्कार करने का प्रस्ताव भी पारित करवाना चाहते थे। इस पर नेताओं में मतभेद हो गया था। सुरेंद्रनाथ बनर्जी दोनों ही प्रस्तावों का विरोध कर रहे थे। तिलक प्रिंस ऑफ वेल्स के दौरे का बहिष्कार करना नहीं चाहते थे, लेकिन ब्रिटिश वस्तुओं का बहिष्कार करने के प्रस्ताव से सहमत थे। इससे पहले कांग्रेस प्रिंस ऑफ वेल्स को अपने सत्र में शामिल होने का न्योता दे चुकी थी, जिसे प्रिंस ने स्वीकार नहीं किया था। कांग्रेस असमंजस में थी और यही दुविधा गोपाल कृष्ण को भी परेशान कर रही थी, इस गतिरोध को दूर करने के लिए उन्होंने विलक्षण कौशल का परिचय दिया।

उन्होंने रमेशचंद्र दत्त से अनुरोध किया कि वे सुरेंद्रनाथ बनर्जी को ब्रिटिश वस्तुओं के बहिष्कार के प्रस्ताव पर सहमत कर लें, बनर्जी सहमत हो गए। उसके बाद तिलक और लाजपत राय को मनाने की जरूरत थी। विषय समिति में उनके संशोधन के प्रस्ताव की हार हुई थी, मगर उन्होंने खुले सत्र में विषय को रखने की सूचना दी थी। गोपाल कृष्ण ने लाजपत राय से निजी तौर पर अनुरोध किया कि वे प्रिंस के बहिष्कार के प्रस्ताव के लिए दबाव डालना छोड़ दें। लाजपत राय मान गए। अब तिलक बच गए थे। गोपाल कृष्ण ने लाजपत राय से कहा कि वे तिलक को मनाएँ, चूँकि केवल लाजपत राय ही उन्हें मना सकते थे। इस तरह गोपाल कृष्ण ने सूझबूझ का परिचय देते हुए गतिरोध का हल निकाल लिया था।

□

मार्ले-मिंटो सुधार

गोपाल कृष्ण किसी भी मामले का समाधान समझाने-बुझाने की नीति के आधार पर करने में विश्वास रखते थे। अगर वे सरकार के सभी कार्यों में सहयोग करते तो किसी ऊँचे और प्रतिष्ठित पद पर जा पहुँचते। इसका उदाहरण उन्हें सी.आई.ई. की मिली उपाधि है—यानी 'कंपेनियन ऑफ द इंडियन इंपरर'। यह उपाधि भी शायद उन्होंने इसलिए स्वीकार की, ताकि वे सरकार के सीधे विरोधी नजर न आएँ। इसके साथ-साथ ऐसा माहौल तैयार हो, जिससे उनकी बात सरकार ध्यानपूर्वक सुने।

कांग्रेस के एक अधिवेशन के अध्यक्ष पद पर रहने के साथ-साथ वे सरकार के इतने प्रिय थे कि सरकार का काम भी उनके बिना चल नहीं सकता था। कांग्रेस का एक वर्ग उन्हें अपने अनुसार चलाता था और सरकार भी उन्हें अपने अनुसार चलाना चाहती थी। उन्होंने इन दोनों में से किसी का भी साथ नहीं छोड़ा।

सूरत में कांग्रेस का विभाजन होने से पहले ही ब्रिटेन में सत्ता उदार दल के हाथ में आ गई थी। अनुदार दल की आम चुनाव में पराजय हो चुकी थी। राजनीति व दर्शन के विद्वान् मार्ले को भारत मंत्री और मिंटो को भारत का नया वायसराय बनाया गया था, जिससे भारत के लोगों को उम्मीद की किरण दिखाई देने लगी थी।

गोपाल कृष्ण 14 अप्रैल, 1906 को तीसरी बार इंग्लैंड रवाना हुए। बंगाल के अत्याचारों को सबके सामने लाने व राजनीतिक सुधारों के समर्थन का वह उपयुक्त समय था। उन्होंने भारत मंत्री से मुलाकात की थी और कई सभाओं को संबोधित किया। लिवरपुल की सभा में यह तथ्य सामने रखकर उन्होंने तहलका मचा दिया कि दस वर्षों की अवधि में भारत में दो करोड़ लोगों की मृत्यु भूख की वजह से हो

चुकी थी। उस समय भी सात करोड़ की आबादी को ठीक से भोजन नहीं मिल पा रहा था। देश में मृत्यु-दर तेजी से बढ़ती जा रही थी। उन्होंने लॉर्ड कर्जन की दोषपूर्ण नीतियों की पड़ताल की।

पूर्वी बंगाल के नए गवर्नर सर बैंपफाइल्ड फुलर ने अपनी सत्ता का प्रदर्शन करने में सभी सीमाओं को पार कर दिया। उसने जुलूस और सभाओं पर रोक लगा दी। इसके अलावा छात्रों और अध्यापकों पर पुलिस की निगरानी बढ़ा दी। लोगों में क्षोभ बढ़ता गया। बारीसाल प्रांतीय सम्मेलन के अवसर पर सुरेंद्रनाथ बनर्जी को अध्यक्ष व प्रतिनिधियों सहित गिरफ्तार कर लिया गया। सब पर 200 रुपए जुरमाना लगाया गया। जुरमाना अदा न करने पर प्रशासन अपमानजनक तरीके अपनाने पर उतारू हो गया। गोपाल कृष्ण ने यह मामला भी अंग्रेज शासकों के समक्ष रखा। साथ ही इस मामले की जाँच कराने का अनुरोध किया।

मार्ले और मिंटो दोनों ही गोपाल कृष्ण से पूरी तरह सहमत हो गए। उन्होंने फुलर से इस संबंध में स्पष्टीकरण देने के लिए कहा। इस बीच सिराजगंज हाईस्कूल में वंदेमातरम् का नारा लगाने की घटना से नाराज होकर फुलर ने कलकत्ता विश्वविद्यालय को यह आदेश दिया कि उस स्कूल की मान्यता रद्द कर दे। लॉर्ड मिंटो के हस्तक्षेप के बावजूद फुलर कुछ सुनने के लिए तैयार नहीं हुआ। बल्कि मान्यता रद्द न किए जाने पर इस्तीफा देने की धमकी दे डाली। इस धमकी का स्वागत ही हुआ और लॉर्ड मिंटो ने बेहिचक फुलर का इस्तीफा स्वीकार कर लिया।

इस स्थिति में बंगाल की नौकरशाही सावधान हो गई और उसने बंगाल की जनता को कुचलने का काम छोड़ दिया और उदार नीति अपनाने की कोशिश करने लगी। इस बदलाव का श्रेय गोपाल कृष्ण के अथक प्रयत्नों को जाता है। उन्होंने मार्ले से कई मुलाकातें कर बंग-भंग के आदेश को सरकार द्वारा वापस लेने का अनुरोध किया। उनकी ये मुलाकातें उत्साहवर्धक साबित हुईं। उनके अनुरोध पर मार्ले एक आयोग के गठन के लिए तैयार हो गया, जो कि सरकार के साथ भारतीयों का सहयोग कितना है, इसकी जाँच करनेवाला था, ताकि आवश्यकता अनुसार सहयोग बढ़ाया जा सके। इसके अलावा उन्होंने यह भी कहा कि जब तक भारतीयों को सत्ता नहीं सौंपी जाएगी, असंतोष बना ही रहेगा।

लॉर्ड कर्जन द्वारा बंग-भंग से जनता क्षुब्ध थी, जिसके कारण क्रांतिकारी आंदोलन तेज हो गया था। शासन-तंत्र दल के हाथ में होने के कारण व सेनाध्यक्ष

लॉर्ड किचनर के साथ मतभेद होने के कारण कर्जन त्यागपत्र देकर जा चुका था। इस तरह गोपाल कृष्ण को सरकार को बलप्रयोग न करने के लिए मनाने का अवसर मिल गया। लॉर्ड मिंटो और भारत मंत्री मार्ले ने यह तथ्य स्वीकार कर लिया था कि लॉर्ड कर्जन की शासन नीतियाँ गलत थीं। मार्ले राष्ट्रवादी तत्त्वों को संतुष्ट करना चाहता था। वह चाहता था कि लोगों के साथ उदार रवैया अपनाया जाए, ताकि उनका आक्रोश शांत हो जाए।

मार्थो से पाँच-छह मुलाकातों के बाद गोपाल कृष्ण को महसूस होने लगा कि मार्ले भारत-हित में कुछ सकारात्मक कदम उठाने के लिए तैयार था। यही कारण था कि उन्होंने 2 अगस्त को अपने मित्र द्रविड़ को पत्र लिखा कि तिलक को यह समझाएँ कि वे अपने समाचार-पत्रों में मार्ले-मिंटो की आलोचना न करे। वे अपना निशाना वास्तविक शत्रुओं पर ही लगाते रहें। उन्होंने ऐसा ही अनुरोध अपने मित्र केथवर से भी किया था।

मार्ले और मिंटो के पत्राचार को देखने से स्पष्ट होता है कि वे भी गोपाल कृष्ण को अपना परम मित्र मानते थे। इसके बावजूद मार्ले भारतीय लोगों को स्वशासन का अवसर देने के लिए तैयार नहीं थे। जिसके कारण गोपाल कृष्ण चाहकर भी मार्ले की आलोचना को समाचार-पत्रों में प्रकाशित होने से रोक नहीं पाए।

मार्ले ने एक स्थान पर अपने भाषण में कहा, ''मैं भारत के लोगों को चाँद (आजादी) नहीं भेंट कर पाया। इसी वजह से वहाँ के लोग मुझसे काफी नाराज हैं। क्योंकि चाँद (आजादी) मेरे हाथ में नहीं है, होता भी तो मैं नहीं देता।''

1906 में गोपाल कृष्ण जब इंग्लैंड से वापस लौटे, उस समय देश की हालत शोचनीय बनी हुई थी। उन्हें इंग्लैंड में कोई खास उपलब्धि प्राप्त नहीं हो पाई थी। देश में लोग नरम गुट की शांतिपूर्ण गतिविधियों से संतुष्ट नहीं थे। जनता शासन से सीधे टक्कर लेनेवालों की ओर झुक गई थी।

आगाखान के नेतृत्व में मुसलमानों का एक प्रतिनिधि मंडल अक्तूबर 1906 में, शिमला में वायसराय लॉर्ड मिंटो से मिला और यह माँग की कि भारत के संबंध में भी निर्णय लेते समय मुसलमानों के हितों पर अलग से विचार किया जाए। हिंदू और मुसलमान के बीच फुलर ने बंगाल में दीवार खड़ी की थी और वास्तविक रूप से पाकिस्तान का जन्मदाता फुलर ही कहलाएगा। जिन्ना और मुसलिम लीग ने तो

इस नींव पर मात्र दीवार ही खड़ी की।

2 जून, 1907 को मार्ले ने अपने सुधारों की योजना प्रस्तुत की, जिसमें सत्ता के केंद्रीकरण पर विचार करने के लिए शाही आयोग की स्थापना की घोषणा की गई। मार्ले के सुधार की घोषणा से भारत में कोई खुशी की लहर नहीं फैली।

रेम्ज़े मैकडॉनाल्ड ने अपनी पुस्तक 'दि एवेकनिंग ऑफ इंडिया' में लिखा है—"अखिल भारतीय मुसलिम लीग की स्थापना के साथ ही इसको जो सफलताएँ मिलीं, उसके पीछे अंग्रेज अधिकारियों का हाथ था। इस तरह की आशंका भारत में फैल गई थी। उक्त अधिकारियों ने शिमला में मुसलिम लीग के प्रति विशेष कृपा भाव रखकर देश में बँटवारे का बीजारोपण कर दिया था।

1906 का भारतीय सुधार अधिनियम भारत की आशाएँ पूरी नहीं कर सका। सत्ता पूरी तरह केंद्र के हाथों में सीमित रही। मिंटो का स्पष्ट मत था, सरकार जो दे, उसे आँखें बंद कर स्वीकार कर लेना चाहिए। सरकारी ढाँचे में कोई वास्तविक परिवर्तन नहीं हुआ। राजनीतिक बंदी जेलों में सड़ते रहे। दमन नीति और उग्र होती गई।

□

गोपाल कृष्ण गोखले, महात्मा गांधी और दक्षिण अफ्रीका

गोपाल कृष्ण ने अपने जीवन का एक बड़ा हिस्सा दक्षिण अफ्रीका में बसे प्रवासी भारतीयों के कल्याण के लिए लगाया था। महात्मा गांधी ने कहा था—''मेरा विश्वास है कि अगर सभी भारतीय ट्रांसवास रजिस्ट्रेशन अधिनियम का सख्त विरोध करें तो उन्हें जनता का आदर प्राप्त होगा। भारत में भी सहानुभूति की भावना जाग उठेगी।''

दक्षिण अफ्रीका में बसे भारतीयों की बदहाली देखकर जहाँ महात्मा गांधी द्रवित हुए थे, वहीं गोपाल कृष्ण भी इससे अलग-अलग नहीं रहे थे। बल्कि दक्षिण अफ्रीका के प्रवासी भारतीयों की समस्या से जूझते हुए महात्मा गांधी गोपाल कृष्ण के बहुत करीब आ गए थे और उन्होंने खुद को गोपाल कृष्ण का शिष्य बताया था।

जहाँ तक यूरोपीय जातियों के अलावा अन्य जातियों, यानी अश्वेत दक्षिण अफ्रीकियों की बात है, उनका जीवन हमेशा दु:खी बना रहा है। गोरी जातियों ने काले अफ्रीकियों को हमेशा अपना गुलाम और अपनी स्वार्थ-पूर्ति का साधन ही समझा। 1795 में केप ऑफ गुड होप (आशा-अंतरीप) पर इंग्लैंड का प्रभुत्व हो गया। केप और नेटाल के तटवर्ती उपनिवेशों में अंग्रेज रह गए और अफ्रीकियों को आगे चलकर फ्रीस्टेट और ट्रांसवास में दो उत्तरी गणराज्यों की स्थापना में सफलता मिल गई थी। बोअर युद्ध में अफ्रीकियों की शिकस्त के बाद यह गणराज्य व उपनिवेश उस संघ में मिला दिया गया, जिसकी स्थापना 1910 में हुई। संघ में उस

समय अंग्रेजों का बहुमत था।

1893 में महात्मा गांधी दक्षिण अफ्रीका पहुँच चुके थे। उस समय तक भारत से आकर लगभग डेढ़ लाख भारतीय नेटाल में बस गए थे। वे सभी करारबद्ध श्रमिक थे। जब तक वे काम करते रहे, कोई परेशानी नहीं हुई। पर काम हो जाने के बाद गोरों को वे खटकने लगे। वे उन पर अनेक प्रतिबंध व अपमानजनक शर्तें लागू करने लगे। 1888 में ऑरेंज फ्री स्टेट ने विशेष अधिनियम लागू कर भारतीयों के सभी अधिकार छीन लिये। ट्रांसवाल में भारतीयों को प्रवेश के लिए तीन पौंड कर देना पड़ता था। 1893 में गोरों ने कालों पर 25 पौंड का अतिरिक्त कर लगा दिया, जिसका वायसराय लॉर्ड एल्गिन ने समर्थन किया। इसी दौरान महात्मा गांधी को प्रथम श्रेणी में टिकट लेकर यात्रा करने पर भी सामान सहित स्टेशन से बाहर फेंक देने की बहुचर्चित घटना हुई।

महात्मा गांधी दक्षिण अफ्रीका से लौटकर बंबई हाईकोर्ट में वकालत करने के इच्छुक थे। साथ-ही-साथ वे गोखले के साथ सार्वजनिक कार्य भी करना चाहते थे, लेकिन उन्हें फिर दक्षिण अफ्रीका लौट जाना पड़ा।

1909 के लाहौर कांग्रेस अधिवेशन में महात्मा गांधी ने दक्षिण अफ्रीका में बसे भारतीयों की दुर्दशा का वर्णन किया। तब गोपाल कृष्ण अप्रवासी भारतीयों की सहायता के लिए उत्कंठित हो उठे। उन्होंने तुरंत एक प्रस्ताव रखा—''अफ्रीका में चल रहा निष्क्रिय प्रतिरोध आंदोलन क्या है ? अपनी प्रकृति आत्मरक्षात्मक है और इसमें नैतिक तथा आध्यात्मिक शस्त्रों की सहायता से युद्ध करने की परंपरा है। पशु बल का सामना हम आत्मबल से करते हैं। अत्याचार का सामना आत्मपीड़न से करते हैं। मनुष्य के पशुत्व का सामना हम देवत्व से करते हैं, अत्याचार का आत्मविवेक से, अन्याय का आस्था से, अनाचार का सदाचार से।'' गोपाल कृष्ण के उच्च विचारों से प्रभावित होकर महात्मा गांधी ने उन्हें अपना गुरु मान लिया था।

गोपाल कृष्ण भी महात्मा गांधी से कम प्रभावित नहीं थे। उन्होंने कहा था—''मेरे जीवन का यह परम सौभाग्य है कि मैं महात्मा गांधी को अच्छी तरह जानता हूँ। गांधी उन लोगों में से हैं, जो सरल हृदय संयत जीवन जीने वाले, न्याय-सत्य के उच्चतम सिद्धांतों को माननेवाले व्यक्ति हैं। मैं बेहिचक कह सकता हूँ कि उनके रूप में भारतीय मानव अपने उच्च स्तर तक जा पहुँचा है।''

लाहौर कांग्रेस अधिवेशन में गोपाल कृष्ण के दक्षिण अफ्रीका से संबंधित

भाषण का यह प्रभाव पड़ा कि लोगों ने दक्षिण अफ्रीका में भारतीयों के संघर्ष में मदद करने के लिए रुपया, सोना, चाँदी व जेवरों की वर्षा कर दी। उद्योगपति टाटा ने गांधीजी को पचीस हजार रुपए भेजे, निजाम ने भी 2 हजार रुपए भेजे। आगा खान ने मुसलिम लीग अधिवेशन में 3 हजार रुपए इकट्ठे करके भेज दिए।

25 फरवरी, 1910 को गोपाल कृष्ण ने इंपीरियल लेजिस्लेटिव काउंसिल में नेटाल भेजे जानेवाले करारबद्ध मजदूरों के मामले में तुरंत प्रतिबंध लगाए जाने की माँग की, जिसे सरकार ने स्वीकार कर लिया। बाद में लॉर्ड एम्टहिक और दक्षिण अफ्रीका समिति ने 1907 के निंदनीय अधिनियमों को रद्द करने की माँग की। उक्त परिस्थितियों में अफ्रीकी सरकार ने 11 फरवरी, 1911 को विधेयक पारित किया, पर इससे भारतीय संतुष्ट नहीं हुए। गांधीजी ने इस विधेयक पर विरोध जताया।

महात्मा गांधी के अनुरोध पर गोपाल कृष्ण ने दक्षिण अफ्रीका की यात्रा करने का निश्चय किया। उस समय वे इंग्लैंड में थे। उन्होंने दक्षिण अफ्रीका आने की सूचना महात्मा गांधी को भेजी। यह सूचना पाकर महात्मा गांधी अत्यंत खुश हुए।

22 अक्तूबर, 1912 को गोपाल कृष्ण केपटाऊन पहुँचे। संघ सरकार ने उनका हार्दिक स्वागत किया व उनके लिए एक आरामदायक रेलवे सैलून की व्यवस्था कर दी। उस समय ऐसा लगा जैसे गोरे गोपाल कृष्ण का स्वागत करने के लिए भारतीयों से होड़ ले रहे हैं। दक्षिण अफ्रीका की पूरी यात्रा के लिए अप्रवास विभाग के एक वरिष्ठ अधिकारी रस्किन की नियुक्ति कर दी गई। सैकड़ों भारतीयों ने गोपाल कृष्ण का हार्दिक स्वागत किया और एक विशाल जुलूस उनके सम्मान में निकाला गया, जिसमें 50 कारें शामिल थीं। गोपाल कृष्ण के भाषण से भारतीय ही नहीं, यूरोपीय भी काफी प्रभावित हुए।

केपटाऊन के बाद वे जोहांसबर्ग गए, जहाँ सत्याग्रह हो रहा था। वहाँ आयोजित समारोह में गोरों ने भारी संख्या में भाग लिया। मेयर ने गोपाल कृष्ण का हार्दिक अभिनंदन किया। इसके बाद उन्हें सरकारी कार से उनके लिए विशेष रूप से खोले गए कार्यालय स्थल तक पहुँचाया गया, जहाँ वे लोगों से मिलजुल सकते थे, अपना कार्य कर सकते थे। इस पूरी यात्रा में महात्मा गांधी ने उनके सचिव की हैसियत से काम किया।

इस यात्रा के दौरान गोपाल कृष्ण ने एक भोज का आयोजन किया, जिसमें 400 निमंत्रित अतिथियों में 150 गोरे थे। इनमें से अनेक गोरे के जीवन का यह

पहला अवसर था, जब उन्हें एक भारतीय ने भोज दिया था। इस अवसर पर दिया गया उनका भाषण भी प्रभावशाली साबित हुआ। इस भाषण में प्रेम, स्पष्टता और दृढ़ता के भाव घुले हुए थे।

नगर में आयोजित एक अन्य सभा में उन्हें कठिन दुविधा का सामना करना पड़ा कि वे किस भाषा में बोलें; क्योंकि अंग्रेजी बोलना अप्रासंगिक था और वे हिंदी धड़ल्ले से बोल नहीं पाते थे। तब गांधीजी के सुझाव पर गोपाल कृष्ण ने मराठी में अपना भाषण दिया, जिसका हिंदी अनुवाद महात्मा गांधी ने किया। इसी तरह जोहांसबर्ग से लेकर जंजीबार तक महात्मा गांधी ने गोपाल कृष्ण के मराठी भाषणों का हिंदी अनुवाद किया, जबकि उन्हें मराठी बिलकुल नहीं आती थी। गोपाल कृष्ण ने उनसे पूछा भी कि मराठी न जानते हुए भी मेरे भाषण का वे हिंदी अनुवाद कर देते हैं? इस पर गांधीजी ने कहा कि मुझे मराठी नहीं आती, पर जनहित में कही गई हर बात वह समझ जाते हैं। जनहित की भावना किसी भी भाषा की मोहताज नहीं, वह तो दिल से निकलने वाली ऐसी भावना है, जिसे कोई भी मनुष्य सहज ही समझ सकता है। गांधीजी के इस जवाब से गोपाल कृष्ण बहुत प्रभावित हुए। उन्हें गांधीजी का भविष्य बहुत उज्ज्वल दिखने लगा। दूसरी ओर गांधीजी भी इस बात से बहुत प्रसन्न थे कि भारत से कोसों दूर, दक्षिण अफ्रीका में जहाँ भारतीय एक लक्ष्य के लिए संघर्ष कर रहे हैं, किसी भारतीय भाषा का ही सहारा लिया गया था।

गोपाल कृष्ण ने नेटाल से प्रीटोरिया जाकर जनरल स्मट्‍्स और जनरल बोथा का आतिथ्य ग्रहण किया और अपनी बात कही। जैसाकि गोपाल कृष्ण का गुण था कि वह छोटी-से-छोटी बात में भी सही रहते थे। गांधीजी ने इस वार्त्तालाप का प्रारूप तैयार कर दिया। 15 नवंबर को दोस्ताना माहौल में बातचीत की शुरुआत हुई। बातचीत में भरपूर वादे किए गए। बातचीत के दौरान अप्रवास कानून में अवरोध समाप्त करने व तीन पौंड का कर समाप्त किए जाने का आश्वासन दिया गया। पर महात्मा गांधी इन वायदों की असलियत अच्छी तरह जानते थे।

प्रीटोरिया जाने से पहले गोपाल कृष्ण 2 से 4 नवंबर तक गांधीजी द्वारा स्थापित टॉलस्टॉय फार्म में ठहरे, जहाँ गांधीजी ने उनके व्यक्तिगत सचिव के रूप में कार्य करने के अलावा निजी सहायक के रूप में भी काम किया। उन्होंने स्वयं गोपाल कृष्ण के लिए भोजन बनाया और उनके कपड़े धोए, टॉलस्टॉय फार्म का

वातावरण, वहाँ का सरल जीवन, बच्चों को दी जा रही शिक्षा से गोपाल कृष्ण अत्यंत प्रभावित हुए। गांधीजी के प्रति उनके मन में स्नेह और बढ़ गया।

17 नवंबर को गोपाल कृष्ण समुद्र मार्ग से भारत लौट आए। रास्ते भर हर बंदरगाह पर उनका भव्य स्वागत हुआ। गोपाल कृष्ण की इच्छा थी कि गांधीजी भी दक्षिण अफ्रीका छोड़कर उनके साथ भारत चलें और स्वाधीनता संग्राम की बागडोर सँभालें।

अफ्रीका के जनरलों ने गोपाल कृष्ण को दिए अपने वचन तोड़ दिए। गांधीजी तो यह बात पहले ही जानते थे, लेकिन गोपाल कृष्ण को बंबई पहुँचते ही फीरोजशाह मेहता और वाचा की आलोचना का सामना करना पड़ा। उन्होंने इस तथाकथित समझौते के लिए गोपाल कृष्ण की आलोचना की। इसके बावजूद गोपाल कृष्ण और दक्षिण अफ्रीका संबंधी समझौते को कांग्रेस अधिवेशन में पारित कर दिया गया।

इस समझौते के कुछ दिनों के बाद ही सर्वोच्च न्यायालय ने फैसला दिया कि प्रवासी भारतीयों के दक्षिण अफ्रीका से किए विवाह अवैध हैं। वैसी स्थिति में भारत में विवाहित उनकी पत्नियाँ दक्षिण अफ्रीका की भूमि पर कदम नहीं रख सकेंगी। एक मुसलमान की विवाहित पत्नी को दक्षिण अफ्रीका से चले जाने के लिए कहा गया। महिलाओं ने इस कानून का विरोध करते हुए सत्याग्रह शुरू किया।

सरकार ने मसले को हल करने के लिए एक आयोग का गठन किया। इस स्थिति में गोपाल कृष्ण ने गांधीजी को दक्षिण अफ्रीका में संघर्ष समाप्त करने की सलाह दी। गांधीजी ने इस सलाह के जवाब में अपना पक्ष रखा।

गांधीजी ने गोपाल कृष्ण से अपना कार्य पूरा करने के लिए आशीर्वाद माँगा। उन्होंने कई मसलों पर असहमति के बावजूद उन्हें अपना आशीर्वाद दिया और भरपूर सहयोग भी। रैम्जे मैकडॉनाल्ड, वेलेंटाइन सिरोल और भारतीय नरेशों से उन्होंने गांधीजी को भरपूर आर्थिक सहायता दिलवाई।

12 जनवरी, 1914 को महात्मा गांधी और जनरल करण के बीच समझौता हो गया। बैंजामिन टाक्टेसन आयोग को भारतीयों का भरपूर सहयोग नहीं मिला। आगे चलकर आयोग की सिफारिशों को स्वीकार कर लिया गया। इसे भारतीय रिलीफ विधेयक में समाहित कर लिया गया, जिसके तहत तीन पौंड कर की समाप्ति व भारत में वैध विवाहों को दक्षिण अफ्रीका में भी वैध ठहराया गया। 26 जून, 1914 को यह विधेयक 24 के मुकाबले 64 मतों से पारित कर दिया गया।

□

अंतिम चरण

गोपाल कृष्ण इंग्लैंड गए और 20 नवंबर, 1914 को भारत लौट आए, इंग्लैंड की यह उनकी सातवीं और आखिरी यात्रा थी। वे लोक सेवा आयोग के सदस्य होने के नाते बैठक में भाग लेने के लिए इंग्लैंड गए थे। उनकी तबीयत इतनी बिगड़ गई थी कि इंग्लैंड के डॉक्टरों ने अनुमान लगाया कि वे तीन साल से ज्यादा जीवित नहीं रह सकते थे। वे डॉक्टरों के कथन से घबराए नहीं और शांतचित्त होकर अपना कार्य करते रहे।

भारत लौट आने पर महात्मा गांधी उनसे मिलने के लिए पूना गए। प्रेस को दिए गए एक इंटरव्यू में महात्मा गांधी ने कहा, "वर्तमान में—जैसाकि गोखलेजी ने बिलकुल उचित सलाह दी है। भारत से लंबे समय तक बाहर रहने के कारण भारतीयों से जुड़े मसलों पर मैं कोई निश्चित राय नहीं बना सकता, इसलिए मुझे यहाँ कुछ समय पर्यवेक्षक और विद्यार्थी के रूप में गुजारना चाहिए। मैंने यह वादा किया है और मुझे यकीन है कि मैं अपने वादे को निभाऊँगा।" इस तरह उन्होंने संकेत दिया था कि वे भारत में रहकर जीवन भर मातृभूमि की सेवा करने का निर्णय ले चुके हैं।

गोपाल कृष्ण चाहते थे कि गांधीजी 'भारत सेवक समिति' में शामिल हो जाएँ। गांधीजी भी ऐसा चाहते थे। लेकिन समिति के आजीवन सदस्य इस बात के पक्ष में नहीं थे। उनका मानना था कि गांधीजी के आदर्शों और कार्यशैली के साथ समिति के आदर्श की समानता नहीं थी, इसीलिए उनका तत्काल समिति में शामिल होना उचित नहीं था। गोपाल कृष्ण ने गांधीजी को तसल्ली देते हुए कहा, "मुझे उम्मीद है वे लोग तुम्हें स्वीकार कर लेंगे, लेकिन अगर वे ऐसा नहीं करते तो तुम

एक पल के लिए भी यह मत सोचना कि उनके मन में तुम्हारे प्रति लगाव या आदर की भावना नहीं है। वे किसी तरह का जोखित नहीं उठाना चाहते हैं। लेकिन तुम इसके औपचारिक सदस्य बनो या न बनो, मैं तुम्हें इसका एक हिस्सा मानता रहूँगा।'' इस बात का गांधीजी पर गहरा प्रभाव पड़ा।

गांधीजी फीनिक्स आश्रम के सदस्यों को साथ लेकर भारत लौटे थे और एक आश्रम की स्थापना करना चाहते थे। गोपाल कृष्ण ने उनके समक्ष एक सद्‌भावना पूर्ण प्रस्ताव रखा—''सदस्यों के साथ तुम्हारी बातचीत का चाहे जो भी नतीजा निकले, आश्रम की स्थापना का खर्च मैं तुम्हें दूँगा और आश्रम को मैं अपना ही समझूँगा।'' उन्होंने अपने एक सहकर्मी से सोसाइटी में गांधीजी के नाम से एक खाता खोलने और आश्रम की स्थापना के लिए आवश्यक धन मुहैया कराने का निर्देश दिया। गोपाल कृष्ण का यह उदार स्वभाव ही था, जिस पर मुग्ध होकर गांधीजी ने उनकी तुलना गंगा से की थी। पूना की यात्रा करने के बाद गांधीजी ने शांति निकेतन की यात्रा की थी। वहाँ पहुँचने पर उन्हें गोपाल कृष्ण के निधन का समाचार मिला। वे गोपाल कृष्ण को अपना गुरु मानते थे। एक शोकसभा में गांधीजी ने कहा था—''मैं एक सच्चे नायक की तलाश में था और पूरे भारत में मुझे वैसा एक ही नायक मिला। गोपाल कृष्ण गोखले ही वह नायक थे।'' अपने गुरु के प्रति आदर व्यक्त करने के लिए उन्होंने एक वर्ष तक नंगे पाँव चलने का संकल्प किया। वे 22 फरवरी को पूना पहुँचे। अब वे भारत सेवक समिति में शामिल होने का निश्चय कर चुके थे। जब गोपाल कृष्ण जीवित थे, तब उन्हें सदस्यता लेने की जरूरत नहीं थी। अब सदस्यता लेना वे अपना कर्तव्य समझते थे।

समिति में मतभेद था। सदस्यों के बीच लंबी बहसें हुईं और उन्होंने ऐसा निर्णय लिया जो गोपाल कृष्ण की स्मृति और गांधीजी के अनूठे व्यक्तित्व के साथ न्यायपूर्ण माना जा सकता है। उन्होंने कहा, ''काफी विचार-विमर्श करने के बाद मतभेदों, गांधीजी के दृष्टिकोण और गोपाल कृष्ण गोखले के लक्ष्य को ध्यान में रखते हुए हम इस निष्कर्ष पर पहुँचे हैं कि भारत सेवक समिति की सदस्यता लेने से पहले समिति के नियम 17 के तहत गांधीजी को एक वर्ष तक भारत की यात्रा करनी चाहिए।'' इस तरह का निर्णय सबको सुना दिया गया। जब गांधीजी को पता चला कि सदस्यों के बीच तीखे मतभेद हैं, तब उन्होंने सदस्यता के लिए

आवेदन वापस लेने का निर्णय किया। ऐसा करते हुए वे मान रहे थे कि समिति और अपने गुरु के प्रति अपने लगाव का प्रदर्शन कर रहे हैं। समिति के अध्यक्ष श्रीनिवास शास्त्री को लिखे पत्र में उन्होंने कहा था—''सदस्यता का आवेदन वापस लेकर मैं समिति का सच्चा सदस्य बन गया हूँ।'' उनका आशय था कि वह गोपाल कृष्ण के लक्ष्यों के प्रति समर्पित बने रहेंगे।

मृत्यु के समय तक गोपाल कृष्ण का लोक सेवा आयोग का काम पूरा नहीं हुआ था। कांग्रेस लगातार माँग करती रही थी कि लोक सेवा के क्षेत्र में यूरोपीय और भारतीय के बीच भेदभाव खत्म होना चाहिए। इसी माँग के दबाव में आयोग का गठन किया गया था। भारतीयों के दावे को वैधानिक मान्यता दिलाने का प्रयास गोपाल कृष्ण अपने बजट भाषणों के जरिए भी करते रहे थे। वेलबी कमीशन के सामने दी गई गवाही के दौरान भी उन्होंने इस बात पर विरोध जताया था कि ऊँचे पदों पर भारतीय लोगों की नियुक्ति नहीं हो रही है। देश के नागरिक प्रशासन के ऊँचे पदों पर भारतीयों की नियुक्ति के मसले पर विचार करने के लिए एक आयोग गठित करने का प्रस्ताव एन. सुहबा राव पंटुलू ने 17 मार्च, 1911 को इंपीरियल लेजिस्लेटिव काउंसिल में रखा था। गोपाल कृष्ण ने प्रस्ताव का समर्थन किया था, मगर सरकार मामले को टाल रही थी।

पच्चीस साल पहले एक लोक सेवा आयोग गठित हुआ था, जिसमें रानाडे भी एक सदस्य थे। सरकार ने उस आयोग के सुझावों को नजरअंदाज कर दिया था और भारतीय लोगों को निराश होना पड़ा था। अब सरकार का प्रवक्ता कह रहा था कि आयोग के सुझावों को स्थानीय निकायों के पास विचार करने के लिए भेजा जाएगा कि किस तरह उन सुझावों को लागू करना उचित होगा। इससे साफ पता चलता है कि सरकार मामले को अधर में लटकाकर रखना चाहती थी। दूसरी तरफ इंग्लैंड के राजा का आगमन होनेवाला था और सरकार नहीं चाहती थी कि उस समय किसी तरह का आंदोलन शुरू हो।

प्रस्ताव पेश किए जाने के डेढ़ साल बाद भारत में लोक सेवाओं के मामले का जायजा लेने के लिए एक सरकारी आयोग गठित करने की घोषणा की गई। लॉर्ड इस्लींगटन इस आयोग के अध्यक्ष थे और तीन भारतीय इसके सदस्य थे—गोपाल कृष्ण गोखले, एम.बी. चौबल और अरूदुर रहीम। ब्रिटिश सदस्य के रूप में रामसे मैकडॉनल्ड और सर वेलेंटाइन सिरोल को चुना गया था। आयोग में

सरकारी प्रतिनिधियों का बहुमत था। आठ के मुकाबले तीन भारतीय सदस्य अल्पमत में थे।

दिसंबर 1912 में आयोग ने मद्रास में अपना काम शुरू किया और 14 अगस्त, 1915 को अपनी रिपोर्ट पेश की। इससे 1913 के आरंभ में गवाही लेने की शुरुआत की और प्रमुख शहरों का दौरा किया। आयोग के सदस्यों ने इंग्लैंड का दौरा किया और इस सिलसिले में गोपाल कृष्ण को चार महीने तक वहाँ ठहरना पड़ा। आयोग के सदस्य के रूप में उन्होंने कठोर मेहनत की। नौकरशाही पूरी तरह उनके खिलाफ थी, ऐसी गवाहियों की बाढ़ आ गई थी, जिनमें बताया गया था कि भारतीय लोगों में प्रतिभा और योग्यता की कमी है, इसीलिए ऊँचे पदों पर उनकी नियुक्ति नहीं होनी चाहिए। गोपाल कृष्ण ऐसे गवाहों से धैर्य और मेधा के साथ सवाल पूछते थे। रात में वे लिखित गवाहियों पर अपनी राय लिखते थे, ताकि प्रतिकूल गवाहियों का प्रभाव न पड़े। यह कार्य इतना चुनौतीपूर्ण था कि शायद गोपाल कृष्ण जैसे मनीषी के लिए ही इसे पूरा कर पाना संभव था।

आयोग का कार्य पूरा होने तक गोपाल कृष्ण जीवित नहीं रहे। अगर वे जीवित होते तो आयोग की रिपोर्ट असंतोषजनक नहीं हो सकती थी। लेकिन रोज बीस-बीस घंटे कार्य करते रहने से उनकी तबीयत बिगड़ती चली गई और उनका असामयिक निधन हो गया। ऐसा कहा जाता है कि दक्षिण अफ्रीका में भारतीयों के हक के संघर्ष ने उनके जीवन के दस वर्ष की आयु छीन ली थी और बाकी दस वर्ष की आयु लोक सेवा आयोग ने छीन ली थी।

आयोग के निष्कर्ष से चौबल सहमत नहीं थे, लेकिन उन्होंने आयोग के बहुमत की रिपोर्ट पर दस्तखत कर दिए थे। वे बंबई सरकार की कार्यकारी समिति के सदस्य थे। मद्रास हाईकोर्ट के जज अब्दुर रहीम ने निष्कर्ष से असहमति जताते हुए अपनी रिपोर्ट अलग से लिखने का साहस दिखाया था। बहुमत और अल्पमत की रिपोर्टों में गोपाल कृष्ण के योगदान का स्मरण किया गया था। बहुमत की रिपोर्ट में लिखा गया—"वे कुछ महीनों से बीमार चल रहे थे, इसके बावजूद उन्होंने आत्मबल और निष्ठा के साथ हमारी प्रक्रिया में भाग लिया था। देश की सेवा करते हुए उन्होंने जो अनुभव प्राप्त किया था, उसका लाभ हमें मिला और हमें विश्वास है कि उनकी भावनाओं को हमने अपनी रिपोर्ट में प्रतिबिंबित करने का प्रयास किया है।"

अब्दुर रहीम ने अपनी रिपोर्ट में लिखा था—"उन्होंने अपनी निष्ठा और दूर-दृष्टि के साथ इस देश में लोक सेवाओं से जुड़े सवालों का अध्ययन किया था और जो मुख्य प्रस्ताव मैं पेश कर रहा हूँ, मुझे विश्वास है कि वह इसके प्रति अपना समर्थन व्यक्त करते यही समझा जाए कि यह प्रस्ताव मैंने उनसे विचार-विमर्श करने के बाद तैयार किया है।"

कुछ दिनों के बाद अब्दुर रहीम ने मद्रास में गोपाल कृष्ण की प्रतिभा का अनावरण किया। उन्होंने श्रद्धा व्यक्त करते हुए कहा था—"मैं उनसे कम ही मिला था और अच्छी तरह उनसे परिचित नहीं था, लेकिन मुझे यह समझने में अधिक समय नहीं लगा कि मेधा और चरित्र की दृष्टि से वे कितने महान् आदमी थे। असल में वे जब भी कोई सवाल पूछते थे तो किसी के लिए भी जवाब दे पाना कठिन हो जाता था। वे अपने तथ्यों का विशेष ध्यान रखते थे और अपने विषय की संपूर्ण जानकारी उनके पास होती थी। इसीलिए उनके तर्कों से जूझ पाना किसी के लिए भी असंभव हो जाता था।"

इस्लींगटन आयोग का गठन सरकार ने बेमन से किया था और इसके सुझावों पर ठीक से अमल भी नहीं किया गया। इसका उद्‍देश्य भारत के प्रशासन में स्थानीय लोगों की भागीदारी को सुनिश्चित करना नहीं था, बल्कि सरकार राजा के आगमन पर किसी तरह के आंदोलन के खतरे को टालना चाहती थी। रिपोर्ट जब पेश की गई तब विश्वयुद्ध को शुरू हुए एक साल हो चुका था, इसीलिए रिपोर्ट की तरफ लोगों का ध्यान आकर्षित नहीं हो पाया। ऐसी परिस्थिति में जो भारतीय मानते थे कि आयोग की रिपोर्ट फाइल में सिमटकर रह जाएगी, वह सही साबित हो रहा था।

लेकिन युद्ध की वजह से भारत के प्रति ब्रिटिश सरकार के रवैए में कुछ परिवर्तन आया था। रक्षा के उपाय को सबल बनाने के लिए भारत का समर्थन हासिल करना शासकों के लिए जरूरी हो गया था। इस प्रसंग में बंबई के गवर्नर लॉर्ड विलिंग्डन की भूमिका का उल्लेख किया जा सकता है, जो उदारवादी नजरिया रखते थे। युद्ध छिड़ने के बाद विलिंग्डन ने कहा था, "सरकार को इस दिशा में कुछ करना चाहिए।" 1915 में विलिंग्डन ने कहा, "ब्रिटिश कर्णधारों को तब तक इंतजार नहीं करना चाहिए जब तक भारत खुद राजनीतिक प्रगति नहीं कर लेता।"

उस समय गोपाल कृष्ण परिदृश्य पर मौजूद थे और स्वाभाविक था कि

भारत को संतुष्ट करने के लिए न्यूनतम सुधारों के बारे में वे उनकी राय लेते। विलिंग्डन का मानना था कि गोपाल कृष्ण के ऐसे किसी भी प्रस्ताव को सरकार अपना प्रस्ताव मानकर ग्रहण कर सकती थी। इस मामले को बिलकुल गुप्त रखा गया था। गोपाल कृष्ण को चुनने के पीछे विलिंग्टन की यह धारणा थी कि वे आदान-प्रदान की सीमा को अच्छी तरह समझते थे और उन पर ब्रिटिश नेताओं का भी विश्वास था। गोपाल कृष्ण के सुझाव पर गंभीरता के साथ विचार किया जा सकता था। यह भी संभव था कि विलिंग्डन का इस्तेमाल शासक वर्ग की तरफ से मध्यस्थ के रूप में किया जा रहा था। गोपाल कृष्ण को इस प्रस्ताव के पीछे के तत्त्वों की चिंता नहीं थी, लेकिन भारत के अग्रणी जननेताओं के समर्थन के बिना वे इस कठिन चुनौती को स्वीकार करने के लिए तैयार नहीं थे।

गोपाल कृष्ण की चिंता सही थी। अगर भारत के नेताओं को पता चलता कि ऐसे किसी प्रस्ताव को गोपाल कृष्ण ने तैयार किया है तो वे उसे मानने के लिए इनकार कर सकते थे। यही वजह थी कि गोपाल कृष्ण ने विलिंग्डन से कहा था कि उन्हें फीरोजशाह मेहता और आगा खान से मशविरा लेने की छूट मिलनी चाहिए। विलिंग्डन इस बात के लिए सहमत हो गए थे।

गोपाल कृष्ण तबीयत बिगड़ जाने के कारण बंबई नहीं जा सके। उन दोनों नेताओं को पूना बुलाने का मतलब उनकी गरिमा के विपरीत हो सकता था। लेकिन अंततः दोनों को पूना आने का न्योता दिया गया, ताकि गोपाल कृष्ण के साथ एक अत्यावश्यक राजनीतिक मसले पर बात की जा सके। लेकिन बैठक की तारीख निश्चित होने से पहले गोपाल कृष्ण को महसूस होने लगा कि उनका अंतिम समय करीब आ चुका है। उनकी बिगड़ती तबीयत से अनभिज्ञ विलिंग्डन ने उन्हें मामले की याद दिलाई। यह बुधवार का वाकया था। शुक्रवार को गोपाल कृष्ण का देहांत हो गया।

उनके निधन के बाद उनके द्वारा प्रस्तुत प्रारूप की एक-एक प्रति विलिंग्डन, मेहता और आगा खान को दी गई।

यह गोपनीय दस्तावेज था, जिसे अगस्त 1917 में उस समय सार्वजनिक किया गया जब मांटेग्यू ने सुधारों की घोषणा की। आगा खान ने प्रारूप को इंग्लैंड में प्रकाशित किया और श्रीनिवास शास्त्री ने इसे भारत में प्रकाशित किया।

□

देहावसान

अंतिम समय तेजी से करीब आ रहा था। गोपाल कृष्ण को इंग्लैंड में ही सावधान कर दिया गया था कि वे अधिक समय तक जीवित नहीं रहेंगे। वे आखिरी साँस तक अपने देश के लिए कार्य करना चाहते थे। एक बार उनके मन में दार्शनिक बनने का विचार आया था और उनके भीतर भौतिक जगत् के प्रति एक वैराग्य का भाव विकसित होता गया। वे मृत्यु की प्रतीक्षा कर रहे थे, जैसाकि रवींद्रनाथ ठाकुर ने गीतांजलि में लिखा था—"मानो एक दुलहन अपने दूलहे की प्रतीक्षा कर रही हो। उन्होंने ध्यान या धारणा स्वीकार नहीं की थी, वे प्रतीक के रूप में ईश्वर की उपासना नहीं करते थे, न ही तीर्थयात्रा के लिए जाते थे। लेकिन दैनंदिन जीवन के कार्यों के प्रति उनके भीतर एक आध्यात्मिक दृष्टिकोण विकसित हो चुका था, जिसकी वजह से हर हालत में वे शांत चित्त बने रहते थे।"

13 फरवरी, 1915 को जब सोसाइटी में महात्मा गांधी का स्वागत किया जा रहा था, गोपाल कृष्ण अचेत हो गए थे और कार्यक्रम में शामिल नहीं हो पाए थे। कमजोरी महसूस होने के बावजूद होश आने पर वे अपने कार्य में जुट गए थे। 17 तारीख तक वे महत्त्वपूर्ण पत्र और दस्तावेज तैयार करते रहे थे या बोलकर लिखवाते रहे थे। वे भारतीय संविधान का प्रारूप तैयार कर लॉर्ड विलिंग्डन को देना चाहते थे। बृहस्पतिवार को परेशानी की स्थिति में उन्होंने कई मित्रों को पत्र लिखे। शुक्रवार की सुबह उनकी तबीयत बिगड़ती चली गई। वैसी हालत में उन्होंने प्रारूप संविधान लिखने का काम पूरा किया। वे पेंसिल से दृढ़ता के साथ लिखते रहे थे। भारत की सेवा करने का यह उनका आखिरी महान् प्रयास था। वे लोक सेवा आयोग संबंधी कार्य को भी पूरा करना चाहते थे, लेकिन पूरा नहीं कर पाने की

वजह से उन्हें निराशा हुई थी।

शुक्रवार की सुबह मृत्यु का साया उनके ऊपर मँडराने लगा था। सोसाइटी के एक सदस्य डॉ. देव ने उनके बचने की उम्मीद छोड़ दी थी और उपचार के लिए दो प्रमुख डॉक्टरों—वी.सी. गोखले और शिखारे को बुलाया था। उन दोनों को भी उम्मीद की कोई किरण नजर नहीं आई थी। तब गोपाल कृष्ण होश में थे और दूसरे विशेषज्ञ डॉक्टरों को बुलाना नहीं चाहते थे। वे अपनी तबीयत के बारे में किसी तरह का बुलेटिन जारी करने के पक्ष में भी नहीं थे। वे शांति के साथ मृत्यु को गले लगाना चाहते थे।

उन्होंने बहन और बेटियों को अपने पास बुलाकर धीरज रखने तथा आँसू न बहाने के लिए कहा। उन्होंने उनके भविष्य के लिए किए गए इंतजाम के बारे में बताया। उन्होंने सोसाइटी के सदस्यों को अलविदा कहा और अपने कर्मचारियों, खास तौर से अपने रसोइए से बात की। उन्होंने सोसाइटी के एक सदस्य वासनराव पटवर्धन को अपने पास बिठाया और भावुकता के साथ बोले, ''मैंने कई बार तुमसे कठोर शब्दों में बात की है। मुझे माफ कर दो।'' पटवर्धन की आँखें भर आईं। गोपाल कृष्ण ने फिर पूछा कि क्या उसने उन्हें माफ कर दिया, तब पटवर्धन के मुँह से 'हाँ' निकला। डॉ. देव और मराठी के मशहूर उपन्यासकार एच.एन. आप्टे उनके पास बैठे थे। गोपाल कृष्ण ने आप्टे से कहा, ''उन्होंने अब तक जीवन के उजले पहलू को ही देखा था, अब वे दूसरे पहलू को देखने वाले हैं।''

अब उन्हें महसूस हो रहा था कि विदा होने की घड़ी आ गई थी। स्वच्छता और सौम्यता के प्रति उनके मन में लगाव था। उन्होंने धोती और कमीज पहन रखी थी। वे अपनी प्रिय कुरसी पर बैठना चाहते थे। कुछ पल बाद उन्होंने आसमान की तरफ उँगली से इशारा किया। उसके बाद उन्होंने हाथ जोड़ दिए। इस तरह शांतिपूर्वक उनका देहावसान हो गया। तब रात के 10.25 बजे थे। आसमान में सितारे टिमटिमा रहे थे और चारों तरफ सन्नाटा पसरा हुआ था। लेकिन खबर फैलने में ज्यादा समय नहीं लगा। शहर के साथ-साथ पूरे देश में एक महान् जननेता की असामयिक मृत्यु पर शोक की लहर फैल गई। गोपाल कृष्ण के समकालीन लोकमान्य तिलक तबीयत ठीक नहीं होने के कारण उस समय विश्राम के लिए सिंघद गए हुए थे। उन्हें वापस आने के लिए संदेश भेजा गया।

सोसाइटी के परिसर में मातम छाया हुआ था। दिवंगत देशसेवक को सोसाइटी

के सदस्य, मित्र और प्रशंसक श्रद्धांजलि देने के लिए उमड़ पड़े थे। एक विशाल जुलूस निकाला गया, जो शहर की मुख्य सड़कों से होकर गुजरा। पूरा शहर शोक मना रहा था। सड़क के दोनों तरफ लोगों की भीड़ इकट्ठी हो गई थी और लोग गोपाल कृष्ण के पार्थिव शरीर पर फूल अर्पित कर रहे थे। जुलूस दोपहर में श्मशान पहुँचा। तब तक तिलक पहुँच चुके थे। इस अवसर पर विद्वान् एवं समाज-सुधारक डॉ. आर.जी. भंडारकर, फर्गुसन कॉलेज के प्रिंसिपल डॉ. आर.पी. परांजपे और तिलक ने अपने उद्‌गार व्यक्त किए। तिलक के वक्तव्य में जज्बात और सराहना के भाव घुले हुए थे। उन्होंने कहा था—

''यह आँसू बहाने की घड़ी है। भारत का हीरा, महाराष्ट्र का मुकुट, कार्य कर्ताओं का राजकुमार आज अरथी पर लेटा हुआ है। उनकी तरफ देखिए और उन्हें श्रद्धासुमन अर्पित कीजिए। आप सभी को उनके जीवन को एक प्रतिमान की तरह देखना चाहिए, जिसका अनुकरण किया जा सकता है। उनकी मृत्यु से जो शून्य पैदा हो गया है, उसे भरने की आप सभी को कोशिश करनी चाहिए। आप उनके कार्यों को आगे बढ़ाने की कोशिश करेंगे तो उनकी आत्मा को निश्चित रूप से शांति मिलेगी।''

दुनिया भर से शोक संदेश आने लगे और जगह-जगह शोक सभाओं का आयोजन किया गया। समाचार-पत्रों में उनके प्रति श्रद्धांजलि व्यक्त की गई। जॉर्ज पंचम, वायसराय लॉर्ड हॉर्डिंग, सेक्रेटरी ऑफ स्टेट, बंबई, मद्रास और बंगाल के गवर्नर, बर्मा के गवर्नर, निजाम, बड़ौदा के गायकवाड़, रामपुर के नवाब, बनारस और भावनगर के महाराजा सहित कई गण्यमान्य व्यक्तियों ने शोक संदेश भेजा।

3 मार्च को पूना में एक शोकसभा आयोजित हुई, जिसकी अध्यक्षता बंबई के गवर्नर लॉर्ड विलिंग्डन ने की। सभा में महात्मा गांधी ने शोक प्रस्ताव प्रस्तुत किया। इस अवसर पर वक्ताओं में आगा खान भी शामिल थे। बंबई में भी शोकसभा का आयोजन किया गया। गोपाल कृष्ण की स्मृति में एक स्मृति-स्थल बनाने का निर्णय किया गया।

□

गोपाल कृष्ण गोखले के जीवन की झलकियाँ

सरोजनी नायडू गोपाल कृष्ण की प्रशंसक थीं। गोपाल कृष्ण के निधन के बाद उन्होंने 'गोखले द मैन' नामक एक लेख लिखा था, जिसमें गोपाल कृष्ण से जुड़े अविस्मरणीय संस्मरणों का उल्लेख तो था ही, साथ ही उनके व्यक्तित्व और कृतित्व पर रोशनी डाली गई थी।

भारत कोकिला सरोजनी नायडू ने लिखा—"उनके बाहरी व्यक्तित्व को समूचा विश्व जानता है व आदर की दृष्टि से देखता है। उनकी विशिष्टताएँ अनेक थीं—राजनीतिक विश्लेषण, संश्लेषण की उनकी अद्वितीय सहन शक्ति, तथ्यों के विषय में उनकी निर्मम, दोषरहित प्रवीणता और सुव्यवस्थित तथा आँकड़ों को पूर्ण संगत ढंग से प्रस्तुत करने की उनकी कुशलता, विरोध के अवसर पर व्यक्त उनकी शिष्ट, किंतु अदम्य स्पष्टवादिता, सम्मानपूर्वक सुलह कराने की उनकी अपूर्व गरिमा और साहस, उनकी व्यापक दूरदर्शिता, राजनीतिक दृष्टि का विस्तार, संयम, ओजपूर्ण वाणी, दैनिक जीवन में सत्यवादिता, सरलता त्याग!"

सरोजनी नायडू ने 1911 में कांग्रेस के कलकत्ता अधिवेशन में गोपाल कृष्ण से हुई मुलाकात के एक प्रसंग का उल्लेख किया है—

गोखले ने पूछा, "भारत के विषय में तुम्हारी क्या राय है?"

सरोजनी नायडू ने कहा, "भारत का भविष्य आशामय है।"

"निकट भविष्य के संबंध में तुम क्या सोचती हो?"

"पाँच वर्ष से भी कम समय में हिंदू-मुसलिम एकता।"

वात्सल्य भरे स्वर में गोखले बोले—"बच्ची, तुम कवयित्री हो, पर तुमने अपेक्षा से ज्यादा उम्मीद जाहिर की है। ऐसी एकता मेरे और तुम्हारे जीवनकाल में

कायम नहीं हो पाएगी। फिर भी विश्वास बनाए रखकर अपना काम करती रहो।''

मार्च 1912 में सरोजनी नायडू बंबई में फिर गोपाल कृष्ण से मिलीं। मिलने पर उन्होंने मुसकराते हुए पूछा, ''क्या मशाल में अब भी उतनी ही ज्योति है ?''

सरोजनी नायडू ने कहा, ''पहले से भी अधिक।'' परंतु तब भी गोपाल कृष्ण उतने आशान्वित नजर नहीं आ रहे थे।

मुसलिम लीग का एक अधिवेशन लखनऊ में हुआ था, उसमें सरोजनी नायडू ने भाग लिया था। इस अधिवेशन में एक नया संविधान पारित हुआ था, जिसमें राष्ट्रीय कल्याण और प्रगति के सभी मामलों में दूसरे समुदायों के साथ सच्चे सहयोग की भावना पहली बार व्यक्त की गई थी।

तब सरोजनी नायडू को ऐसा लगा मानो उनका सपना सच हो गया। वे तुरंत पूना गई थीं और गोपाल कृष्ण से मिली थीं। उन दिनों गोपाल कृष्ण की तबीयत ठीक नहीं थी और वे काफी कमजोर हो गए थे।

सरोजनी नायडू को देखकर गोपाल कृष्ण ने कहा, ''क्या तुम यह बतलाने आई हो कि तुम्हारी कल्पना सत्य सिद्ध हो गई है।'' इसके बाद उन्होंने आदि से अंत तक अधिवेशन का हाल पूछा।

सरोजनी नायडू ने लिखा है—''उस समय उनका थका हुआ, पीड़ा से मुरझाया चेहरा उल्लास से जगमगा उठा, जब मैंने उन्हें इस बात का पूरा-पूरा भरोसा दिलाया कि जहाँ तक नौजवानों का प्रश्न है। उन्होंने केवल राजनीतिक औचित्य की भावना से ही नहीं बल्कि वास्तविक निष्ठा से प्रेरित होकर इतनी स्पष्टता तथा उदारतापूर्वक हिंदुओं की ओर सद्भावना का हाथ बढ़ाया है।''

गोखले का उत्तर था—''जहाँ तक हमारे रुख की बात है। हमारा रुख भी सद्भावना पूर्ण रहेगा।'' लगभग एक घंटे बाद मैंने देखा इस सारे भावावेश से वह बहुत ही क्लांत हो गए थे। शाम के वक्त मैं फिर उनसे मिली। उस समय मुझे उनका एक नया ही रूप देखने को मिला। इस रूप में स्फूर्ति थी, उल्लास था। पर उनके चेहरे पर पीलापन भी था, लेकिन सुबह के समय के अवसाद का लेशमात्र भी विद्यमान नहीं था। उन्हें सीढ़ियों की ओर बढ़ते देखकर मैं चिल्लाई, ''क्या आप सारी सीढ़ियाँ चढ़ने की सोच रहे हैं ?'' उन्होंने हँसते हुए कहा, ''तुमने मेरे अंदर एक नई आशा का संचार किया है। मुझे महसूस होने लगा है कि मुझे परिस्थितियों का सामना करने और फिर कार्यशील होने के लिए पर्याप्त बल प्राप्त

हो चुका है।'' उसी समय उनकी बहन और उनकी पुत्रियाँ उनके पास आ गईं। हम लोग आधा घंटे छज्जे पर बैठे रहे। जहाँ से हम ढलते हुए सूरज की ओर आसानी से देख सकते थे। अपने सामने सुंदर प्राकृतिक दृश्य को निहारते हुए हम देश की तात्कालिक राजनीति पर चर्चा करते रहे। मेरे लिए यह पहला व एकमात्र अवसर था, जब मैंने उस एकांतप्रिय व्यक्ति की कार्यसाधना और पारिवारिक जीवन की झाँकी प्राप्त की। उनकी लड़कियों के अंदर चले जाने के बाद हम गोधूलि की वेला में देर तक शांत बैठे रहे। जिसके बाद गोखलेजी ने किसी गहरे मनोवेग से उद्वेलित होकर मौन भंग कर उपदेश तथा उद्बोधन के इतने गंभीर शब्द कहे, जिनका प्रभाव आज तक मेरे मन-मस्तिष्क पर छाया हुआ है। उस समय उन्होंने भारत के गौरवशाली इतिहास और संस्कृति की बात कही थी। उन्होंने कहा था—''मेरे पास खड़ी हो जाओ और इन नक्षत्रों तथा पर्वतों की उपस्थिति में उन्हें साक्षी बनाकर अपना जीवन, अपनी प्रतिभा, अपनी वाणी, अपना संगीत, अपने विचार और अपनी आशा अपनी मातृभूमि को समर्पित कर दो। तुम कवयित्री हो। पर्वत शिखरों से प्रेरणा पाकर आशा का संदेश दूर-दूर तक परिश्रमरत जनता तक पहुँचा दो।'' मेरे विदा माँगने पर उन्होंने कहा, ''तुमने मुझे नई उम्मीद, नया विश्वास, नया साहस प्रदान किया है। आज मैं चैन की नींद सो पाऊँगा।''

दो महीने बाद लंदन में सरोजनी नायडू की मुलाकात फिर गोपाल कृष्ण से हुई। उस मुलाकात के बारे में उन्होंने लिखा है—''लंदन पहुँचने पर मेरा स्वागत करनेवालों में बहुत से परिचित व अपरिचित थे। उनमें गोखले भी थे, जो उस समय विदेशी वेशभूषा में थे। वे सिर पर हैट पहने हुए थे। मैंने पल भर एकटक उनकी तरफ देखा, फिर पूछा—'आपकी वह विद्रोही पगड़ी कहाँ गई?' उन्होंने मुसकराहट से मेरे सवाल को टाल दिया। गोखले का सर्वप्रिय सामाजिक रूप था। जो पार्टियों में शामिल होने वाला, थिएटर, ब्रिज व नेशनल लिबरल क्लब की छत पर महिलाओं के साथ डिनर करते हुए मुखरित होता था। उन्हें चेरी बहुत पसंद थी। मैं इस बात का बराबर ध्यान रखती थी कि वे जहाँ भी जाएँ, उन्हें पर्याप्त मात्रा में चेरी अवश्य मिल जाए। मैं हमेशा उनसे मजाक करती—'हर व्यक्ति की कुछ-न-कुछ कीमत होती है, आपकी कीमत है कुछ चेरी।''

गोपाल कृष्ण के समकालीन डॉ. तेज बहादुर सप्रे ने उनके बारे में एक घटना का उल्लेख किया है—''कांग्रेस के प्रस्तावों के बारे में लोगों को जागरूक बनाने

के लिए गोखले ने 1907 में उत्तर भारत का दौरा किया था। वे जब इलाहाबाद आए तब उन्होंने सुबह दस बजे से अपराह्न चार बजे तक किसी को भी मिलने की इजाजत नहीं दी, क्योंकि इस समय उन्हें भाषण तैयार करना था। सक्रिय राजनीति में उन्हें आए बीस बरस हो चुके थे। फिर भी वे अपने भाषण की तैयारी काफी मेहनत से करते थे। मैंने उनका वह भाषण सुना। वह वाकई मंत्रमुग्ध करनेवाला भाषण था। मैंने इस विषय पर ऐसा भाषण पहले कभी नहीं सुना।''

गोपाल कृष्ण के बारे में महात्मा गांधी ने लिखा है—''गोखले की काम करने की पद्धति देखकर मुझे जितना आनंद प्राप्त हुआ, उतनी ही मैंने उनसे प्रेरणा भी ग्रहण की। उनकी बातों में कहीं भी मलिनता, गैर-जिम्मेदारी, असत्य दिखलाई नहीं पड़ता था। भारत की गरीबी और पराधीनता उन्हें हमेशा काँटे की तरह चुभती थी। हर आनेवाले को उनका एक ही उत्तर था—'आप इस काम को कीजिए, मुझे अपना काम करने दीजिए। मुझे देश के लिए स्वाधीनता प्राप्त करनी है। उसके बाद ही मेरा ध्यान दूसरी बातों की ओर जाएगा। अभी तो मेरे पास एक क्षण की भी फुरसत नहीं है।'

''जब गोखले दक्षिण अफ्रीका आए थे, तब हमारे फार्म में चारपाई जैसी कोई वस्तु नहीं थी। हम गोखले के सोने के लिए एक चारपाई किसी तरह माँगकर लाए। कोई ऐसा कमरा नहीं था, जहाँ उनको पूरी तरह एकांत प्राप्त हो। ऐसी स्थिति में नाजुक तबीयत वाले गोखले को पर्याप्त विश्राम कैसे प्राप्त हो सकता था। इसके अलावा स्टेशन से फार्म पूरे डेढ़ मील दूर था। मैंने गोखले को जब इन सारी स्थितियों के बारे में बताया तो उन्होंने सारी व्यवस्था पर संतुष्टि जताई। दुर्भाग्यवश उस रात बरसात हो गई। गोखले को ठंड लग गई। उनके लिए मैंने खास शोरबा बनाया। भाई कोतवाल ने उनके लिए गरमागरम चपाती बनाई। भोजन को गरम रखना कठिन था। गोखले ने भोजन को बिना मुँह बनाए ग्रहण किया। हम लोगों को जमीन पर सोते देख उन्होंने चारपाई पर सोना स्वीकार नहीं किया। उन्होंने अपना बिस्तर भी फर्श पर लगा लिया।''

पंडित जवाहरलाल नेहरू ने कहा है—''बाँकीपुर कांग्रेस अधिवेशन में मैं एक प्रतिनिधि की हैसियत से शामिल हुआ था, जो बहुत हद तक अंग्रेजी जाननेवाले उच्च श्रेणी के लोगों का महोत्सव था। वहाँ सुबह से शाम तक ताजा इस्तरी किए वस्त्र पहने लोग घूमते-फिरते दिखलाई पड़ते। असल में वह एक सामाजिक उत्सव

की तरह था, जिसमें किसी भी प्रकार की राजनीतिक सरगर्मी नहीं थी। गोखले दक्षिण अफ्रीका की यात्रा से सीधे वहाँ पहुँचे थे। उस अधिवेशन में प्रमुख व्यक्ति वही थे। उनकी तेजस्विता, सच्चाई और शक्ति से वहाँ आए व्यक्तियों में वही ऐसे लग रहे थे जो राजनीति और सार्वजनिक मामलों में पूरी गंभीरता से विचार करने वाले थे। मुझ पर उनका गहरा प्रभाव पड़ा।''

जब गोखले बाँकीपुर कांग्रेस से लौटे तो एक घटना घटी। वे उन दिनों लोक सेवा आयोग के सदस्य थे। इस कारण उनके लिए फर्स्ट क्लास का एक डिब्बा रिजर्व था। गोखले अपनी बीमारी और एकांतप्रिय स्वभाव के कारण इस कंपार्टमेंट में अकेले यात्रा करना चाहते थे, ताकि उन्हें पर्यात शांति मिले। पूरी रेलगाड़ी लोगों से भरी ठसाठस भरी हुई थी। गोखले के डिब्बे में भूपेंद्रनाथ बसु आ गए, जो बहुत ही बातूनी स्वभाव के थे। उन्होंने गोखले से उस डिब्बे में यात्रा करने की अनुमति चाही, जो गोखले ने न चाहते हुए भी दे दी। कुछ देर बाद बसु अपने दो मित्रों को भी लेकर आ गए, जो उनकी तरह ही बातूनी थे। काफी देर तक वे फिजूल की बातें करते रहे और फिर उन्होंने गोखले से कहा, 'आप अगर ऊपर की बर्थ पर सो जाएँ तो ठीक रहेगा, क्योंकि मुझे और मेरे दोस्तों को ऊपर की बर्थ पर नींद नहीं आती।' तब गोखले चुपचाप ऊपर की बर्थ पर जाकर लेट गए।

डॉ. राजेंद्र प्रसाद ने लिखा है—''सन् 1910 की बात है। एक बैरिस्टर मित्र ने मुझे बताया कि गोखले मुझसे मिलना चाहते हैं। मुझे यह जानकर आश्चर्य हुआ और मैं उनसे मिलने गया। उन्होंने कहा, 'हो सकता है, एक दिन तुम्हारी वकालत खूब चले। तुम बहुत रुपए पैदा करो। बहुत ऐशो-आराम से जीवन गुजारो, परंतु देश का भी कुछ हक तुम्हारे ऊपर है। तुम मेधावी हो, इसीलिए यह हक तुम पर कुछ ज्यादा है।' राजेंद्र प्रसाद के ऊपर गोखले की बातों का ऐसा गहरा प्रभाव पड़ा कि देशसेवा का व्रत लेकर वे भारत सेवक समिति के आजीवन सदस्य बन गए।''

□

गोपाल कृष्ण गोखले के जीवन की महत्त्वपूर्ण घटनाएँ

1866	9 मई को रत्नगिरि के कोतलुक गाँव में जन्म।
1879	पिता का देहावसान।
1880	विवाह।
1881	मैट्रिक की पढ़ाई पूरी की।
1882–84	कॉलेजी शिक्षा : बी.ए. की डिग्री ली। कानून की कक्षा शुरू की। दक्कन एजुकेशन सोसाइटी की स्थापना।
1885	फर्गुसन कॉलेज की स्थापना। न्यू इंगलिश स्कूल के सहायक शिक्षक।
1886	दक्कन एजुकेशन सोसाइटी की आजीवन सदस्यता।
1887	दूसरा विवाह। एम.जी. रानाडे से पहली मुलाकात।
1888	'सुधारक' के अंग्रेजी खंड का संपादन। सार्वजनिक सभा के सचिव और उसकी त्रैमासिक पत्रिका के संपादक चुने गए।
1889	बंबई में भारतीय राष्ट्रीय कांग्रेस के अधिवेशन में भागीदारी।
1891	दक्कन एजुकेशन सोसाइटी के सचिव बने।
1893	माता का देहावसान दक्कन एजुकेशन सोसाइटी के लिए चंदा संग्रह।
1895	भारतीय राष्ट्रीय कांग्रेस के संयुक्त सचिव बने। बंबई विश्वविद्यालय के फेलो बने। राष्ट्र सभा समाचार के संपादक बने।

1896 सार्वजनिक सभा के सचिव और उसकी पत्रिका के संपादक के पद से इस्तीफा दिया। दक्कन सभा की स्थापना की। महात्मा गांधी से पहली मुलाकात।

1897 इंग्लैंड की पहली यात्रा। वेलबी कमीशन के सामने पेशी। पूना में मलेरिया उन्मूलन संबंधी शिकायतों का इंग्लैंड में प्रकाशन। जॉन मोरली के साथ पहली मुलाकात। इंग्लैंड से वापसी। क्षमा-याचना प्रसंग।

1898 हैजा राहत कार्यों में अहम भूमिका का निर्वाह।

1899 बंबई विधान परिषद् के सदस्य चुने गए। अकाल राहत के सरकारी उपायों की आलोचना की।

1901 भूमि संबंधी कानून का विरोध किया। विधान परिषद् से बहिर्गमन। जिला नगरपालिका विधेयक में सांप्रदायिक सिद्धांत शामिल करने का विरोध किया। रानाडे का देहावसान।

1902 फर्गुसन कॉलेज से सेवानिवृत्ति। इंपीरियल विधान परिषद् के सदस्य चुने गए। पहला बजट भाषण दिया।

1903 महात्मा गांधी कलकत्ते में एक महीने तक गोखले के साथ रहे।

1904 सी.आई.ई की उपाधि मिली।

1905 12 जून को सर्वेंट्स ऑफ इंडिया सोसाइटी की स्थापना की। भारतीय राष्ट्रीय कांग्रेस के बनारस अधिवेशन की अध्यक्षता की। पूना नगरपालिका के अध्यक्ष बने। दूसरी बार इंग्लैंड की यात्रा की।

1906 तीसरी बार इंग्लैंड की यात्रा की।

1907 बड़े भाई गोविंद का देहावसान। उत्तर भारत में जगह-जगह भाषण दिए। सूरत में कांग्रेस में विभाजन हुआ।

1908 विकेंद्रीकरण आयोग के समक्ष पेशी। चौथी बार इंग्लैंड की यात्रा की। मार्ले-मिंटो सुधारों की घोषणा। तिलक की गिरफ्तारी। 'हिंदू पंच' के खिलाफ मानहानि का मुकदमा। रानाडे इकोनॉमिक इंस्टीट्यूट की स्थापना।

1910 नेटाल के श्रमिकों के संबंध में प्रस्ताव पेश किया, जो स्वीकृत

हुआ। आरंभिक शिक्षा के संबंध में प्रस्ताव पेश किया, जो अस्वीकृत हुआ। प्रेस विधेयक की आलोचना की।

1911 बुनियादी शिक्षा विधेयक प्रस्तुत किया। यूनिवर्सल रेसेज कांग्रेस में 'पूरब और पश्चिम' विषय पर शोध-पत्र प्रस्तुत किया।

1912 भारत में पुलिस प्रशासन संबंधी भूपेंद्रनाथ बसु के प्रस्ताव पर अपनी राय रखी। श्रमिकों के बारे में प्रस्ताव पेश किया। बुनियादी शिक्षा विधेयक निरस्त हुआ। पाँचवीं बार इंग्लैंड की यात्रा की। दक्षिण अफ्रीका गए, जहाँ महात्मा गांधी से मुलाकात हुई। लोक सेवा आयोग में नियुक्त हुए।

1913 छठी बार इंग्लैंड की यात्रा की। दक्षिण अफ्रीका के संघर्ष की मदद के लिए राशि जुटाई।

1914 सातवीं बार इंग्लैंड की यात्रा की। के.सी.आई.ई. के प्रस्ताव को ठुकराया। गांधी-स्मट्स समझौता। लंदन में महात्मा गांधी से मुलाकात। कांग्रेस की सुलह की कोशिश असफल।

1915 गांधीजी का आगमन। राजनीतिक वसीयत। 19 फरवरी को निधन।

□□□